文史哲學集成

蔡宗陽著

修辭學探微

文史哲出版社印行

國家圖書館出版品預行編目資料

修辭學探微 / 蔡宗陽著. -- 初版. -- 臺北市 : 文史哲, 民 90
面; 公分. -- (文史哲學集成 ; 445)
含參考書目；面
ISBN 957-549-358-3 (平裝)

1.中國語言 - 修辭 - 論文,講詞等

802.707 90006849

文史哲學集成 445

修辭學探微

著者：蔡宗陽
出版者：文史哲出版社
登記證字號：行政院新聞局版臺業字五三三七號
發行人：彭正雄
發行所：文史哲出版社
印刷者：文史哲出版社
臺北市羅斯福路一段七十二巷四號
郵政劃撥帳號：一六一八〇一七五
電話 886-2-23511028・傳真 886-2-23965656

實價新臺幣五二〇元

中華民國九十年四月初版

ISBN 957-549-358-3

序

修辭學是文學的美容師。修辭可以美化文學，文學可以美化人生。其實，修辭學不止與文學有關，修辭學與各類學科也有密不可分的關係。

本書裒集二十二篇論文，多半係研討會論文、學報論文、期刊論文，僅三篇係祝壽論文。本書的內容，大約有下列數端：

(一)論修辭與各類學科的關係：〈論修辭與文字的關係〉、〈論修辭與聲韻的關係〉、〈論修辭與訓詁的關係〉、〈論修辭與文法的關係〉等四篇，皆屬於論修辭與各類學科的關係。

(二)析論古籍的修辭美與理論：析論古籍的修辭美，有《尚書》的修辭藝術、《論語》的修辭技巧、《荀子》的修辭藝術、《楚辭》的修辭手法等四篇。析論古籍的修辭理論，僅有《詩經》的「比」與修辭的關係。

(三)闡論修辭格的分類：〈論譬喻的分類〉、〈論設問的分類〉、〈論引用的分類〉、〈論對偶的分類〉等四篇，皆屬於闡論修辭格的分類。

(四)其他有關修辭理論與實踐：有關修辭理論與實踐者，有〈海峽兩岸修辭研究的比較〉至〈與陳伯之書的修辭技巧〉等九篇。

本書內容雖然豐贍，但尚有待再充實者，如論修辭與美學、哲學、文學批評的關係。至盼爾後再撰寫這類論文，俟再版時再補充。

國立臺灣師範大學國文系蔡宗陽敬識

修辭學探微 目錄

序……一
一 論修辭與文字的關係……一七
二 論修辭與聲韻的關係……二九
三 論修辭與訓詁的關係……五三
四 論修辭與文法的關係……七一
五 《尚書》之修辭藝術……八七
六 《詩經》的「比」與修辭的關係……一〇一
七 《論語》的修辭技巧……一三五
八 《荀子》的修辭藝術……一四九
九 《楚辭》的修辭手法

一〇　論譬喻的分類……一六三
一一　論設問的分類……一九三
一二　論引用的分類……二一九
一三　論對偶的分類……二三九
一四　海峽兩岸修辭研究的比較……二五五
一五　海峽兩岸對偶的名稱與分類之比較……二六七
一六　從修辭論中國文學的雅與俗……二九三
一七　哈薩克族民歌的修辭技巧……三一一
一八　維吾爾族民歌的修辭技巧……三四一
一九　仲華師論中國修辭學探析……三六三
二十　新聞標題的修辭技巧……三八一
二一　鄭子瑜先生論陳騤《文則》探析……四〇一
二二　〈與陳伯之書〉的修辭技巧……四一五

論修辭與文字學的關係

一、前言

修辭不止與文法攸關①，也與訓詁相關②，又與文字學③，是密不可分的。

修辭與文字學息息相關者，有析字、雙關、飛白三個修辭格。析字分為化形析字、諧音析字、衍義析字三種，其中化形析字與文字學中的會意有關，諧音析字則與文字學中的假借相關。雙關、飛白與假借，也極為相關。茲以修辭格為經，文字學為緯，加以詮證修辭與文字學，有何相關？

二、析字與文字學

所謂析字，是指在語文中，故意就文字的形體、聲音、意義加以分析，而創造出一種修辭方式的技巧。析字的作用有二：⑴可以使語文隱晦曲折，含蓄有致。⑵可以使語文幽默詼諧，饒有情趣。④一般修辭學將析字分為化形析字、諧音析字、衍義析字三種，但黃師慶萱增加「綜合析字」⑤，例如：

口語中由「妙不可言」諧音「妙不可鹽」，再牽附「妙不可醬油」，可看作綜合析字法。

「言」字諧音為「鹽」字，「言」、「鹽」二字聲韻畢同，這是諧音析字，又是六書中的假借。「鹽」

字再牽附爲「醬油」是衍義析字。又如戲稱「假」爲「西貝」，是由諧音「賈」，再化形爲「西貝」，這是綜合運用諧音析字和化形析字。由此觀之，綜合析字多半是綜合運用化形析字、諧音析字、衍義析字，因此一般將析字分爲三種；但三種析字與文字學相關，僅有化形析字、諧音析字兩種。

㈠化形析字

所謂化形析字，是指在語文中，利用字形的離合、增損、借用等方式所構成的析字的一種修辭技巧。化形析字又分爲離合、增損、借形三種。三種化形析字與文字學有關。

所謂離合的化形析字，是指語文中，將字形分離之後，再組合成字的一種修辭技巧。離合的化形析字甚多，例如施耐庵《水滸傳．第三十九回》：

黄文炳道：「『耗國因家木』，耗收國家錢糧的人，必定是『家』頭著個木字，明明是個『宋』字。第二句『刀兵點水工』，興起刀兵之人，水邊著個『工』字，明明是個『江』字。這個人姓宋名江。」

「宋」字析離爲「家、木」，就六書而言，是會意。「江」字析離作「水、工」，就六書而言，也是會意。許愼《說文解字》：「宋，尻也。從宀、木，讀若送。」《說文解字》：「江，江水，出蜀湔氐徼外嶓山，入海。從水、工聲。」「江」字，在《說文解字》是形聲，修辭學卻運用爲會意。又如吳敬梓《儒林外史．第三十三回》：

張俊民道：「鬍子老官，這事憑你作法便了。做成了，少不得言身寸。」

王鬍子道：「我那個要你謝。」

「謝」字析離作「言、身、寸」，就文字學而言，是會意。但許慎《說文解字》：「謝，從言、射聲。」是形聲。由此觀之，「謝」字析離爲「言、身、寸」，不符合《說文解字》的說法。若用「言、射」合成「謝」字，又不雅麗，因爲「言、身、寸」，又可以衍義爲「請問三圍」，成爲衍義析字。又如康芸薇〈佳偶〉：

田字下面一個力，這明明是告訴你，男人是在田裡出力氣的，你跟他們談感情呀！

「男」字析離爲「田、力」，就文字學而言，是會意。許慎《說文解字》：「男，丈夫也。從田、力，言男子力於田也。」由此觀之，「田、力」合成「男」字，既是化形析字，又是符合《說文解字》的原意。又如周作人〈談酒〉：

我既是酒鄉的一個土著，又這樣的喜歡談酒，好像一定是個與「三酉」結不解的酒徒了。

「酒」字析離爲「三、酉」，就文字學而言，是會意。但《說文解字》：「酒，就也。所以就人性之善惡。從水、酉，酉亦聲。」《說文解字》是從水、酉，作者卻是從三、酉，二者截然不同，可以明辨。

所謂增損的化形析字，是指在語文中，將字的筆畫增加或減少，用來襯托說明的一種修辭技巧。例如李百藥《北齊書．徐之才傳》：

徐之才聰辯強識，有兼人之敏。尤好刻談謔語，公私言聚，多相嘲戲。嘲王昕姓云：「有言則訌，近犬便狂，加頸足而為馬，施角尾而為羊。」盧元明戲之才云：「卿姓是未入人，名是字之誤。」即答云：「卿姓在亡為虐，在丘為虛，生男則為虜，養馬則為驢。」

「王」字加「言」字成爲「訌」字，「王」字加「犬」字成爲「狂」字。「虍」加「亡」成爲「虐」字，「虍」加「丘」成爲「虛」字，「虍」加「男」成爲「虜」字，「馬」加「盧」成爲「驢」字。「訌」、「狂」、「虐」、「虛」、「虜」、「驢」等六字，就文字學而言，是會意。但《說文解字》：「狂，狾犬也。從犬、王聲。」就《說文解字》而言，「狂」字卻是形聲。又《說文解字》：「驢，驢獸，似馬，長耳。從馬、盧聲。」就《說文解字》而言，「驢」字卻是形聲。又《說文解字》：「虐，殘也，從虍爪人，虎足反爪人也。」「虐」是「從虍爪人」，而非「從虍、亡」。又如魯迅《且介亭雜文二集・序言》：

> 昨天編完了去年的文學，取發表於日報的短論以外者，謂之《且介亭雜文》；今天再來編今年的，因為除做了幾篇《文學論壇》，沒有寫短文，便都收錄在這裡面，算是《三編》。

「且介」，是租界的減損。「租」字減去「禾」字，便是「且」字。「界」字減去「田」字，便是「介」字。「且介亭」的眞諦，是半租界的亭子。《說文解字》：「租，田賦也。從禾、且聲。」「租」字，依《說文解字》而言，是形聲。又《說文解字》：「界，竟也。從田、介聲。」「界」字也是形聲。「租、界」二字，減損字形的「禾、田」，保留字音的「且、介」，而成爲「且、介」二字。

所謂借形的化形析字，是指在語文中，借原來的字形或詞語，來表達不同的意義。例如朱揆《諧噱錄》：

有人將虞永興手寫《尚書》典錢。李尚書選曰：「經書那可典？」其人曰：「前已是〈堯典〉、〈舜典〉。」

〈堯典〉、〈舜典〉，是《尚書》的篇名。「典錢」的「典」，是典當、抵押之意。借「典」字的形體，來表達不同的意義，不僅是借形的化形析字，也是假借。又如沈復《浮生六記・閑情記趣》：

芸問曰：「今日之遊樂乎？」眾曰：「非夫人之力不及！」此大笑而散。

「今日之遊樂乎？」見於蘇軾〈後赤壁賦〉。「非夫人之力不及」，此出於《左傳・僖公二十年》。可是晉文公所說的「夫人」，是「那個人」之意，這裡指秦穆公。《浮生六記》所說的「夫人」，卻是指沈復的夫人陳芸。⑥借「夫人」之字形，來表達不同意義，這是借形的化形字，但非假借，而是借形的假借。

化形析字有些字與文字學相關，但有些字、詞與文字學雖然沒有直接關係，卻有間接關係。「田、力」合成「男」字和借形的「典」字，與文字學有息息相關。「言、身、寸」合成「謝」字，與文字學有間接關係；「夫人」的借形，也是與文字學有間接關係。

㈡諧音析字

所謂諧音析字，是指在語文中，利用字音的相同、相近或聲韻相切來替代或推衍本字的析字的一種修辭技巧。董季棠將諧音析字分為借音、切腳、雙反三種。⑦三種諧音析字，僅有借字的諧音析字與文字學有關。例如《儒林外史・第二十七回》：

南京的風俗，但凡新媳婦進門，三天就要到廚下收拾一樣菜發個利市。這菜一定是魚，取「富貴有餘」的意思。

用「魚」字，來象徵「有餘」之意，這是借音的諧音析字。「魚」與「餘」，是同音，因此不止是借音的諧音析字，又是與假借有關。又如《儒林外史．第二十八回》：

季葦蕭說道：「你們在這裡講鹽呆子的故事？我近日聽見說，揚州是六精。」

辛東之道：「是五精罷了，哪裡六精？」

李葦蕭道：「是六精的很！我說與你聽：他轎裡是坐的債精；抬轎的是牛精；跟轎的是屁精；看門的是謊精；家是藏著的是妖精；這是五精了。而今時派，這些鹽商頭上戴的是方巾，中間定是一個水晶結子；合起來是六精。」說罷，一齊笑了。

「晶」與「精」，是字音相同，就將「晶」字也算作「精」字，跟原有的「五精」，合起來叫做「六精」。⑧這是借音的諧音析字，也是假借，使語言產生新巧活潑，幽默詼諧的效果。「魚」與「餘」是同音，「晶」與「精」也是同音，又借字的諧音來使用，因此「魚」、「晶」二字不但是諧音析字，也是假借。

三、雙關與文字學

所謂雙關，是指在語文中，一個字、一個詞或一個句子，同時顧到兩種事物或兼含兩種意義的一種修辭技巧。雙關的作用有三：⑴利用字音相似或相近，描述眼前的事物，來兼顧到心中想要抒發的情感。⑵利用詞語的音、義，描繪眼前的事物，來表達心中另外的意思。⑶用眼前的事物或話語，和過去的事物或話語巧妙地聯繫起來，以表示諷刺或揶揄。⑨雙關分為字音雙關、詞義雙關、句義雙關三種。三種雙關，僅有字音雙關與文字學有關。

所謂字音雙關，是指在語文中，一個字詞除本身所含的意義外，兼含另一個同音或音相近的字詞的意義的一種修辭技巧。字音雙關的例子很多，例如李商隱〈無題詩〉：

春蠶到死絲方盡，蠟炬成灰淚始乾。

這是描繪眞摯的情感，甲對乙的愛情就像春蠶吐絲，蠟炬燃燒，到死才停止。「絲」字，除「絲」字的本義外，還諧音為「思」之意。「淚」子，兼含蠟淚，人淚。「絲」字含有「思」之意，是假借。「淚」字含有「人淚」之意，是引申義。又如劉禹錫〈竹枝詞〉：

楊柳青青江水平，聞郎江上踏歌聲。東邊日出西邊雨，道是無晴還有晴。

「道是無晴還有晴」的「晴」字，本義是呼應「東邊日出」，諧音「情」字是呼應「聞郎江上踏歌聲」，含有「情」之意，是假借。又如馮夢龍的〈山歌〉：

不寫情詞不寫詩，
一方絲帕寄心知，
心知接了顚倒看，
橫也絲也豎也絲。
這般心事有誰知？

「絲帕」的「絲」字，除本義外，還兼有「思」之意。就「一方絲帕寄心知」而言，「絲」字是本義；就「這般心事有誰知」而言，「絲」字含有「思」之意。「橫也絲來豎也絲」的兩個「絲」字，除本義外，諧音「思」字，兼含「思」之意。由此觀之，兼含「思」之意，是假借。又如徐輝《長江漂流啓示錄》：

> 隊員雷志不愼失手將酒瓶打落，摔個粉碎！當時誰也沒在意。同桌的一位記者還替他解圍說：「沒關係，碎碎平安！」可是這竟成了不祥之兆。

「碎碎平安」的「碎碎」二字，是描述酒瓶打落，摔個粉碎；但經過記者一說，含有「歲歲」之意。「碎碎」二字，除本義外，諧音「歲歲」。兼有「歲歲」之意，是假借。

四、飛白與文字學

所謂飛白，是指在語文中，故意使用白字（別字）或在字音、字義、句法上有意歪曲附合，眞實地記錄或引用的一種修辭技巧。飛白的作用有三：⑴可以存眞，有助於刻畫人物形象。⑵可以創造幽默的氣氛，使語言生動活潑，富有趣味。⑶可以對那些語無倫次、白字連篇的人，給予無情的諷刺。⑩飛白可分爲語音飛白、字形飛白、詞義飛白、句義飛白等四種。⑪語音飛白、字形飛白、詞義飛白皆與假借，息息相關。

所謂語音飛白，是指在語文中，眞實地記錄或援用說話者咬舌子、口吃、方音等語音上的不標準現象所構成的飛白的一種修辭技巧。例如曹雪芹《紅樓夢・第二十回》：

寶玉、黛玉二人正說著，只見湘雲走來，笑道：「愛哥哥，林姐姐，你們天天一處現，我好容易來了，也不理我一理兒！

黛玉笑道，「偏你咬舌子愛說話，連個『二哥哥』也叫不上來，只是『愛哥哥』、『愛哥哥』的。回來趕圍棋兒，又該你鬧么『愛』三了」。

把「二哥哥」說成「愛哥哥」，這是湘雲的咬舌子，作者將她眞實地記錄下來，造成「飛白」的現象，使文章產生幽默詼諧、生動活潑的語言效果，令讀者回味無窮。「愛」字是「二」字的別字，可說是假借，也是語音的飛白。又如老舍《趙子曰》：

他從桌上拿起一本書，嗽了兩聲，又聳了聳肩，面對牆鄭重地念起來：「a boy, a peach.」

他又嗽了兩聲，跟著低聲地沈吟：「一個『博愛』，一個『屁吃』！」

「boy」是英語「男孩」的意思，「peach」是英語「桃」的意思。趙子曰故意將原意讀成「博愛」、「屁吃」，而作者將錯就錯地記錄下來，以增強幽默感，饒有情趣。將「男孩」說成「博愛」，把「桃」講成「屁吃」，這是語音的飛白，也是假借。又如杜鵬程《夜走靈官峽》：

成渝從睡夢中醒來，以為是他的爸爸媽媽回來了，仔細辨認了一陣，發現是我，頭搖得像撥浪鼓似地說：「我不睡！我不睡！」

「為什麼？」他用小拳頭揉了揉眼睛，說：

「爸爸媽媽說：不管哪個人都要朽（守）住康（崗）位。」

我把成渝緊緊地抱起來，用我的臉暖了暖他的臉蛋，然後放下他，裹緊了大衣，把帽沿往下拉了拉，出了石洞，下了山坡，順著絕壁上開鑿的運輸便道，向前走去。」

把「守住崗位」說成「朽住康位」，是方音的飛白，也是語音的飛白，又是假借。作者眞實地記錄成渝的不標準的發音，呈現出地方色彩，又顯現兒童的純眞可愛。又如馬瑞芳〈面對外國青年的眼睛〉：

英國人之後，進來了敦敦實實的伊藤直哉，進門就深鞠躬：「這些老師是……」

聽了韓克圖如此這般的介紹，他又來了一個九十度鞠躬：「我有燕（眼）不識泰山！」

把「有眼不識泰山」說成「有燕不識泰山」，這是語音的錯誤所致。「眼」說成「燕」，既是語音的飛白，又是假借。作者眞實地照錄，產生戲謔有趣。

所謂字形飛白，是指在語文中，記錄或引用說話者的錯別字所構成的飛白的一種修辭技巧。例如薛寶新《夜光曲》：

陳師傅望了望她，略怔了一下，才小心翼翼地問：「你是不是剛才摔了一跤腿動不了啦？」

她一下捂住口，低下頭，笑出了聲：「我是要回廣場。」

「嗨，原來如比（此）！真是一場虛驚。」

婆婆嘴關了後門。車子猛一發動，真差勁，是個次等司機，……

作者照實記錄，利用字形飛白，使文章產生趣味。「原來如此」寫成「原來如比」，其中「比」是「此」的別字。把「此」誤作「比」，這是字形的飛白，也是假借。婆婆嘴是一位青年售票員，有一點貧嘴，他故意借字形相近而說成「原來如比（此）」，旨在逗趣。又如清代小石道人輯《嘻談續錄》：

一監生愛讀白字，而最喜看書。一日，看《水滸》，適友人來訪，見而問之曰：「兄看何書？」

答曰：「木許。」

友人詫異，說：「書亦甚多，木許一書，實所未見，請對書中所載，均是何人？」

答曰：「有一季達。」

友人曰：「更奇了，古人名亦甚多，從未聞有季達者，請問季達是何樣人？」

答曰：「手使兩把大爹（斧），有萬夫不當之男（勇）。」

監生將「水滸」誤作「木許」，把「李逵」誤爲「季達」，將「大斧」讀作「大爹」，把「勇」念成「男」，可說是別字連篇，笑話連篇。這是字形的飛白，也是假借。又如清代褚稼軒《堅瓠集》：

有人送枇杷於沈石田，誤寫「琵琶」。石田答書曰：「承惠琵琶，開尺匳視之，聽之無聲，食之有味。乃知司馬揮淚於江干，明妃寫怨於塞上，皆為一啖之需耳。嗣後覓之，當於楊柳曉風、梧桐夜雨之際也。」

送枇杷的人將「枇杷」誤寫作「琵琶」，沈石田故意引用，以揶揄對方，饒有風趣，耐人尋味。「枇杷」誤作「琵琶」，還有一首有趣的打油詩：「枇杷不是此琵琶，只恨當年識字差。若使琵琶能結果，滿城簫管盡開花。」「枇杷」是「水果」，「琵琶」是樂器。把「枇杷」誤爲「琵琶」，是字形的飛白，也是假借。又如蒲松齡《聊齋志異・卷三嘉平公子》：

一日，公子有諭僕帖，置案上，中多錯謬：「椒」訛「菽」，「薑」訛「江」，「可恨」訛「可浪」。女兒之，書其後云：

何事可浪，花菽生江。　有婿如此，不如為倡。

這是小女子故意將錯就錯，將白字寫進詩中，以嘲笑胸無點墨，蠢俗不堪的喜平公子。將「椒」誤作「菽」，把「薑」誤爲「江」，將「可恨」誤寫成「可浪」，不止是字形的飛白，也是假借。又如彭歌〈道南橋下〉：

阿巧不能算是通文墨，但也會歪歪倒倒寫幾個字。……「先生：枕套上我秀了花，你看喜歡不喜歡?秀的不好，請原亮。」

描述阿巧純眞可愛，雖然誤把「繡」當作「秀」，誤將「諒」當作「亮」，但卻饒有風趣。「繡」誤爲「秀」，「諒」誤作「亮」，這是字形的飛白，也是假借。

所謂詞義飛白，是指在語文中，記錄或引用說話者誤解語義、不合邏輯的句子所構成的飛白的一種修辭技巧。例如馬烽《劉胡蘭傳》：

玉蓮聽不懂什麼是持久戰，她悄悄向金香問道：「金香，顧縣長說的是什麼戰呀!」

「你真是個笨蛋!連個『吃酒戰』也不知道。」

金香自以為是地說道：「就是喝酒打架嘛!喝了酒打人最厲害了，我後爹喝醉酒，打起我媽來沒輕沒重。」

金香不知道什麼叫做持久戰，但她又自以爲是她把「持久戰」誤解作「吃酒戰」，並且詳盡地解說「吃酒戰」的眞諦。作者眞實地照錄下來，呈現金香文化水準的低落，但她心直口快的特色，卻令人啼笑皆非，饒有情趣。將「持久戰」誤爲「吃酒戰」，既是詞義的飛白，也是假借。又如王令嫻〈匆匆〉：

匆匆眼睛發亮，拍著手叫：「好漂亮，好好玩囉！爸爸從來都不買給我玩。」

「那你玩什麼？」

「玩刀，玩槍。殺，殺！碰，碰，碰！我現在都不喜歡玩了。爸爸說，要培養我從小有上午（尚武）精神，因為我讀了上午班。」

把「尚武」寫成「上午」，這是詞義的飛白，也是假借。若用「尚武」二字，小孩子不易理解，因此改成「上午」二字，正好配合小孩子的上午班，這樣也是頗有風趣的。又如丁玲〈太陽照在桑干河上〉：

知道老三是從哪裡聽來的？昨天開會就沒要他參加，以前開會總有他啦，他是青聯副主任嘛。還聽到派咱們是，是什麼？是『金銀』地主，真是，天知道！咱們家就是多幾畝地，可是人多，要說金子，那是見也沒見，就說銀子，媳婦們連個鐲頭都沒有呢，就給付銀戒子，這算什麼『金銀』地主了。

說話者將「經營地主」誤解作「金銀地主」，由此引發議論和對話，作者眞實地照錄，富有趣味。「經營」誤爲「金銀」，是詞義的飛白，也是假借。又如馮驥才《神鞭》：

那邊兩個洋人都不懂中國話，反而笑嘻嘻一齊朝他喊了一句洋話。玻璃花問楊殿起：「他們說嘛？三塊肉？是不是罵我瘦？」

楊殿起笑著說：「這是英國話，就是『謝謝』的意思。這兩個洋人對他可是大大例外了。我來租界不下一百次，也沒有見過這麼客氣的。」

嘻嘻，玻璃花心裡的怒氣全沒了。

玻璃花不懂英語，而把「thank you（謝謝）」誤解作「三塊肉」，作者用詞義的飛白，來呈現玻璃花的低俗。將英語的「謝謝」誤爲「三塊肉」之意，這是詞義的飛白，也假借。

五、結論

修辭格與文字學，有密不可分者，有析字、雙關、飛白。析字多半與會意和假借攸關，但有些字是形聲，而非會意。雙關多半與假借相關，但有些字是引申義，而非假借。飛白與假借，多半有密切關係。一言以蔽之，修辭與文字學，是息息相關的。

【附註】

①拙作〈論修辭與文法的關係〉，見於國立臺灣師範大學國文系所、紀念程旨雲先生百年誕辰學術研討會籌備委員會主編《紀念程旨雲先生百年誕辰學術研討會論文集》，頁六四一至六五八，臺灣書店印行，民國八十三年五月初版。

②拙作〈論修辭與訓詁的關係〉，見於中國訓詁學會主編《訓詁論叢》，頁二一一至二二九，文史哲出版社印行，民國八十三年一月初版。

③本文所研討「修辭與文字學的關係」，所謂的「文字學」，是包括狹義的文字學和廣義的文字學。例如：「本無其字」的假借，是狹義的假借，屬於狹義的文字學；「本有其字」的假借，是廣義的假借，屬於廣義的文字學。

④參閱陸稼祥、池太寧主編《修辭方式例解詞典》，頁二五二，浙江教育出版社印行，民國七十九年九月初版。

⑤見黃師慶萱《修辭學》，頁一七四，三民書局印行，民國六十四年一月初版。

⑥參閱同⑤，頁一六三。

⑦見董季棠《修辭析論》，頁二四八至二五〇，文史哲出版社印行，民國八十一年六月增訂初版。

⑧參閱同④，頁二五三。

⑨參閱同④，頁二二一。

⑩參閱同④，頁八〇一。

⑪參閱唐松坡、黃建霖主編《漢語修辭格大辭典》，頁四九八至五〇八，中國國際廣播出版社印行，民國七十八年十二月初版。

論修辭與聲韻的關係

一、前言

林師景伊說：「凡聲與韻相合為音。」①聲、韻、音三者的關係，分開來說，是聲、韻，合起來說，卻是音。在修辭學的書籍中，談到修辭與聲韻（或稱為音）相關者，有音節、聯綿、摹寫、雙關、析字、飛白、倒裝等七種修辭技巧。

音節與修辭相關者，僅董季棠、張春榮二氏在修辭學書中論及，其他修辭學書籍比較罕見。董氏以為由聲、韻、調的三種功用，詮證修辭與聲韻是密不可分的關係②；張氏則認為關係詞、語氣詞的功能，主要在調整句中音節的變化。③至於聯綿與修辭的關係，一般都析論聯綿與文法的衍聲複詞相關，但董季棠卻闡述雙聲、疊韻的聯綿與修辭相關④，其他修辭學書籍比較少見。摹寫雖然很多修辭學的書籍都有談到，但其中一類「聽覺的摹寫」，是摹寫聲音，自然與聲韻攸關，衆所周知，不須贅述。因此，本文僅闡論雙關、析字、飛白、倒裝等四種修辭方法與聲韻的關係。

二、雙關

所謂雙關，是指在語文中，利用一個字、詞、句的音與義條件，同時關顧兩種不同情景、事物或兼含兩種不同意義的一種修辭技巧。雙關的種類，一般分爲字音雙關、詞義雙關、句義雙關三種。其中「字音雙關」一類，與聲韻是息息相關的。所謂字音雙關，是指一個字詞除本身所蘊涵的意義外，兼含另一個與本字詞同音或音相近的意義的一種修辭技巧。例如唐朝劉禹錫〈竹枝詞〉云：

楊柳青青江水平，
聞郎江上踏歌聲。
東邊日出西邊雨，
「道是無晴還有晴」的「晴」字，既關顧第三句「東邊日出西邊雨」，日出是「晴」；又關顧第二句「聞郎江上踏歌聲」，是呈現情意的「情」。「晴」、「情」二字，在字形，字義上並不相同；但在字音上，卻是相同；因此這例句屬於字音雙關。「晴」、「情」二字，都是疾盈切，同屬從母清韻，也是《詩韻集成》中的庚韻。又如明朝馮夢龍〈山歌〉云：

不寫情詞不寫詩，
一方素帕寄心知，
心知接了顛倒看，
橫也絲來豎也絲，
這般心事有誰知？
「橫也絲來豎也絲」的兩個「絲」字，不僅關顧第二句「一方素帕寄心知」的「素帕」，是「絲」字的本義，並且關顧末句「這般心事有誰知」的「心事」，是「思」字的涵義。「絲」、「思」二字，在字形、字義上並不相同；但在字音上，卻是完全相同；因此這例句屬於字音雙關。「絲」、「思」二字，都是息茲切，同屬心母之韻，在《詩韻集成》中是支韻。又如清朝曹雪芹《紅樓夢・第四十一回》云：

當下劉姥姥聽見這般音樂，且又有了酒，越發喜的手舞足蹈起來。寶玉因此下席過來，向黛玉笑道：「你瞧劉姥姥的樣子！」

黛玉笑道：「當日聖樂一奏，百獸率舞，如今才一牛耳。」

眾姐妹都笑了。

「如今才一牛耳」的「牛」字，不止關顧上一句「百獸率舞」的「百獸」，是「牛」字的本義，也關顧首句「當下劉姥姥聽見這般音樂，且又有了酒，越發喜的手舞足蹈起來」的「劉姥姥」，是「劉」字的涵義。「牛」、「劉」二字，在字形、字義上完全不同；但在字音上，卻是相近的。「牛」字，是語求切，疑母尤韻；「劉」字，是力求切，來母尤韻。「牛」、「劉」二字，同是尤韻；但聲紐不同，「牛」字是疑母，「劉」字是來母。又如侯寶林〈給您道喜〉⑤云：

甲：我會跳六！

乙：你不會跳舞？

「你不會跳舞」的「跳舞」，是「舞」字的本義，但也關顧末句「我會跳六」的「跳六」，是「五」字的涵義。「舞」、「五」二字，在字形、字義上完全不同；但在字音上，卻是相同的。依現在國語而言，「舞」、「五」都是讀「ㄨˇ」，同屬於《中華新韻》中的十模韻、上聲。

三、析字

所謂析字，是指在語文中，將所用的字形、字音、字義加以分析，看別的字有一面同它相合相連，隨即借來代替或推衍上去的一種修辭技巧。析字的種類，一般分為化形析字、諧音析字、衍義析字三種。其中「諧音析字」一類，與聲韻是十分密切關係的。所謂諧音析字，是指在語文中，二字字形不同，因諧音的關係而借用的一種修辭技巧。諧音析字又分為借音、切腳、雙反等三類。借音例如劉禹錫〈陋室銘〉云：

談笑有鴻儒，往來無白丁。

「鴻」與「白」不能對偶，由於「鴻」借音為「紅」，才可以和「白」字對偶。「鴻」、「紅」二字，在字形、字義上完全不同，但在字音上，卻是相同的。「紅」、「鴻」二字都是戶公切，匣母東韻，聲紐韻母完全相同。又如吳敬梓《儒林外史・第二十八回》云：

季葦蕭笑說道：「你們在這裡講鹽呆子的故事？我近日聽說，揚州是六精。」

辛東之道：「是五精罷了，哪裡六精？」

季葦蕭道：「是六精的很！我說與你聽：你轎裡是坐的債精，抬轎的是牛精，跟轎的是屁精，看門的是謊精，家是藏著的是嬌精；這是五精了而今時派，這些鹽商頭上戴的是方巾，中間定是一個水晶結子；合起來是六精。」

說罷，一齊笑了。

「中間定是一個水晶結子」的「晶」借音爲「精」，才使「五精」合起來成爲「六精」。「五精」是呼應「這是五精了」，「六精」是「中間定是一個水晶結子，合起來是六精」。「精」、「晶」二字，都是子盈切，精母清韻，因此聲韻畢同。

所謂切腳，是指用兩個字的反切，合成一個字的一種修辭技巧，也叫合音。例如李汝珍《鏡花緣・第十七回》云：

多九公道：「才女纔說學士大夫論及反切尚且瞪目無語，何況我們不過略知皮毛，豈敢亂談，貽笑大方。」

紫衣女子聽了，望著紅衣女子輕輕笑道：「若以本題而論，豈『吳郡大老，倚閭滿盈』麼？」

紅衣女子點頭笑了一笑。唐敖聽了，甚覺不解。

「問」字的反切，是「吳郡」二字；「道」字的反切，是「大老」二字；「於」字的反切，是「倚閭」二字；「盲」字的反切，是「滿盈」二字。因此，「吳郡大老，倚閭滿盈」，「問道於盲」的合音，也是切腳。反切與聲紐韻母相關，因此合音與聲韻攸關。

所謂雙反，是指順倒雙重反切，各合成一個字的一種修辭技巧。例如李延壽《南史・鬱林王紀》云：

先是，文惠太子立樓館於鍾山下，號曰東田。東田，反語為顛童也。武帝又於青溪立宮，號曰舊宮，反之窮廄也。至是，鬱林果以輕猾而至於窮。

「窮」字的反切，是「田東」，這是倒反切。「童」字的反切，是「東田」，這是順反切；「顚」字的反切，是「東田」，這是順反切；「童」字的反切，是「田東」，這是倒反切。「窮」字的反切，是「舊宮」，這是順反切；「廄」字的反切，是「宮舊」，這是倒反切。不論順反切、倒反切，皆與聲韻相關。

四、飛白

所謂飛白，是指在語文中，明知其說錯或寫錯，故意將錯就錯如實地記錄或援用下來的一種修辭技巧。飛白的種類，黃師慶萱分爲方言、俗語、吃澀、錯別四種⑥，董季棠則分爲吃澀、無知、從俗三種⑦。黃師所說的錯別飛白，就是董氏所謂的無知飛白。所謂飛白的白，就是白字的白，也是現在所說的別字，也是用錯的字，但音相同、相近或音不同而字形相近或古音不同而今音相同、相近。例如馮夢龍《古今談概．無術》云：

莫廷韓過袁太沖家，見桌上有帖，寫「琵琶四觔」。相與大笑。適屠赤水至，而笑容未了。即問其故，屠亦笑曰：「枇杷不是此琵琶。」

袁曰：「只是當年識字差。」

莫曰：「若使琵琶能結果，滿城簫管盡開花。」

屠賞極了，遂廣為延譽。

將「枇杷」說寫成「琵琶」，由於送枇杷的人「識字差」，呼應「只是當年識字差」。「枇杷」，是樹名；「琵琶」，是樂器；二者截然不同。但「枇」、「琵」二字，同是疏夷切，疏紐脂部；「杷」、

「琵」二字，同是蒲巴切，並紐麻韻。「枇」與「琵」、「杷」與「琶」，是是聲韻畢同。「枇杷」與「琵琶」，雖然字形、字義不同，但在字音上卻完全相同；這是無知的飛白，也是錯別的飛白。又如《中副趣譚・錯打錯著》⑧云：

批改學生作業，當以評閱作文最為傷神。碰上別字連篇的作文，更非有猜射燈謎的本領不可。不過有時在他們「誤打誤撞」的筆下，卻也常有「佳作」出現。茲舉數例如下：

㈠我到外婆家吃了一噸午餐。

㈡能夠邀請專家來平分，那是最公平的了。

㈢老王很貪窮，所以他一生潦倒。

㈣儲蓄夜，父親給的壓歲錢，我準備存起來，做下學期的學費。

將「頓」誤寫成「噸」，此二字字形、字義不同，但字音卻相同。今音皆讀「ㄉㄨㄣˋ」，都是《中華新韻》中的十五痕韻去聲。將「評分」的「評」，誤寫成「平」，此二字字形、字義不同，但字音相同。「平」與「評」皆讀ㄆㄧㄥˊ，同是《中華音韻》中的十七庚韻、陽平聲；此二字聲韻畢同。將「貧」誤寫成「貪」由於此二字字形相近而誤。「貧」字讀ㄆㄧㄣˊ，屬於《中華新韻》中的十五痕韻、陽平聲；「貪」字讀ㄊㄢ，屬於《中華新韻》中的十四寒韻、陰平聲；此二字聲韻畢異。將「除夕夜」誤寫成「儲蓄夜」，「除」與「儲」同是《中華新韻》中的十模韻，但「除」字是陽平聲，「儲」字卻是上聲；因此韻同聲異。「蓄」字音ㄒㄩˋ，屬於《中華新韻》中的十一魚韻、入聲。「夕」音ㄒㄧˋ，屬於《中華新韻》中的七齊韻、入聲；因此「蓄」、「夕」二字聲同韻異。但就國音而言，「蓄」音ㄒㄩˋ、

「夕」音ㄒㄧˋ，聲母、聲調相同，而韻母不同。前者是撮口呼，後者齊齒呼。又如王令嫻〈匆匆〉云：

匆匆眼睛發亮，拍著手叫：「好漂亮，好好玩囉！爸爸從來都不買給我現。」

「那你玩什麼？」

「玩刀，玩槍。殺，殺！碰，碰，碰！我現在都不喜歡玩了。爸爸說，要培養我從小有上午（尚武）精神，因為我讀了上午班。」

秦怡笑了，孩子畢竟是孩子。

將「尚武」誤寫成「上午」。「上」、「尚」二字，都讀ㄕㄤˋ，同屬《中華新韻》中的十六唐韻、去聲；因此「上」、「尚」二字聲韻畢同。「午」、「武」二字皆讀「ㄨˇ」，字音完全相同，都是《中華新韻》中的十一模韻、上聲。因此，依今音而言，「上午」與「尚武」是同音的飛白，也是錯別的飛白，又是無知飛白。

五、倒裝

所謂倒裝，是指在語文中，刻意顛倒文法上、邏輯上正常順序的語句，是語文倫次，上下顛倒的一種安置法。倒裝的種類，一般分為隨語倒裝、變言倒裝兩種。隨語倒裝，是語文的正則，也是文法學上的倒裝，基於語文原有倒裝的現象的一種安置法。變言倒裝，是修辭學上的倒裝，出於作者刻意的經營，激起文章波瀾，引起讀者注意，或調和音律，突顯重點，加強語勢的一種修辭技巧。變言倒裝又分為為文章波瀾而倒裝、為詩文格律而倒裝兩類。其中「為詩文格律而倒裝」一類，與聲韻的關係極爲密切。例如《詩經・大雅・桑柔》云：

大風有隧，有空大谷。
維此良人，作為式穀。

其中第二句「有空大谷」，是「大谷有空」的倒裝；因爲「空」與「穀」不能押韻，必須「谷」與「穀」才能押韻；這是爲押韻而倒裝。「谷」、「穀」二字，都是古祿切，見母屋韻，在段玉裁〈今韻古分十七部表〉中是第三部，今音皆讀「ㄍㄨˇ」。又如《老子・第三十五章》云：

執大象，
天下往。
往而不害，
安平太。

「象」與「往」押韻，「象」字是徐兩切，邪母養韻，在段氏第十部；「往」字是于兩切，爲母養韻，在段氏也是第十部。此二字不同聲紐，但韻母韻部卻相同，是聲異韻同的現象。「平太」，是「太平」的倒裝；因爲「平」與「害」不能押韻，必須「太」與「害」才能押韻；這是爲押韻而倒裝。「害」字是胡蓋切，匣母泰韻，在段氏十五部；「太」字是他蓋切，透母泰韻，在段氏也是第十五部。此二字聲紐不同，但韻母韻部卻相同，是聲異韻同，因此可以押韻。又如王粲〈登樓賦〉云：

原野闃其無人兮，征夫行而未息。
心悽愴以感發兮，音切怛而憯惻。

循階除而下降兮，氣交憤於胸臆。

夜參半而不寢兮，帳盤桓以反側。

「悵盤桓以反側」，是「悵反側以盤桓」的倒裝，為了使「側」字和「息」、「側」、「臆」三字押韻，這也是為押韻而倒裝。「息」字是相即切，心母職韻；「惻」字是初力切，初母職韻；「臆」字是於力切，影母職韻；「側」字是阻力切，莊母職韻。「息」、「側」、「臆」、「惻」四字的聲紐皆異，但韻母卻畢同，因此可以押韻。又如徐志摩〈再別康橋〉云：

但我不能放歌，

悄悄是別離的笙簫；

夏蟲也為我沈默，

沈默是今晚的康橋。

「悄悄是別離的笙簫」，是「別離時生簫是悄悄的」的倒裝；「沈默是今晚的康橋」是「今晚的康橋是沈默的」的倒裝。倒裝的目的，既可以使「簫」和「橋」押韻，又可以使聲律更加和諧、更加悅耳。依國語而言，「簫」字讀「ㄒㄧㄠ」，是《中華新韻》中的十三豪韻、陰平聲；「橋」字讀「ㄑㄧㄠ」，是《中華新韻》中的十三豪韻、陽平聲，因此「蕭」、「橋」二字是韻同聲異。

六、結論

修辭格中的雙關、析字、飛白都是諧音的緣故，而與聲韻是息息相關的。倒裝則是為了詩文押韻，而與聲韻攸關。至於音節中的聲、韻、調，則直接與聲韻有關；聯綿與摹寫，也是直接與聲韻相關。

一言以蔽之，修辭與聲韻的關係，是十分密切的。

【附註】

①見林師景伊《中國聲韻學通論》，頁八，世界書局印行，民國六十六年九月六版。

②見董季棠《修辭析論》，頁一四三至一五八，文史哲出版社印行，民國八十一年六月增訂初版。

③見張春榮《修辭散步》，頁二一六至二二〇，東大圖書公司印行，民國八十年九月初版。

④同②，頁一五九至一七〇。

⑤見沈謙《修辭學》上册，頁一〇三引，國立空中大學印行，民國八十年二月初版。

⑥見黃師慶萱《修辭學》，頁一三七至一五四，三民書局印行，民國六十四年一月初版。

⑦同②，頁一七一至一八二。

⑧同②，頁一七六至一七七引。

【參考書目舉要】

修辭學　黃師慶萱　三民書局

修辭學發凡　陳望道　上海教育出版社

修辭學　沈　謙　國立空中大學

修辭學發微　徐芹庭　臺灣中華書局
修辭析論　董季棠　文史哲出版社
修辭論說與方法　張嚴　臺灣商務印書館
修辭散步　張春榮　東大圖書公司
字句鍛鍊法　黃永武　洪範書店
修辭方式例解詞典　陸稼祥、池太寧主編　浙江教育出版社
漢語修辭格大辭典　唐松波、黃建霖主編　中國國際廣播出版社
修辭通鑒　成偉鈞、唐仲揚、向宏業主編　中國青年出版社
說文解字注　段玉裁注　蘭臺書局
詩韻集成　余照春亭輯　文化圖書公司
廣韻　陳彭年等　黎明文化事業有限公司
中華新韻　教育部國語推行委員會編　正中書局
中國聲韻學通論　林師景伊　世界書局

論修辭與訓詁的關係

一、前言

當今訓詁學的書籍，多半闡析訓詁與文字、聲韻、校勘、文法、語言的關係，很少析論修辭與訓詁的關係。①

一般學者以爲修辭學僅對賞析文章、創作文章有裨益，殊不知也有運用修辭來釋詞析句，又有運用修辭來校注，而且剖析修辭技巧有助於訓詁者甚夥，因此修辭與訓詁的關係，是非常的密切。本文擬分爲運用修辭來訓詁、運用修辭來校注、析論修辭助訓詁三項，逐項詮證。

二、運用修辭來訓詁

古人運用修辭技巧來詮釋典籍者，最著名的是鄭玄、孔穎達。鄭玄注解《詩經》，孔穎達撰寫《五經正義》，已經運用了修辭方法來釋詞析句，這是運用修辭來訓詁的體現。茲分爲譬喻、互文、變文、省文、甚言、倒言等六項，舉例闡論。

鄭玄詮解《詩經》，簡稱鄭箋。鄭玄運用譬喻的修辭手法來闡釋《詩經》者②，例如《詩經・衛風・河廣》：

㈠譬　喻

誰謂河廣？曾不容刀。
誰謂宋遠？曾不崇朝。

鄭箋：「不容刀，亦喻狹。小船曰刀。」孔穎達疏：「此刀宜為舟船之小，故云：小船曰刀。《說文》作『舠』，舠小船也。字異音同。」因此，陸德明《經典釋文》說：「刀如字，字書作舠，《說文》作『舠』，並刀字。」「刀」，亦作「舠」，像刀一樣的小船，所以劉勰《文心雕龍・誇飾》也說：「論狹則河不容舠。」「曾」，乃之意，白話是「卻」、「可是」的意思。（誰謂河廣？曾不容刀。）全句可以語譯為：誰說黃河很寬廣？可是容納不下一艘小船。又鄭箋：「崇，終也。行不終朝，亦喻近。」「誰謂宋遠？曾不崇朝。」全句可以翻譯為：誰說宋國很遙遠？可是用不了一個早上就能到達。「不容刀，亦喻狹。」「行不終朝，亦喻近。」這是鄭玄詮釋《詩經》時，運用修辭來訓詁的例證。

又如《詩經・魯頌・泮水》：

翩彼飛鴞，集于泮林，
食我桑黮，懷我好音。

鄭箋：「懷一歸也，言鴞恆惡鳴，今來止於泮水之木上，食其桑黮，為此之故，改其鳴，歸就我以善音，喻人感於恩則化也。」屈萬里《詩經釋義》：「黮，同甚。好音，引申之猶言善意也。」鄭氏運用譬喻的修辭技巧來訓詁，屈氏運用引申義來詮釋，使文義語意更爲明晰。

㈡互　文

互文，又叫互辭、互言、互義、互見、互備、參互、錯互。所謂互文，是指在連貫的語句中，某些語詞依據上下文的條件互相補充，合在一起共同表達一個完整的意思，或敘述上文中省略下文出現的語詞，下文中省略上文出現的語詞，參互成文，合而見義的一種修辭技巧。③互文的作用有三：一是語言精煉，語義含蓄。二是節奏整齊，音韻和諧。三是在互文方式的運用中，既能體現出多方面、多層次、具體地觀察事物分析情理的辯證觀點，也能體現出漢民族語言傳統的寓變化於整齊之中的審美觀。④互文和錯綜不同：互文是參互見義，詞義包含對方，語意都擴大；錯綜則是互換語詞的位置，但語意並不擴大。孔穎達在《五經正義》中，闡明互文之意，例如《易經・損卦》：

> 象曰：君子以懲忿窒欲。

孔穎達疏：「懲者息其既往，窒者閉其將來，忿、欲皆往來，懲、窒互文而相足也。」「互文而相足」，是指在兩事各舉一邊的情況下而省略，但意義卻可以互相補足。懲、窒，就是互相補足對方之意。⑤又如《詩經・小雅・大東》：

> 東人之子，職勞不來；西人之子，粲粲衣服

孔穎達疏：「東人言勞苦，則知西人爲逸豫；西人言其衣服鮮明，則東人衣服敝惡，互相見也。」「互

相見」，是指兩事各舉一邊而省略，也是「互文」，因此互文又叫互見。此外，鄭玄注《禮經》，也闡述互文之意，例如《禮記・文王世子》：

公若有出疆之政……諸父守貴宮貴室，諸子諸孫守下宮下室。……戰則守於公禰，……諸父諸兄守貴室，子弟守下室，而讓道達矣。

鄭玄注：「上言父子孫，此言兄弟，互相備也。」「互相備」，是指兩事各舉一邊而省略，也是「互文」，所以互文又叫互備。上句當作「諸父諸兄守貴宮貴室，諸子諸弟諸孫守下宮下室」，下句當作「諸父諸兄守貴宮貴室，諸子諸弟諸孫守下宮下室」。⑥又如《禮記・坊記》：

君子約言，小人先言。

鄭玄注：「言人尚德不尚言也，約與先互言爾。」「互言」，是指兩事各舉一邊而省略，也是「互文」，因此互文又叫互言。全句當作「君子約言，小人多言；小人先言後行，君子後言先行。」正如孔穎達所說：「君子約言者，省約其言，則小人多言也。小人先言者，小人行在於後，必先用其言，君子則後言先行。」

變　文

變文，又叫變化、變用。所謂變文，是指在語文中，爲了避免重複單調，有意變換字面，表達相同或相近的意思的一種修辭技巧。變文的作用有三：一是避免重複，使文章變化多姿。二是加強語氣，強化語意的作用。三是可以使文章產生節奏和諧，讀之有味。⑦變文和錯綜不同：變文是強調語詞的義同或義近而詞面不同，而錯綜則是強調語序、句子的長短及句型的變化。孔穎達疏解經文，闡述變文之意，例如《易經・乾卦・六言》：

君子進德修業。忠信，所以進德也；修辭立其誠，所以居業也。

孔穎達疏：「上云進德，下復云進德；上云修業，下變云居業者，以其間有修辭之文，故避其修文，而云居業，且功業宜云居也。」「居業」與「修業」同義，爲避複而變「修」字作「居」字，這是變文的修辭技巧。劉勰《文心雕龍・練字》：「善爲文者，富於萬篇，貧於一字，一字非少，相避爲難也。」避複的變文，又如《左傳・襄公三年》：

祁午得位，伯華得官，建一官而三物成。

孔穎達疏：「官、位一也，變文相避耳。」位、官，是同一意義，爲了避免重複單調而變換詞面，交互運用，這也是變文的修辭技巧。

㈣省　文

省文，一般修辭學書籍叫做省略，傅師隸樸《修辭學》稱爲貫省。所謂省文，是指在語文中，蒙上探下地省略某些句子或句子成分的一種修辭技巧。省文的作用有三：一是爲了語文的簡潔明快。二是調整字數音節的作用。三是強調語意，增強語勢。⑧孔穎達在《五經正義》中，詮證省文之意，例如《書經・禹貢》：

荊岐既旅，終南、惇物，至於鳥鼠。

孔穎達疏：「三山空舉山名，不言治意，蒙上既旅之文也。」終南、惇物、鳥鼠，三山名。上文有「既旅」二字，下文省略「既旅」二字。這是蒙上省文的修辭技巧。又如《左傳・昭公三年》：

山木如市，弗加于山，魚鹽蜃蛤，弗加于海。

孔穎達疏：「如訓往也，言將山木往至市也。於木既云如市，魚鹽蜃蛤亦如市可知，蒙上文也。」「蒙上文」，是蒙上的省文。上文言及「木如市」，下文論及「魚鹽蜃蛤」時，就不必加「如市」二字，這也是蒙上省文的修辭方法。

㈤甚　言

甚言又叫甚辭，也叫虛言，約相當於現代修辭學的夸飾，又稱爲誇張、揚厲。正如宗廷虎、李金苓《漢語修辭學史綱》所說：「孔穎達把『誇張』手法稱爲『甚言』，又叫『甚辭』。」所謂夸飾，是指在語文中，爲了表達強烈的感情或給聽讀者留下鮮明深刻的印象，故意擴大或縮小事物的形象、數量、特徵、作用，以增強語文的表現力的一種修辭技巧。夸飾的作用有三：一是可以突出事物的某種特徵，或揭示事物的本質，給聽讀者留下鮮明、深刻的印象。二是表達說寫者強烈的感情，用以諷刺或歌頌，給人的印象十分深刻。三是可以引起讀者的聯想、深思和共鳴。⑨孔穎達在《五經正義》中，運用甚言者，例如《書經・武成》：

罔有敵於我師，前徒倒戈，攻于後以北，血流漂杵。

孔穎達疏：「罔有敵於我師，言紂衆雖多，皆無有敵我之心。故自攻於後，以北走；自攻其後，必殺人不多，血流漂舂杵，甚之言也。」「血流漂舂杵」，是「甚言」，即夸飾的修辭技巧，這是物象的夸飾，誠如劉勰《文心雕龍．夸飾》所說：「倒戈立漂杵之論，辭雖已甚，其義無害也。」孔穎達運用虛言注解經文者，例如《書經．武成》：

其旅若林，會於牧野。

孔穎達疏：「《詩》亦云『其會如林』，言盛多也。〈本紀〉云：『紂發兵七十萬人以距武王。』紂兵雖則衆多，不得有七十萬人，是史官美其能破強敵，虛言之耳。」孔氏認爲〈本紀〉所云「紂發兵七十萬人」，是「虛言」，實際上並沒有七十萬人，這是爲了「美其能破強敵」，而有意加重、強調，採用夸飾的修辭技巧，正如王充《論衡．藝增》所說：「譽人不增其美，則聞者不快其意；毀人不益其惡，則聽者不愜於心。」

㈥倒　言

孔穎達所謂倒言，即宋朝陳騤《文則》所說「倒語」，孫奕《履齋示兒編．卷一》所云「倒文」，羅大經《鶴林玉露．卷十二》所稱「反言」，民國楊樹達《漢文文言修辭學》所言「倒裝」。所謂倒裝，是指在語文中，顛倒語文詞句的次序，以加強語氣，美化句法或押韻的一種修辭技巧。倒裝的作用有三：一是加強語氣。二是有助於安排韻腳、協調平仄，增加詩詞的音樂美。三是能錯綜句法。⑩孔穎達運用倒言注解經文者，例如《詩經．周召．葛覃》：

葛之覃兮，施于中谷，維葉萋萋。

黃鳥于飛，集于灌木，其鳴喈喈。

孔穎達疏：「中谷，谷中。倒其言者，古人之語皆然。詩文多此類也。」「中谷」，是「谷中」的倒裝，這是運用倒裝的修辭技巧。又如《詩經・大雅・桑柔》：

大風有隧，有空大谷。

維此良人，作為式穀。

維彼不順，征以中垢。

俞樾《古書疑義舉例・卷一倒句例》：「詩人之詞必用韻，故倒句尤多。〈桑柔篇〉：『大風有墜，有空大谷。』言大風則有墜矣，大谷則有空矣。今作『有空大谷』，乃倒句也。」「有空大谷」，是「大谷有空」的倒裝，使句末的「谷」、「穀」、「垢」押韻，這是為詩文格律而倒裝，也是運用倒裝的修辭技巧。

三、運用修辭來校注

古籍的校注與修辭有關，有些問題若不從修辭來解決，不僅無法解說清楚，並且可能貽笑大方。至於運用修辭來校注，可以利用錯綜、飛白、仿擬、借代、引用等五個辭格來校注，茲逐項闡述。

㈠錯　綜

錯綜，又叫避複。所謂錯綜，是指在語文中，為了避免語詞的單調呆板，故意運用參差交錯的語詞，使句型錯綜變化，整散相間的一種修辭技巧。錯綜的作用有三：一是可以使語言活潑清新，錯綜變化，搖曳生姿。二是可以使語言準確生動，以提高表現力。三是在韻文中，能造成韻律美。⑪運用錯綜的修辭技巧來校注，例如劉勰《文心雕龍・神思》：

是以秉心養術，無務苦慮，含章司契，不必勞情也。

「秉心養術」，依郭晉稀《文心雕龍譯註十八篇》校改為「養心秉術」，郭氏認為上文說的「貴在虛靜，疏瀹五藏，澡雪精神」，就是「養心」；上文說的「馭文之首術」，就是「秉術」；「心」只能說「養」，「術」才能說「秉」。⑫此乃似是而非的論調，殊不知《詩經・小雅・小弁》：「君子秉心。」《詩經・鄘風・定之方中》：「秉心塞淵。」因此，「秉心養術」，是運用錯綜的修辭技巧，旨在故意錯綜變化，搖曳生姿，以顯新奇。又如江淹〈別賦〉：「使人心折骨驚。」原意是「使人心驚骨折」，作者故意將「驚」與「折」的位置互換，以收到新奇的效果。又如蕭統〈昭明文選序〉：「未嘗不心遊目想。」原意是「未嘗不心想目遊」，作者故意把「想」與「遊」的位置互換，才不致單調呆板。又如歐陽修〈醉翁亭記〉：「泉香而酒洌。」原意是「泉洌而酒香」，作者故意將「洌」與「香」的位置互換，使句型錯綜變化，以顯新奇。

㈡飛　白

飛白，又叫非別，也叫擬誤。所謂飛白，是指在語文中，明知其說錯或寫錯，故意使用白字或在語音、語義、句法上有意歪曲附合，實錄援用的一種修辭技巧。飛白的作用有三：一是可以存眞，有助於刻畫人物形象。二是可以利用飛白創造幽默的氣氛，使語言生動活潑，饒有趣味。三是可以用來諷刺，對那些語無倫次、白字連篇的人予以無情的嘲諷。⑬利用飛白的修辭技巧來校注者，例如《脂硯齋重評石頭記》第七回描繪焦大醉罵的情形，內容是這樣的：

不是焦大一人，你們就做官兒享榮華、受富貴？你祖宗九死一生掙下這家業，到如今了，不報我的恩，反和我充起主子來了。不和我說別的還可，若再說別的，咱們紅刀子進去，白刀子出來。

我們通常都說：「白刀子進去，紅刀子出來。」有些校注者就以爲《脂硯齋重評石頭記》將「紅」、「白」二字弄顚倒了，因此一般版本的《紅樓夢》多作「白刀子進去，紅刀子出來」。後來新校注本才作「紅刀子進去，白刀子出來」。其實，曹雪芹撰寫《紅樓夢》這段內容，是運用「明知其錯，故意仿效」的飛白修辭技巧，如此才能使焦大的醉態，呈現出眞相來。⑭此外，又如《紅樓夢》第二十四描述湘雲的口吃情形，也是運用飛白的修辭技巧，內容是這樣的：

寶玉、黛玉二人正說著，只見湘雲走來，笑道：「愛哥哥，林姐姐，你們天天一處玩，我好容易來了，也不理我一理兒！」黛玉笑道：「偏你咬舌子愛說話，連個『二哥哥』也叫不上來，只是『愛哥哥』、『愛哥』的。回來趕圍棋兒，又該你鬧『么愛三』了。」寶玉笑道：「你學慣了，明兒連你還咬起來呢。」

曹雪芹將「二哥哥」寫成「愛哥哥」，目的在描繪湘雲的口吃，如此不但可以存眞，而且可以增趣。作者運用飛白的修辭方法，使伶牙俐齒的黛玉與嬌憨可愛的湘雲，躍然紙上，並且產生活潑生動、幽默詼諧的語言效果，令人回味無窮。

㈢仿擬

仿擬，又叫仿詞，也叫仿用、仿化。所謂仿擬，是指在語文中，故意模仿現成的詞、語、句、篇，創造臨時性的新詞、新語、新句、新篇的一種修辭技巧。仿擬的作用有三：一是表示奚落與嘲弄。二是可以描繪景色。三是用來抒發情感。⑮運用仿擬的修辭技巧來校注者，例如《魯迅書信集・一九三四年十二月二十日致楊霽雲》：

我認為一切好詩，到唐已被做完，此後倘非能翻出如來掌心之「齊天太聖」，大可不必動手，然而言行不能一致，有時也謅幾句，自省亦殊可笑。

其中「齊天太聖」一語，一九八一年版的《魯迅全集》注解：「齊天太聖」，原作「齊天大聖」，即孫悟空。這是認爲作者在「大」字上，多寫了一點，是筆誤。後來有人在《社會科學輯刊》上撰文說明：魯迅手稿，確實是「齊天太聖」。魯迅運用仿擬的修辭技巧，闡明本領比齊天大聖還要高的齊天太聖，眞的能翻出如來佛的手掌心。因此，「齊天太聖」，旣不是筆誤，又不是引申，而是仿擬。此外，又如王闢之《澠水燕談錄》描述蘇東坡戲謔劉貢父的情形，也是運用仿擬的修辭方法，內容是這樣的：

貢父晚苦風疾，鬚眉皆落，鼻樑且斷。一日與子瞻數人小酌，各引古人語相戲。子瞻戲貢父云：「大風起兮眉飛揚，安得壯士兮守鼻樑！」座中大噱，貢父恨悵不已。

蘇東坡戲稱劉貢父「大風起兮眉飛揚，安得壯士兮守鼻樑」，使在座客人捧腹大笑。作者仿擬劉邦〈大風歌〉：「大風起兮雲飛揚，威加海內兮歸故鄉，安得猛士兮守四方！」蘇氏仿擬此句調，其結構與原作維妙維肖，主題卻與原作迴異。⑯仿擬可以使語言生動活潑、詼諧幽默，並含有諷刺、嘲弄的意味。

㈣借代

借代又叫代稱，也叫代替、替代、換名、換喻、提喻。所謂借代，是指在語文中，不直接說出要說的人或事物的本來名稱，而借用與該人或該事物密切相關的人或事物的名稱來代替的一種修辭技巧。借代的作用有四：一是突出特徵，強調重點，使語言形象生動。二是語詞錯綜變化，不重複、不呆板，使語言新鮮活潑。三是可以使語言含蓄有味，文筆簡潔精煉。四是可以充分表達作者的思想感情，愛憎分明，引起讀者的共鳴。⑰運用借代的修辭技巧來校注者，例如劉義慶《世說新語．術解》：

> 桓公有主簿善別酒，有酒輒令先嚐，好者謂「青州從事」，惡者謂「平原郵督」。青州有齊郡，平原有鬲縣。從事，言到臍；督郵，言在鬲（膈）上住。

「青州從事」，是指美酒。「平原督郵」，是指惡酒。清朝梁紹壬《兩般秋雨盦隨筆》也闡釋「青州從事」、「平原督郵」，內容是這樣的：

> 世說桓公有主簿，善別酒，佳者曰「青州從事」，惡者曰「平原督郵」。青州有齊郡，平原有鬲縣，言好酒下臍，惡酒凝鬲也。

梁氏詮解「青州從事」、「平原督郵」比《世說新語》更清晰、更透徹，更進一步說明「好酒下臍，惡酒凝鬲」。其實王永鑫析論更翔實，他認爲青州有齊郡，「齊」諧「臍」，言好酒到臍，然後以青州代齊郡，用青州表好酒，在這裡的「從事」，是沒有意義的。平原有鬲縣，「鬲」諧「膈」，言惡酒止於膈上，然後以平原代鬲縣，用平原表惡酒，在這兒的「督郵」，也是無意義的。這是運用諧音與借代的修辭技巧。⑱一般誤以爲「從事」、「督郵」都是官名，其實二者皆無義。因此，運用借代的修辭技巧，可以校注古代的典籍。

㈤引　用

引用，又叫引語，也叫引證、引經、引話、援引、用典、用事、用詞、事類。所謂引用，是指在語文中，爲了說明問題，闡述觀點，描寫事物，有意援引他人的話（包括詩文中的名言警句、格言、諺語、成語、資料等），以印證、補充、對照作者的本意的一種修辭技巧。引用的作用有三：一是引用權威或經典著作或他人言論，使論據確鑿、充分，以增強說服力。二是可以使表達更含蓄、更深刻，富於啓發性。三是使語言簡煉，生動活潑，寫於表現力。⑲運用引用的修辭技巧來校注者，例如司馬遷〈報任少卿書〉：

西伯拘而演《周易》，仲尼厄而作《春秋》，……不韋遷蜀，世傳《呂覽》。

我們來比對一下《史記‧呂不韋傳》的內容，其言曰：

太子政立為王，尊呂不韋為相國。是時諸侯多辯士，如荀卿之徒，著書布天下。呂不韋乃使其客人人著所聞，集論以為八覽、六論、十二紀二十餘萬言，號曰《呂氏春秋》。秦王十年十月，免相國出就國河南，歲餘，與家屬徙蜀，呂不韋恐誅，乃飲酖而死。

《史記・呂不韋傳》闡述呂不韋編書在先，遭蜀在後；而〈報任少卿書〉爲何說：「不韋遷蜀，世傳《呂覽》。」劉知幾《史通》也曾經懷疑此事。其實，這是運用引用的修辭技巧。誠如清朝高步瀛說：「大抵古人引事有二法：一則比屬甚嚴，絲毫不得假借；一則取明己意，不泥其事之形跡，……古書屬於前者十之二三，屬於後者十之七八。後人不達此旨，或指斥以爲非，或曲附以爲是，皆爲古人所笑也。」⑳「比屬甚嚴，毫不得假借」，是引用中的明引。「取明己意，不泥其事之形跡」，是引用中的暗用。「不韋遭蜀，世傳《呂覽》」，可以譯爲「呂不韋雖然後來被遷到蜀而死，可是世上已經把他的《呂覽》早傳出來了。」《呂覽》，就是《呂氏春秋》。六朝以前的文章，言簡意賅，有時難免誤解，必須先比對相關的書籍，再運用修辭技巧來剖析，才能洞悉眞義。因此，運用引用的修辭技巧，也可以校注古代詩文。

四、析論修辭助訓詁

析論修辭技巧，不僅可以了解文章的美，也可以洞悉文章的意義，因此析論修辭技巧有助於訓詁。由於篇幅有限，茲列舉藏詞、析字、轉品、雙關、倒反等五個辭格，加以闡析論證。

㈠藏　詞

藏詞又叫歇後語。所謂藏詞，是指在語文中，利用人們熟稔的語詞，故意隱藏本詞；即藏去本來要用的語詞，而僅將成語中剩餘的部分用在語文中，來代替本來要用的語詞的一種修辭技巧。藏詞的作用有二：一是語言簡潔含蓄，形象鮮明，詼諧幽默，可以引起聽讀者的聯想與回味。二是能激發讀者的閱讀興趣，增強語言的藝術效果。㉑藏詞依照形式結構，可以分爲藏頭、藏腹（又叫藏腰）、藏尾三種。

藏頭，是指截取語詞的後半部而隱藏本詞的前半部的藏詞，因此也叫拋前藏詞。例如潘岳〈閒居賦〉：

自弱冠涉乎知命之年。

「弱冠」代「二十歲」，截取《禮記・曲禮》：「二十曰弱冠」的後半部。「知命」代「五十歲」，截取《論語・爲政》：「五十而知天命」的後半部。又如《晉書・孝武帝紀》：

烈宗知其抗直，而惡聞逆耳。

「逆耳」代「忠言」，截取《孔子家語・六本》：「忠言逆於耳而利於行」的後半部。

藏腹，是指隱藏語詞的中間部分，而截取尙存部分來代替本詞的藏詞，所以又叫舍中藏詞。例如白居易〈答四皓廟〉：

君看齒鼎中，焦爛者酈其。

「酈其」，是指「酈食其」，隱藏「食」字，這是藏腹。又如龔自珍〈廣陵舟中爲伯恬書扇〉：

逢君只合千場醉，莫恨今生去日多。

以「去日多」代「苦」，這是隱藏曹操〈短歌行〉：「去日苦多」的中間部分的「苦」字，也是藏腹。

藏尾，是指截取語詞的前半部，而隱藏本詞的後半部的藏詞，因此也叫棄後藏詞。例如陶淵明〈庚子歲從都還〉詩：

一欣侍溫顏，再喜見友于。

以「友于」代「兄弟」，這是截取《論語・爲政》：「友于兄弟」的前半部。又如魯迅《熱風・反對「含淚」的批評家》：

至於釋迦牟尼，可更與文藝界風馬牛了。

以「風馬牛」代「不相及」，這是截取《左傳・僖公四年》：「風馬牛不相及」的前半部。

㈡析　字

析字，又叫拆字，也叫字喻。所謂析字，是指在語文中，利用漢字結構的特點，減損、離合漢字的筆畫或部位，使字形發生變化，產生新的意義的一種修辭技巧。析字的特點有二：一是從材料方面，析字所利用的是漢字的形、音、義。二是從結構方面，析字可以分爲本體和析體兩部分。㉒析字的作用也有兩項：一是可以使語言隱晦曲折、含蓄有致。二是可以使語言幽默詼諧，富於情趣。㉓析字分爲化形析字、諧音析字、衍義析字三種。

化形析字，是利用漢字字形的離合、增損、顚倒等方式構成的析字。例如《後漢書・五行志》：

千里草，何青青；十曰卜，不得生。

「千里草」，組成一個「董」字。「十曰卜」，組成一個「卓」字。全文意思是董卓活不成了。這是運用化形析字的修辭技巧。

諧音析字，是利用漢字聲音的相同、相近或聲韻相切來替或推衍本字的析字。例如劉禹錫〈陋室銘〉：

談笑有鴻儒，往來無白丁。

「鴻儒」對「白丁」，是因爲「鴻」借音作「紅」才能和「白」對仗。因此，「鴻」和「白」，是諧音析字之後，才可以對偶。

衍義析字，是利用漢字字義的特點，通過代換、牽連、演化等手段構成的析字。例如《紅樓夢》第五回：

霽月難逢，彩雲易散。心比天高，身為下賤。風流靈巧招人怨。壽夭多因誹謗生，多情公子空牽念。

全詩描繪晴雯的悲慘命運。霽，是兩後天晴。霽月，是雨後月亮出來，衍繹爲「晴」字。彩雲，是似花紋的雲彩，推演成爲「雯」字。「霽月」、「彩雲」合成「晴雯」二子，這是衍義析字。

(三)轉　品

轉品，又叫轉類。所謂轉品，是指在語文中，由於表達的需要，臨時把某一類活用作另一類詞的一種修辭技巧。轉品的作用有三：一是可以使語言簡潔凝煉。二是可以伸縮文身，變換句式，使語言具有均衡美或變化美。三是可以增加語言的形象性與生動性。㉔轉品依詞性分類，主要分爲名詞轉品、動詞轉品、形容詞轉品三種。

名詞轉品又可分爲名詞用作動詞、名詞用作形容詞、名詞用作限制詞。例如陸游〈訴衷情〉：

胡未滅，鬢先秋。

「秋」，像秋霜一般白之意，這是名詞用作形容詞。秋不僅隱含有「霜」字，譬喻鬢髮的顏色，並且暗示晚景的冷寂淒清。

動詞轉品又可分爲動詞用作名詞、動詞用作形容詞、動詞用作限制詞。例如《孟子・離婁上》：

孟子曰：「有不虞之譽，有求全之毀。」

「譽」、「毀」二字本是動詞，這裡用作名詞。全句意謂有本來不該得到，卻意外得到的虛譽；有原想保全名節，卻反而遭來的毀謗。

形容詞轉品又可分爲形容詞用作名詞、形容詞用作動詞。例如歐陽修〈蝶戀花〉：

淚眼問花花不語，亂紅飛過秋千去。

「紅」字，本是形容詞，這裡用作名詞。「紅」，是「花」之意。這是形容詞用作名詞的轉品。

㈣雙關

雙關，又叫多義雙連。所謂雙關，是指在語文中，利用一個語詞同音或多義的條件，使一個語詞或句子同時兼有字面與字外兩層意義，並以字外意義爲重點的一種修辭技巧。雙關的作用有三：一是即物抒情。二是指物借意。三是指桑罵槐。㉕雙關分爲諧音雙關、詞義雙關、句義雙關三種。

諧音雙關，是指一個字詞除本身所含的意義外，又兼含另一個同音或音相近的字詞的意義。例如《史記・淮陰侯列傳》：

秦失其鹿，天下共逐之。

《史記集解》引張晏：「以鹿喩帝位。」《史記會注考證》：「鹿祿音通。」「鹿」字除了含有本字鹿獸之意以外，又兼含「天祿」之「祿」的意思，因此「鹿」字是雙關語。㉖。

詞義雙關，是指一個語詞在句中兼含兩種意義。例如杜牧〈贈別詩〉：

蠟燭有心還惜別，替人垂淚到天明。

其中「燭心」，除了含有本身「燭心」之意以外，又兼含「人心」的意義，因此「燭心」一詞是雙關語。

句義雙關，是指一句話或一段文字，雙關到兩件事物。例如王建〈新嫁娘〉：

三日入廚下，洗手作羹湯。

未諳姑食性，先遣小姑嘗。

這首詩字面意義，是眞實地刻劃古代新婦那種小心謹愼的情形；但兼含有爲新入仕途者而作，意謂因未熟稔上司習性，祇得先多向同僚請教。正如陳滿銘、陳弘治、簡明勇三位教授《唐宋詩詞評注》所說：「此詩將新嫁娘謹愼將事，以侍公婆之情形，描寫入微。古人將其比喩初任官職，應抱小心翼翼之態度。」如此膾炙人口的詩歌，運用的是「句義雙關」。

(五)倒　反

「雙關」的重點，在於兩件事物的「相似」；「倒反」的重點，在於兩件事物的「相反」。倒反，又叫反說。所謂倒反，是指在語文中，運用跟本意相反的詞句來表達本意的一種修辭方法。倒反的作用有四：一是揭露抨擊黑暗與醜惡。二是表達抒發不滿情緒。三是造成幽默風趣氣氛。四是曲傳羞澀、喜悅、親愛等複雜的感情。㉗倒反可分爲倒辭和反語兩種。

倒辭，是指情罵或嫌忌，難於直言，運用相反的詞句來表達本意和眞情，可以說是沒有諷刺成分的倒反語。例如《列子・湯問》：

河曲智叟笑而止之曰：「甚矣，汝之不慧！以殘年餘力，曾不能毀山之一毛，其如土石何！」

從智叟角度來看，愚公以殘年餘力移山，眞是「不慧」；但作者本意，卻是要藉智叟的口，反襯出一位最堅強、最可敬的聰明老人。因此，與其說愚公「不慧」，不如說愚公「極慧」。㉘這是表示尊敬的倒反，表面上說的不好聽，其實卻是尊敬，也可以說是「口非心是」。

反語，又叫反話，是指使用和本意相反的語詞來表達本意，旨在嘲弄、諷刺，可以說是含有諷刺成分的倒反。例如朱自清〈背影〉：

我那時真是聰明過分，總覺得他說話不大漂亮，非自己插嘴不可。但他終於講定了價錢，就送我上車。他給我揀定了靠車門的一張椅子，我將他給我做的紫毛大衣鋪好座位。他囑我路上小心，夜裡要驚醒些，不需受涼；又囑託茶房好好照應我。我心裡暗笑他的迂，他們只認得錢，託他們直是白託；而且我這樣大年紀的人，難道還不能料理自己麼？唉！我現在想想，那時真是太聰明了。

「聰明過分」、「太聰明」，是愚笨的倒反。愚笨得連父親的關愛，都無法心領神會，反而說父親迂。這是自我嘲笑的倒反，表面上是讚美、誇獎，其實是取笑、貶斥，也可以說是「口是心非」。

五、結論

古人運用譬喻、互文、變文、省文、甚言、倒言等修辭技巧來闡釋典籍，也有人運用錯綜、飛白、仿擬、借代、引用等修辭技巧來校注古籍，更有人析論藏詞、析字、轉品、雙關、倒反等修辭技巧來詮解文章的字義、詞義、句義。因此，王永鑫說：「訓詁用得著修辭知識，而且有時還非用修辭知識來訓詁不可。」㉙誠哉斯言。修辭與訓詁是息息相關，密不可分的。

【附註】

① 析論修辭與訓詁的關係者，有王永鑫〈修辭與訓詁〉，參閱《修辭學習》總第十五期，頁二五至二六，一九八五，上海；還有周學武〈修辭學與古籍解讀——以老子書爲例〉，本文係作者於一九九二年十二月在廣州舉辦中國修辭學國際研討會宣讀的論文，目前由中國修辭學編印《中國修辭學論文集》，正排版中；又有楚胡生《訓詁學大綱》第一章第四節與訓詁學有關的學科，論及修辭學與訓詁學的關係，參閱該書頁十三至十四，蘭臺書局，一九七五，臺北。

②參閱王永鑫〈修辭與訓詁〉，見同①。
③參閱唐松波、黃建霖主編《漢語修辭格大辭典》，頁三七五，中國國際廣播出版社，一九八九，北京。
④參閱陸稼祥、池太寧主編《修辭方式例解詞典》，頁一〇二，浙江教育出版社，一九九〇，浙江。
⑤參閱宗廷虎、李金苓《漢語修辭學史綱》，頁一九六，吉林教育出版社，一九八九，吉林。
⑥參閱傅師隸樸《修辭學》，頁一二九，正中書局，一九六九，臺北。
⑦參閱同④，頁二六至二七。
⑧參閱同④，頁二一四至二一五。
⑨參閱同④，頁一四二。
⑩參閱同④，頁四六。
⑪參閱同④，頁四四。
⑫參閱郭晉稀《文心雕龍譯註十八篇》，頁六八，中流出版社，一九八二，香港。
⑬參閱同④，頁八〇。
⑭參閱同②。
⑮參閱同④，頁七七至七八。
⑯參閱沈謙《修辭學》，頁二一二至二一三，國立空中大學，一九九一，臺北。
⑰參閱同④，頁一二五。
⑱參閱同②。

⑲ 參閱同④，頁二八四。

⑳ 參閱同②引。

㉑ 參閱同④，頁三三。

㉒ 參閱同④，頁二五一。

㉓ 參閱同④，頁二五二。

㉔ 參閱同④，頁三〇二。

㉕ 參閱同④，頁二二一。

㉖ 參閱黃師慶萱《修辭學》，頁三〇八，三民書局，一九七五，臺北。

㉗ 參閱同④，頁七五至七六。

㉘ 參閱董季棠《修辭析論》，頁三一七，文史哲出版社，一九九二，臺北。

㉙ 參閱同②。

論修辭與文法的關係

一、前　言

修辭側重主觀情意的表達，以遣辭美妙爲主，屬於運用方面，是藝術的；文法卻偏重客觀的剖析，以措辭妥貼爲主，屬於組織方面，是科學的。二者各有不同的特點，但也有相通之處。高師仲華認爲「修辭必須合於文法；但合於文法的，未必合於修辭」①。「修辭必須合於文法」，是二者相通之處；「合於文法的，未必合於修辭」，是二者的迥異。

修辭與文法相通之處，不止辭格的名稱與文法有關，還有辭格的分類與文法也相關，茲分別闡析之。

二、辭格的名稱與文法的關係

辭格的名稱與文法的術語完全相同者，有「倒裝」；又有意義相同而辭格的名稱與文法的術語不同者，有「轉品」。

㈠倒裝

辭格有「倒裝」一類，文法也有「倒裝」，名稱完全相同，但內容也有異同，因此二者可以說是同中有異，異中有同。文法的「倒裝」，大約可以分為六類②：

1. 敘事句賓語的倒裝

敘事句賓語的倒裝有三種：一是賓語為稱代詞，賓語上面是否定限制詞，例如《禮記・大學》：

其所厚者薄，其所薄者厚，未之有也。

「之」既是賓語，又是稱代詞，可稱為「稱代詞賓語」③，「未」，是否定限制詞。「有」，是述語。「未之有也」，順言當作「未有之也」，這是否定的倒裝。二是疑問詞作賓語，例如《戰國策・馮諼客孟嘗君》：

孟嘗君曰：「客何好？」

「何」既是賓語，又是疑問詞，可稱為「疑問詞賓語」。「好」是述語。「客何好」，順言當作「客好何」，這是疑問句的倒裝。三是賓語在述語之前，中間加「是」字。例如韓愈〈祭十二郎文〉：

吾少孤，及長，不省所怙，惟兄嫂是依。

「兄嫂」，是賓語。「依」，是述語。「惟兄嫂是依」，當作「惟依兄嫂」，這是肯定句的倒裝。

2. 敘事句呼語的倒裝

敘事句的呼語，本是在句首，但在古代漢語中是倒裝。例如《論語・泰伯》：

而今而後，吾知免夫！小子！

「小子」是呼語，全句當作「小子！而今而後，吾知免夫！」這是敘事句呼語的倒裝。

3. **敘事句補詞的倒裝**

古代漢語在敘事句中的補詞，也有倒裝的現象。例如《左傳・昭公十九年》：

諺所謂室於怒，市於色者，楚之謂矣。

「室於怒，市於色」，當作「怒於室，色於市」，這是敘事句補詞的倒裝。「怒」、「色」是述語，「室」、「市」是處所補詞。

4. **表態句謂語的倒裝**

表態句的謂語，在古代漢語中，有時倒裝。例如列子〈愚公移山〉：

河曲智叟笑而止之曰：「甚矣，汝之不慧！」

「汝之不慧」，是主語。「甚矣」，是謂語。「甚矣，汝之不慧！」當作「汝之不慧，甚矣！」這是表態句謂語的倒裝。

5. **判斷句謂語的倒裝**

在古代漢語中，也有判斷句謂語的倒裝。例如《禮記・檀弓上》：

夫子聞之曰：「誰與？哭者！」

「哭者」，是主語。「誰與」，是謂語。「誰與？哭者！」當作「哭者，誰與？」這是判斷句謂語的倒裝。

6. 複句的主從倒裝

在古代漢語的複句中，主句與從句也有倒裝現象。例如《論語・學而》：

賜也，始可與言詩已矣，告諸往而知來者。

「始可與言詩已矣」，是從句。「告諸往而知來者」，是主句。全句當作「賜也，告諸往而知來者，始可與言詩已矣。」這是複句的主從倒裝。

上述六類倒裝，是文法的倒裝，也是陳望道《修辭學發凡》所謂的「隨語倒裝」。嚴格來說，既然是「隨語」，就不能算「倒裝」，可以視爲當時語文的正則，也是文法的特色，正是與修辭同中有異的地方。不過，修辭的「倒裝」，也有特色。沈謙將修辭的「倒裝」，分作爲詩文格律而倒裝、爲文章波瀾而倒裝兩類④，這是陳望道的「變言倒裝」，也是修辭與文法不同之處。「隨語倒裝」，是出於語文上自然的倒裝；「變言倒裝」，是出於作者刻意的經營。

作者刻意經營的倒裝，像爲詩文格律而倒裝者，不乏其例，例如王維〈山居秋暝〉：

空山新雨後，天氣晚來秋。
明月松間照，清泉石上流。
竹喧歸浣女，蓮動下漁舟。
隨意春芳歇，王孫自可留。

「明月松間照，清泉石上流」，是「明月照松間，清泉流石上」的倒裝。「竹喧歸浣女，蓮動下漁舟」，是「竹喧浣女歸，蓮動漁舟下」的倒裝。如此，則「流」與「留」、「秋」與「舟」協韻。又如文天祥〈正氣歌〉：

天地有正氣，雜然賦流形。下則為河嶽，上則為日星。

「下則爲河嶽，上則爲日星」，是「上則爲日星，下則爲河嶽」的倒裝，俾「形」與「星」協韻。此二句脫胎於蘇東坡〈潮州韓文公廟碑〉：「在天爲星辰，在地爲河獄。」

修辭的倒裝，除爲遷就詩文格律而倒裝外，尚有爲文章波瀾而倒裝，例如王觀〈卜算子〉：

水是眼波橫，山是眉峰聚。

「水是眼波橫，山是眉峰聚」，是「眼是水波橫，眉是山峰聚」的倒裝。本是用「水波横」譬喻「眼」，「山峰聚」譬喻「眉」，作者刻意將「水」與「眼」、「山」與「眉」互換，以奇特的句法加強語勢，使文章更吸引讀者的注意力。又如朱自清〈荷塘月色〉：

荷塘四面，長著許多樹，蓊蓊鬱鬱的。

「長著許多樹，蓊蓊鬱鬱的」，是長著許多蓊蓊鬱鬱的樹」的倒裝。如此倒裝，不僅有加強作用，也使文章更流暢。

渾言之，「隨語倒裝」、「變言倒裝」都是「修辭」；但析言之，則「隨語倒裝」是「文法」，「變言倒裝」是「修辭」。一言以蔽之，同中有異，異中有同。

(二)轉品

轉品，又叫轉類⑤。凡是一個語詞，改變其原來詞性而在語文中出現，叫做轉品。「品」，就是文法上所謂的「詞的品類」。因此，修辭的「轉品」，就是文法的「詞類活用」，這是修辭與文法相同、相通之處，可謂「名異實同」。轉品的種類，可以分爲下列幾種：

1.名詞用作動詞

在語文中，名詞轉變爲動詞者甚多，例如《論語・子張》：

子夏曰：「小人之過也必文。」

「文」字，本是名詞，此處當動詞用，解釋爲「掩飾」，這是修辭的「轉品」；但將「文」字視爲名詞述語，則是名詞活用爲動詞性的單位，卻是文法的「詞類活用」。「小人之過也必文」，意謂小人有了過錯而不改，一定加以掩飾。

2.名詞用作形容詞

在語文中，名詞轉變爲形容詞者，不乏其例，例如《莊子・齊物論》：

人籟，則比竹是已。

「人籟」，是人發出的聲音。「人」本是名詞，此處當形容詞用，這是修辭的「轉品」；但將「人」字視爲名詞附加語，則是名詞活用爲形容性的單位，卻是文法的「詞類活用」。全句是說人發出的聲音，好比簫管所發出的聲音。

3.名詞用作副詞

副詞又叫限制詞。在語文中，名詞轉變爲副詞者，也有不少，例如《史記・魏公子列傳》：

其後秦稍蠶食魏。

「食」是動詞。「蠶」修飾「食」，所以是副詞。「蠶」本是名詞，此處轉變爲副詞，這是修辭的「轉品」；但將「蠶」字視爲名詞副語，則是名詞活用爲副詞性的單位，卻是文法的「詞類活用」。全句意謂後來秦國像蠶吃桑葉的方式，慢慢地併吞魏國。

4. **動詞用作名詞**

在古代漢語中，動詞轉爲爲名詞者，不乏其例，例如《孟子・離婁上》：

孟子曰：「有不虞之譽，有求全之毀。」

「譽」、「毀」，本是動詞，此處轉變爲名詞，這是修辭的「轉品」；但將「譽」、「毀」二字視爲動詞端語，則是動詞活用爲名詞性的單位，卻是文法的「詞類活用」。全句意謂孟子說：「有意外得到的讚美，有過於苛求招來的毀謗。」

5. **動詞用作形容詞**

在語文中，動詞轉變爲形容詞者，例如杜甫〈夢李白〉：

浮雲終日行，游子久不至。

「浮」、「游」，本是動詞，此處轉變爲形容詞，這是修辭的「轉品」；但將「浮」、「游」二字視爲動詞附加語，則是動詞活用作形容性的單位，卻是文法的「詞類活用」。

6. **動詞用作副詞**

在語文中，動詞轉變爲副詞者，例如《左傳・哀公十六年》：

生拘石乞而問白公之死焉。

「生拘」，是「活捉」之意。「拘」，是動詞。「生」修飾「拘」，是副詞。「生」，本是動詞。因此，「生」字是動詞用作形容詞，這是修辭的「轉品」；但將「生」字視爲動詞副語，則是動詞活用作副詞性的單位，卻是文法的「詞類活用」。

7. **形容詞用作名詞**

在語文中，形容詞用作名詞者，例如歐陽修〈蝶戀花〉：

淚眼問花花不語，亂紅飛過秋千去。

「紅」，是「花」之意。「紅」，本是形容詞，此處轉變爲名詞，這是修辭的「轉品」；但將「紅」字視爲形容詞端語，則是形容詞活用爲名詞性的單位，卻是文法的「詞類活用」。

8. **形容詞用作動詞**

在語文中，形容詞用作動詞者，例如曹丕《典論・論文》：

傅毅之於班固，伯仲之間耳；而固小之。

「小之」的「小」，是「輕視」之意。「小」，本是形容詞，此處轉變爲動詞，這是修辭的「轉品」；但將「小」字視爲形容詞述語，則是形容詞活用作動詞性的單位，卻是文法的「詞類活用」。

9. **形容詞用作副詞**

在語文中，形容詞用作副詞者，例如李白〈獨坐敬亭山〉：

衆鳥高飛盡，孤雲獨去閒。

「高」修飾「飛」，「獨」修飾「去」。「飛」、「去」，都是動詞。修飾動詞是副詞，因此「高」、「獨」由形容詞轉爲副詞，這是修辭的「轉品」；但將「高」、「獨」二字視爲形容詞副語，則是形容詞作副詞性的單位，卻是文法的「詞類活用」。

綜觀上述九種詞類的活用，就是修辭的「轉品」，而詞類的活用，屬於文法的範疇，因此修辭的「轉品」與文法的「詞類活用」，是息息相關的。

三、辭格的分類與文法的關係

各種辭格的分類與文法相關者，或意義相關，或形式相關，因此早期文法與修辭混淆不清，蓋二者有相通之處，渾言之則同，析言之則異。辭格的分類，依意義分，與文法相關者，有鑲嵌；依形式分，與文法相關者，有對偶、排比、頂針。

㈠鑲嵌

凡是在語文中，故意插入數目字、虛字、特定字、同義字、異義字的一種修辭技巧，叫做鑲嵌。鑲嵌可分爲鑲字、嵌字、增字、配字四種，除嵌字外，其餘皆與文法攸關。

所謂鑲字，是指在語文中，用無關緊要的虛字或數目字，插入有意義的實詞之中，藉以拉長語詞的一種修辭技巧。例如《左傳‧昭公二十五年》：

鸜之鵒之，公出辱之。

三個「之」字，是虛字。根據裴學海《古書虛字集釋》：「之猶兮也，語未或句未之助詞也。」文法的虛詞，分為介詞、連詞、助詞、歎詞四種。這裡「之」字，屬於助詞，因此鑲字與文法相關。

所謂增字，是指在語文中，同義字的重複，旨在拉長音節，使語氣更完足，語意更充實的一種修辭技巧。例如《左傳・襄公三十一年》：

門不容車，而不可踰越。

「踰」、「越」，都是動詞。「踰」即「越」，「越」即「踰」，因此「踰越」是同義複詞，也是並列式合義複詞，又叫聯合式合義複詞。由此可知，增字與文法相關。

所謂配字，是指在語文中，異義字的重複並列，用其中一個字作陪襯，僅偏取另外一個字的意義的一種修辭技巧。例如《左傳・昭公四年》：

苟利社稷，生死以之。

此謂若有利於國家，犧牲生命，在所不惜。「生死」，僅「死」之義，「生」是配字，並無意義，這是偏義複詞，屬於並列式合義複詞，因此配字與文法有關。

(二)對偶

凡是在語文中，同一句中的上下兩個短語及上下兩個、四個、六個或六個以上分句中的奇句與偶句，字數相等，句法相似，詞性相同，平仄協調的一種修辭技巧，叫做對偶，又叫對仗、駢麗、麗辭、對子、儷辭。對偶的分類，可依文體、結構、意義分⑥，其中依結構來分類，與文法有密切關係。對偶就結構而言，可以分為句中對、單句對、隔句對、長偶對四種。

所謂句中對，是指在語文中，上下兩個短語，互相對仗的一種修辭技巧，又叫當句對、四柱對、就句對、自對。例如朱自清〈春〉：

鳥兒將窠巢安在繁花嫩葉當中。

「繁花」對「嫩葉」。「花」、「葉」，都是名詞；「繁」、「嫩」都是形容詞；所以詞性相同。「繁花」，都是平聲；「嫩葉」，都是仄聲；因此平仄協調。「繁花」、「嫩葉」，都是主從結構，又叫偏正結構。「花」、「葉」，都是端詞。「繁」、「嫩」，都是形容性加詞。職是之故，句中對與文法有關。

所謂單句對，是在語文中，上下兩句，字數相等，詞性相同，平仄協調的一種修辭技巧，又叫單對。例如《尚書．大禹謨》：

滿招損，謙受益。

「滿」對「謙」，「招」對「受」，「損」對「益」，這是單句對。「滿招損」、「謙受益」，都是敘事句。「滿」、「謙」，都是主語。「招」、「受」，都是述語。「損」、「益」，都是賓語。因此，單句對與文法中的單句有關。

所謂隔句對，是指在語文中，第一句對三句，第二句對第四句的一種修辭技巧，又叫偶對、扇對、扇面對。例如〈題滁州醉翁亭〉：

翁去八百年，醉鄉猶在；

山行六七里，亭影不孤。

「翁去八百年」對「山行六七里」，「醉鄉猶在」，對「亭影不孤」，這是隔句對。「翁去八百年」、「山行六七里」，都是敘事句。「醉鄉猶在」，是表態句（也可視爲敘事句）。「亭影不孤」，是表態句。因此，隔句對與文法的敘事句、表態句有關。

所謂長偶對，是指在語文中，奇句對奇句，偶句對偶句，至少三組的一種修辭技巧，又叫長對。例如顧憲成〈無錫東林書院楹聯〉：

風聲、雨聲、讀書聲，聲聲入耳；
家事、國事、天下事，事事關心。

「風聲」對「家事」，「雨聲」對「國事」，「讀書聲」對「天下事」，「聲聲入耳」對「事事關心」，這是長偶對。「風聲」與「家事」、「雨聲」與「國事」、「讀書聲」與「天下事」，都是主從結構。「聲聲入耳」與「事事關心」，都是敘事句。因此，長偶對與文法中的主從結構、敘事句有關。

㈢排比

凡是在語文中，用結構相似的句法，接二連三地表達同範圍、同性質的意象的一種修辭技巧，叫做排比。沈謙《修辭學》依語言結構，將排比分爲單句的排比、複句的排比兩種⑦。

所謂單句的排比，是指在語文中，用結構相似的單句，接二接三地表達同範疇、同性質的意象的一種修辭技巧。例如《論語・子罕》：

子曰：「知者不惑，仁者不憂，勇者不懼。」

「知者不惑」、「仁者不憂」、「勇者不懼」，都是單句，也是表態句，因此全句是單句的排比。由此可知，單句的排比與文法的單句、表態句有關。

所謂複句的排比，是指在語文中，用結構相似的複句，接二連三地表達同範圍、同性質的意象的一種修辭技巧。例如《管子・牧民》：

民惡憂勞，我逸樂之；
民惡貧賤，我富貴之；
民惡危墜，我存安之；
民惡滅絕，我生育之。

管子論施政之道，在順民心，用四個假設語氣的複句，闡述施政的具體辦法。「民惡憂勞，我逸樂之」、「民惡貧賤，我富貴之」、「民惡危墜，我存安之」、「民惡滅絕，我生育之」，都是假設關係構成的複句。從句提出假設，主句說明後果。「民惡憂勞」、「民惡貧賤」、「民惡危墜」、「民惡滅絕」，都是提出假設語氣。「我逸樂之」、「我富貴之」、「我存安之」、「我生育之」，都是說明後果。因此，複句的排比與文法中假設關係構成的複句相關。

成偉鈞、唐仲揚、向宏業主編《修辭通鑑》，將排比分爲十九種：聯合詞組排比、偏正詞組排比、主謂詞組排比、動賓詞組排比、介賓詞組排比、後補詞組排比、同位詞組排比、固定詞組排比、單句排比、複句排比、段落排比、詩歌中運用排比、散文中運用排比、小說中運用排比、戲曲中運用排比、排比用於敘述、排比用於描寫、排比用於抒情、排比用於議論⑧。、排比用於敘述、描寫、抒情、議論，這是依寫作技巧來分類。排比運用在詩歌、散文、小說、戲曲，這是依文學體裁來分類。至於聯合詞組排比、偏正詞組排比、主謂詞組排比、動賓詞組排比、介賓詞組排比、後補詞組排比、同位詞組排比、固定詞組排比、單句排比、複句排比，這是依詞語的結構、句子的成分來分類，因此這種分類與文法有關。⑨

㈣頂針

凡是在語文中，後面的開頭，與前面的結尾，重複同樣的字詞或語句，前後緊接，上傳下接的一種修辭技巧，叫做頂針，又叫頂眞。頂針的分類，陸稼祥、池太寧主編《修辭方式例解詞典》，從結構上，分為單蟬式、雙蟬式兩種，單蟬式又分為詞的頂針、短語的頂針、句子的頂針三類⑩。所謂詞的頂針，是指在語文中，用上句末尾的語詞作為下句開頭的頂針的一種修辭技巧。例如柳宗元〈始得西山宴遊記〉：

幽泉怪石，無遠不到。到則披草而坐，傾壺而醉，醉則更相枕以臥，臥而夢。意有所極，夢亦同趣。覺而起，起而歸。

同用「到」、「醉」、「臥」、「起」來上傳下接，這四個字都是單詞，詞性是動詞，所以這例句是詞的頂針。由此可知，詞的頂針與文法有關。又如陶淵明〈桃花源記〉：

復前行，欲窮其林。林盡水源，便得一山。山有小口，彷彿若有光。

同用「林」、「山」來上遞下接，這兩個字，都是單詞，詞性是名詞。這例句屬於詞的頂針，因此詞的頂針與文法有關。

所謂短語的頂針，是指在語文中，用上句末尾的一個短語作爲下句開頭的頂針的一種修辭技巧，又叫詞組的頂針。例如蔣夢麟〈故都的回憶〉：

紫禁城的周圍是一座長方形的黃色城牆；城牆四角矗立著黃瓦的碉樓。

同用「城牆」來上傳下接，「城牆」是短語，也是主從結構，全句是短語的頂針，因此短語的頂針與文法有關。又如蔡邕〈飲馬長城窟行〉：

青青河畔草，綿綿思遠道；遠道不可思，宿昔夢見之。

同用「遠道」來上遞下接，「遠道」是短語，也是主從結構，所以全句是短語的頂針。由此可見，短語的頂針與文法有關。

所謂句子的頂針，是指在語文中，用上句作爲下段開頭的頂針的一種修辭技巧。例如《詩經・大雅・下武》：

下武維周，世有哲王。三后在天，王配于京。

王配于京，世德作求。永言配命，成王之孚。

同用「王配于京」，來上遞下接，全詩分爲六段，這是第一、二段，因此是段與段之間的頂針，也叫連環體。「王配于京」，是敘事句，所以這例句屬於句子的頂針，與文法也有關。

四、結　論

辭格的名稱與文法相關者，有倒裝、轉品；辭格的分類與文法相關者，有鑲嵌、對偶、排比、頂針。其實，不僅此也，還有類疊、設問、回文等辭格與文法也有密不可分的關係。

【附　註】

① 見高師仲華《高明文輯》下册，頁三七一，黎明文化事業公司印行，民國六十七年三月初版。

② 參閱黃師慶萱《修辭學》，頁五五三至五五六，三民書局印行，民國六十四年一月初版。文法術語以黃師慶萱《文法與修辭》爲主，再參閱其他書籍，如許師世瑛《中國文法講話》及大陸文法書籍。稱代詞，又叫代詞、指稱詞、代名詞。

③ 就句子的成分而言，是賓語；就單獨的語詞而言，是稱代詞；合稱之爲「稱代詞賓語」。以下此類狀況，限於篇幅，不再贅述。

④ 參閱沈謙《修辭學》，頁八七二至九〇九，國立空中大學印行，民國八十年二月初版。

⑤ 轉品，又叫轉類。民國二十一年四月，上海開明書店印行陳望道《修辭學發凡》是用「轉品」一詞。六十五年七月，上海人民出版社印行該書卻改用「轉類」一詞。

⑥ 對偶的分類，詳見拙作〈論對偶的分類〉，此文收入《林尹教授逝世十週年學術論文集》，頁七一至八六，文史哲出版社印行，民國八十二年六月初版。

⑦ 參閱同④書，頁六七四至七〇〇。

⑧ 參閱成偉鈞、唐仲揚、向宏業主編《修辭通鑒》，頁六〇九至六一六，中國青年出版社印行，民國八十年六月初版。

⑨ 限於篇幅，無法翔實論述，僅闡析單句的排比、複句的排比兩種。

⑩ 參閱陸稼祥、池太寧主編《修辭方式例解詞典》，頁五十六至五十七，浙江教育出版社印行，民國七十九年九月初版。

《尚書》之修辭藝術

一、前言

修辭在求「美」，藝術亦在求「美」，《尚書》之修辭，美妙無比，職是之故，以「《尚書》之修辭藝術」爲題，析論《尚書》辭藻華麗之所在。

一般以爲《尚書》文字佶屈聱牙，艱澀難懂，便誤以爲文辭不美，其實《尚書》之修辭手法，值得觀賞者孔多。本文闡析《尚書》之修辭藝術，除卻《尚書》二十五篇僞作，僅析論其餘篇章。①茲闡論《尚書》原文的修辭技巧，約有十多種修辭方式。

二、感歎

凡是在語文中，借助一些歎詞或感歎助詞，以表達內心喜、怒、哀、樂之情緒或情感之一種修辭方法，稱爲感歎。《尚書》運用感歎之修辭格甚夥，〈堯典〉在句首用「咨」字作歎詞者最多，例如〈堯典〉云：

帝曰：「咨！四岳。湯湯洪水方割，蕩蕩懷山襄陵，浩浩滔天。下民其咨。有能俾乂？」僉曰：

「於！鯀哉！」

天子感歎洪水氾濫成災，有誰能治水？四位諸侯異口同聲推薦鯀。其中「咨」字爲感歎，「於」字亦爲感歎。感歎詞既可增強感情的表達，又可活現人物的思想感情，使讀者如聞其聲，如見其人。②「哉」字則爲句末感歎助詞。此外，尚有〈堯典〉：「帝曰：『咨！汝羲暨和。』」「帝曰：『咨！四岳。朕在位七十載，汝能庸命，巽朕位。』」「舜曰：『咨！四岳。有能奮庸，熙帝之載，使宅百揆，亮采惠疇？』」「帝曰：『咨！四岳。有能典朕三禮？』」「帝曰：『咨！二十有二人，欽哉！』」

又有用「都」字作句首歎詞者，例如〈堯典〉云：

驩兜曰：「都！共工方鳩僝功。」

此言共工多攬事務而具有功績。「都」字爲歎詞。「都」字用於句首作歎詞者，尚有〈皋陶謨〉：「『皋陶曰：『都！在知人，在安民。』」「皋陶曰：『都！亦行有九德，亦言其人有德，乃言曰：載采采。』」「禹拜曰：『都！帝！予何言？予思日孜孜。』」「禹曰：『都！帝愼乃在位。』」

再有用「呼」字作句首歎詞者，例如〈堯典〉云：

帝曰：「呼！嚚訟，可乎！」

此言堯以爲丹朱言論荒謬，又好爭論，豈可繼帝位？此外，尚有〈堯典〉：「帝曰：『吁！咈哉！方命圮族。』」〈皋陶謨〉：「禹曰：『吁！咸若時，惟帝其難之。』」「陶曰：『吁！如何？』」〈呂刑〉：「吁！來！有邦有土，告爾祥刑。」

復有以「嗚呼」二字爲歎詞者甚衆，例如〈高宗肜日〉：「嗚呼！王司敬民。」〈召誥〉：「嗚呼！皇天上帝。」「嗚呼！曷其奈何弗敬！」「嗚呼！天亦哀於四方民，其眷命用懋。」「嗚呼！有王雖小，元子哉。」〈無逸〉：「嗚呼！君子所其無逸。」「周公曰：『嗚呼！我聞曰，昔在殷王中宗，嚴恭寅畏。』」「周公曰：『嗚呼！厥亦惟我周太王、王季，克自抑畏。』」「周公曰：『嗚呼！繼自今嗣王。』」「嗚呼，我聞曰……」「嗚呼！自殷王中宗，及高宗。」「嗚呼！嗣王其監于茲！」〈君奭〉：「嗚呼！王若曰……」「嗚呼！猷，告爾有方多士。」「嗚呼！多士。」〈立政〉：「嗚呼！休茲。」「嗚呼！孺子王矣！」「嗚呼！繼自今後王立政。」〈顧命〉：「嗚呼！疾大漸，惟幾。」〈呂刑〉：「嗚呼！念之哉！」又有「嗟」字作句首歎詞者，如〈費誓〉：「嗟！人無譁，聽命！」〈呂刑〉：「嗟！四方司政典獄。」

感歎分爲句首感歎、句中感歎、句末感歎、交錯感歎等四類，其中句首感歎占最多。所謂交錯感歎，即句首、句末都使用感歎。交錯感歎，《尚書》亦不乏其例，例如〈堯典〉：「於！鯀哉！」〈呂刑〉：「嗚呼！敬之哉？」此二例皆爲交錯感歎。

三、呼告

凡是在語文中，對所描繪人或物直接呼喚講話之一種修辭方法，稱爲呼告。呼告分爲呼人、呼物兩種。《尚書》運用呼人者甚多，例如〈梓材〉云：

> 王曰：「封！以厥庶民暨厥臣、達大家，以厥臣達王，惟邦君。」

此言諸侯必須做到下情上達。「封」，係康叔名。此例爲周武王對康封之呼告。此外，又如〈康誥〉：

「封！元惡大憝，矧惟不孝不友。」「封！爽惟民，迪吉康。」「封！予惟不可不監，告汝聽之說，于罰之行。」〈酒誥〉：「封！我西土棐徂邦君、御事、小子，尚克用文王教，不腆於酒。」「封！我聞惟曰，在昔殷先哲王，迪畏天，顯小民，經德秉哲。」「封！予不惟若茲多誥。」「封！汝典聽朕毖，勿辯乃司民湎於酒。」以上乃周武王對康叔之呼告，均屬呼人之修辭技巧。

《尚書》不止有周武王對康叔之呼告，又有周成王對周公之呼告，例如〈洛誥〉云：

> 王拜手稽首曰：「公！不敢不敬天之休，來相宅，其作周匹休。」

此乃周成王對周公之呼告，周成王自我期許，至盼敬謹接受上天賜予福祥。此外，又如〈洛誥〉：「公！明保予沖子。」「公！予小子其退即群於周，命公後。」此二例皆是周成王對周公之呼告，屬於呼告之修辭技巧。

《尚書》尚有周公以王命呼告者，例如〈多士〉云：

> 王若曰：「爾殷遺多士！弗弔，旻天大降喪于殷；我有周佑命，將天明盛，致王罰，勑殷命終于帝。」

周公以周成王之命呼告各級官員，依照王命褒善懲惡，此乃呼人之呼告。此外，〈多士〉：「爾殷多士！今惟我周王，丕靈承帝業。」「猷，告爾多士！予惟時其遷居西爾。非我一人奉德不康寧，時惟天命。」「多士！昔朕來自奄，予大降爾四國民命。」「告爾殷多士！今予惟不爾殺，予惟時命有申。」此四例均屬呼人之修辭手法。呼告之作用，在加強直接性、抒情性、可讀性、交融性，呈現感染力、親和力。③

《尚書》又有周公對召公之呼告，例如〈君奭〉云：

公曰：「君奭！我聞在昔，成湯既受命，時則有若伊尹，格于皇天。在太甲，時則有若保衡。……天惟純佑命，則商實百姓王人，罔不秉德明恤。」

「君」，尊稱。「奭」，召公名。周公勉勵召公勤勉服務，實行美德，保護君王；此乃周公對召公之呼告。此外，尚有〈召奭〉：「君奭！弗弔，天降喪于殷，殷既墜厥命，我有周既受。」「君奭！天壽平格，保乂有殷，有殷嗣，天滅威。」「君奭！在昔，上帝割申勸寧王之德，其集大命於厥躬。」此三例皆為周公對召公之呼告。又如〈君奭〉：「君！告汝朕允。保奭！其汝克敬以予監於殷喪大否，肆念我天威。」「君！予不惠若茲多誥，予惟用閔於天越民。」

「君！惟乃知民德，亦罔不能厥初，惟其終。」此三例亦為呼人之呼告。

《尚書》不僅〈梓材〉、〈酒誥〉、〈洛誥〉、〈多士〉、〈君奭〉有呼告，尚有呼告篇章，如〈西伯戡黎〉：「天子！天既訖我殷命，格人元龜，罔敢知吉。非先王不相我後人，惟王淫戲用自絕。」〈微子〉：「王子！天毒降災荒殷邦，方興沈酗於酒。」〈立政〉：「太史，司寇蘇公！式敬爾由獄，以長我王國。」〈文侯之命〉：「父義和！丕顯文武，克愼明德，昭升于上，敷聞在下；惟時上帝集厥命于文王。」「父義和！其歸視爾師，寧爾邦。」此外，又有感歎與呼告併用者，如〈牧誓〉：「嗟！我友邦冢君，……稱爾戈，比爾干，立爾矛，予其誓。」〈康誥〉：「嗚呼！封。汝念哉！」「嗚呼！小子封。」〈君奭〉：「嗚呼！君。肆其盛于茲。」〈立政〉：「嗚呼！孺子王矣。繼自今，我其立政、立事。」〈呂刑〉：「嗚呼！嗣孫。今往何監、非德？」

四、排比、類疊

凡是在語文中，結構相似、語氣一致在短語、句子或段落成串地排列在一起，以表達相似或相關內容之一種修辭方法，稱爲做排比。《尚書》運用排比者衆矣，例如〈堯典〉云：

肆類于上帝，禋于六宗，望于山川，徧于群神。

此言舜祭祀上帝、天地四時、山川、群神。就整體形式而言，句型相似，語氣一致，同樣表達祭祀，屬於排比修辭手法，旨在使語言具有節奏感、音樂美，文章更有條理、更有系統。就部分形式而言，間隔使用「于」字四次，係類疊中之類字。

〈堯典〉運用排比兼類疊中之類字者，尚有「流共工于幽洲，放驩兜于崇山，竄三苗于三危，殛鯀于羽山。」舜處理共工、驩兜、三苗、鯀，天下老百姓皆十分佩服；此乃運用排比兼類疊之修辭方式。此外，〈堯典〉：「舜格于文祖，詢于四岳；闢四門，明四目，達四聰。」〈皋陶謨〉：「寬而栗，柔而立，愿而恭，亂而敬，擾而毅，直而溫，簡而廉，剛而塞，彊而義。」「股肱喜哉，元首起哉，百工熙哉。」〈禹貢〉：「九山刊旅，九川滌源，九澤旣陂。」「浮于潛，逾于沔，入于渭，亂于河。」〈召誥〉：「牛一、羊一、豕一。」〈立政〉：「宅乃事，宅乃牧，宅乃準。」〈顧命〉：「一人冕執劉，立於東堂；一人冕執鉞，立於西堂；一人冕執戣，立於東垂；一人冕執瞿，立於西垂；一人冕執銳，立于側階。」〈呂刑〉：「惟官、惟反、惟內、惟貨、惟來。」此七例皆運用排比兼類字之修辭方法。

凡是在語文中，有意反覆使用相同語詞或分句之一種修辭方法，稱爲類疊，又名反覆，亦稱爲複疊、重複。類疊分爲類字、類句、疊字、疊句等四種。《尚書》運用類字者，例如〈皐陶謨〉云：

元首明哉，股肱良哉，庶事康哉！

就部分形式而言，間隔使用相同「哉」字三次，屬於類字之修辭技巧，旨在增強敘述之條理性、生動性，增強旋律美、節奏感。就整體形式而言，則爲排比修辭方法。此外，尚有〈禹貢〉：「浮于積石，至于龍門西河，會于渭汭。」此例亦爲排比兼類疊。

《尚書》運用類句者，例如〈甘誓〉云：

左不攻于左，汝不恭命；右不攻于右，汝不恭命；御非其馬之正，汝不恭命。……弗用命，戮于社。

此言不聽從命令，則於社神前殺戮。間隔使用「汝不恭命」三次，旨在突出重點，強調重點。就部分形式而言，此例屬於類句之修辭技巧。類句又有〈洛誥〉：「不敢不敬天之休，來相宅，其作周四休。……敬天之休，拜手稽首誨言。」其中「敬天之休」，係類句之修辭方式。〈立政〉：「庶獄、庶愼，惟有司之牧夫，是訓用違；庶獄、庶獄，文王罔敢知于茲。」其中「庶獄、庶愼」，亦爲類句之修辭手法。

《尚書》運用疊字者，例如〈呂刑〉云：

民興胥漸，泯泯棼棼，罔中于信，以覆詛盟。

此言苗民互相欺詐，缺乏誠信，違背盟約，以致紛亂。其中「泯泯棼棼」，「紛亂貌」之意，此乃疊字之修辭技巧。疊句又有〈堯典〉：「欽、明、文、思、安安，允恭克讓。」〈皋陶謨〉：「兢兢業業，一日二日萬幾。」〈微子〉：「卿士師師非度。」〈梓材〉：「子子孫孫永保民。」〈多方〉：「以穆穆在乃位，克閱于乃邑、謀介。」「兢兢」、「業業」、「師師」、「子子」、「孫孫」、「穆穆」，皆爲疊字之修辭手法。

《尚書》運用疊句者，例如〈洛誥〉云：

孺子其朋，孺子其朋，其往。

周公至盼周威王與官吏和睦相處。「孺子其朋」反覆使用兩次，旨在強調「和睦相處」之重要，此乃疊句之修辭方式。尚有疊句者，如〈堯典〉：「欽哉！欽哉！惟刑之恤哉！」〈皋陶謨〉：「政事懋哉！懋哉！」其中「欽哉！欽哉！」「懋哉！懋哉！」皆運用疊句之修辭技巧。

五、頂針、回環、轉品、譬喻

凡是在語文中，用上句之結尾作爲下句之開頭，使上下兩句頭尾蟬聯，上遞下接之一種修辭方法，稱爲頂針，又名頂眞、聯珠。《尚書》運用頂針者，例如〈堯典〉：

（舜）愼徽五典，五典克從；納于百揆，百揆時敘；賓于四門，四門穆穆；納于大麓，烈風雷雨弗迷。

此言舜經得起各種考驗。上句末尾作爲下句開頭者，如「五典」、「百揆」、「四門」皆爲頂針之修辭技巧。此外，又如〈堯典〉：「克明俊德，以親九族；九族既睦，平章百姓；百姓昭明，協和萬邦。」其中「九族」、「百姓」亦爲頂針之修辭手法。又如〈君奭〉：「天降喪于殷，殷既墜厥命，我有周既受。」其中「殷」字亦爲頂針之修辭方式。〈君奭〉：「天壽平格，保乂有殷；有殷嗣，天滅威。」其中「有殷」二字亦爲頂針之修辭格。頂針之作用，在使文章組織更縝密，條理更清晰，語氣更連貫，音律更流暢。

凡是在語文中，變換語詞之次序或位置，用回環往返之語文形成組成之一種修辭方法，稱爲回環。《尚書》運用回環者，如〈堯典〉云：

臣哉鄰哉！鄰哉臣哉！

此言將臣子視爲親近之人，親近之人視同臣子。就「鄰哉」而言，屬于頂針之修辭技巧；就「臣哉」而言，則爲回環之修辭手法。臺灣學者有人將回環視爲寬式回文，回文與回環不分，合併爲一類。回環多半兼有頂針。回環之作用，在于增強文章之表現力、感染力，以加深讀者、聽衆之認識、理解。

凡是在語文中，由于表達之需要，臨時將某一類詞活用作另一類詞之一種修辭方法，稱爲轉品，又名轉類。《尚書》運用轉品者，如〈堯典〉云：

明明揚側陋。

此言顯揚明哲之人，倘若出身微賤，必推舉此人。上「明」字，爲動詞，「顯揚」之意；下「明」字，則爲名詞，「明哲之人」之意；此例屬于轉品。運用轉品修辭技巧，尚有〈皋陶謨〉：「予欲左右有民，汝翼。」「翼」字，本爲名詞，「翅膀」之意。此處作爲動詞，「輔佐」之意。此外，又有〈呂刑〉：「德威惟畏，德明惟明。」上「明」字爲名詞，「行爲光明」之意；下「明」字爲動詞，「顯揚」之意。轉品之作用，在使語文更簡潔、更凝煉、更生動。

凡是在語文中，用另一本質不同，而又有相似之事物作爲比方之一種修辭方法，稱爲譬喻，又名比喻、比、譬、打比方。《尙書》運用譬喻者，如〈堯典〉云：

二十有八載，帝乃殂落，百姓如喪考妣。

此言堯崩殂，民衆如父母逝世之哀慟。「百姓如喪考妣」，爲譬喻。「百姓」，爲喻體；「如」，爲喻詞；「喪考妣」，爲喻依。譬喻之作用，于化未知爲已知，轉抽象爲具體，使文章更生動、更感人。此外，尙有〈洛誥〉：「孺子其朋，其往，無若火始燄燄，厥攸灼，敘弗其絕。」「孺子其朋」，爲喻體。「若」，爲喻詞。「大始燄燄」，爲喻依；此亦爲譬喻。

六、引用、映襯、設問、倒裝

凡是在語文中，爲闡述觀點，說明問題，描繪事物，有意援引他人言論或書籍之一種修辭方法，稱爲引用，又名引語、引證、引經。《尙書》運用引用者，例如〈盤庚〉云：

遲任有言曰：「人惟求舊，器非求舊，惟新。」古我先王，暨乃祖乃父，胥及逸勤。

引用遲任之語，闡述用人惟求舊，用物惟求新，任用官吏須用同事年久之人。就形式而言，運用引用之修辭技巧。就內容而言，「舊」與「新」爲正反對比，屬于映襯。引用之作用，在于使論據更充分、更確鑿，增強說服力、可信度。此外，尙有〈牧誓〉：「古人有言曰：『牝雞無晨。牝雞之晨，惟家之索。』今商王受，惟婦言是用。」〈酒誥〉：「古人有言曰：『人無於水監，當作民監。』今惟殷厥命，我豈可不大監撫于時！」〈無逸〉：「我聞曰：『古之人猶胥訓誥，胥保惠，胥教誨；民無或胥譸張爲幻。』此厥不聽，人乃訓之。」〈秦誓〉：「古人有言曰：『民訖自若是多盤。責人斯無難；惟受責俾如流，是惟艱哉。』我心之憂：日月逾邁，若弗云來。」此四例皆爲引用之修辭手法。

凡是在語文中，將兩件或兩件以上事物或同一事物正反並列，互相比較之一種修辭方法，稱爲映襯，又名對比、映照、對照。《尚書》運用映襯者，例如〈呂刑〉云：

上刑適輕下服，下刑適重上服，輕重諸罰有權。

此言若判重刑而宜減輕，則減輕其刑罰；如判輕刑而宜加重，則加重其刑罰；一言以蔽之，刑罰之輕重，均須衡量，不可草率。「上刑」與「下刑」、「下服」與「上服」、「輕」與「重」，皆爲正反對比之映襯技巧。映襯之作用，在于使善者更善，惡者更惡。此外，尚有〈盤庚〉：「邦之臧，惟汝衆；邦之不臧，惟予一人有佚罰。」「臧」與「不臧」，爲正反對比之映襯修辭手法。又如〈多方〉：「我不惟多誥，我惟祇告爾命。」「不惟」與「惟」，爲映襯之修辭方式。

凡是在語文中，下句有答案而上句故意假設疑問之一種修辭方法，稱爲設問。《尚書》運用設問者，例如〈湯誓〉云：

時日曷喪？予及汝皆亡。

商湯言夏王損害夏國，民衆至盼暴政早日滅亡。此以日比夏王，民衆期盼與夏王共同滅亡，是以怠慢不恭，與夏王不融洽。「時日曷喪？」爲設問中之懸問，不知夏王何時滅亡；但民衆恨夏王入骨，冀望與夏王同歸于盡。設問之作用，在於引人注意，發人深思，強調論點，加深印象，使文章產生波瀾起伏，以免呆滯。又如〈皐陶謨〉：「能哲而惠，何憂乎驩兜？何遷乎有苗？何畏乎巧言令色孔壬？」夏禹告訴皐陶：既能明智，又能仁愛，不必擔憂驩兜，不必放逐苗族，不必懼怕孔壬。此連用三個設問，旨在避免呆板、單調，使文勢起伏，吸引讀者注意，激發讀者思考，凸顯重點，加深語意。設問尚有〈多士〉：「我其敢求位？」〈呂刑〉：「非爾惟作天牧？」〈西伯戡黎〉：「天曷不降威？」此三者皆爲設問之修辭方式。

凡是在語文中，爲加強語勢、協調音節或錯綜句法，故意顚倒詞句次序之一種修辭方法，稱爲例裝。《尙書》運用倒裝者，例如〈康誥〉云：

往哉！封。勿替敬典；聽朕告汝，乃以殷民世享。

此言周成王封康叔于衛之誥，闡述謹守法典，必可與殷民世代奉行祭祀。「往哉！封。」當作「封，往哉！」之倒裝。倒裝之作用，在于增強語勢、協調平仄或錯綜句法，產生音樂美。倒裝分爲隨言倒裝、變言倒裝兩種。「往哉！封。」屬于變言倒裝。隨言倒裝，爲語文之正則，文法學者不以爲倒裝。例如〈金縢〉：「予小子新命于三王，惟永終是圖。」「惟永終是圖」，當作「惟圖永終」。此外，尙有〈牧誓〉：「惟婦言是用。」「惟婦言是用」，當作「惟用婦言」。

七、夸飾、層遞、摹寫、錯綜

凡是在語文中，爲表達強烈情感或給聽衆、讀者留下鮮明深刻印象，故意擴大或縮小事物形象、數量、特徵、作用之一種修辭方法，稱爲夸飾，又名誇張、揚厲。《尙書》運用夸飾者，例如〈堯典〉

云：

湯湯洪水方割，蕩蕩懷山襄陵，浩浩滔天。

此言洪水氾濫，禍害人民。「浩浩滔天」，就整體內容而言，形容水勢浩大，此乃擴大物象之夸飾，屬于物象夸飾之修辭技巧。夸飾之作用，在突出洪水之特徵，加深讀者之印象，引起讀者之聯想、深思、共鳴，增強文章之感染力。就部分形式而言，「浩浩」爲類疊中之疊字。此外，尚有〈堯典〉：「洪水滔天。」此亦爲擴大物象之夸飾。

凡是在語文中，用結構相似之短語、分句、段落，以表達數量、程度、範圍等方面層層遞進或遞降之一種修辭方法，稱爲層遞。《尚書》運用層遞者，例如〈牧誓〉云：

夫子勖哉！不愆于四伐、五伐、六伐、七伐，乃止齊焉。

此言周武王討伐紂王，戰于牧野，武王勉勵士兵多刺擊。「四伐、五伐、六伐、七伐」，爲數量遞升之層遞，屬于層遞之修辭技巧。層遞之作用，既可使文章更謹嚴，更透徹，又可使文章增強感染力。此外，尚有層遞者，如〈堯典〉：「修五禮，五玉，三帛，二生，一死，贄。」五、三、二、一此乃遞降之層遞。〈禹貢〉：「五百里甸服：百里賦納總，二百里納銍，三百里納秸服，四百里粟，五百里米。」二、三、四、五，此爲遞升之層遞。〈洪範〉：「初一、曰五行，次二、曰敬用五事，次三、曰農用八政，次四、曰協用五紀，次五、曰建用皇極，次六、曰乂用之德，次七、曰明用稽疑，次八、曰念用庶徵，次九，曰嚮用五福，威用六極。」「五行：一曰水，二曰火，三曰木，四曰金，五曰土。」「三德：一曰正直，二曰剛克，三曰柔克。」「五福：一曰壽，二曰富，三曰康寧，四曰攸好德，五曰考終命。」

凡是在語文中，通過人之感覺，將事物之聲音、顏色、形體、情狀如實描摹之一種修辭方法，稱爲摹寫。《尙書》運用摹寫者，例如〈堯典〉云：

夔曰：「予擊石拊石，百獸率舞。」

此言夔敲打石磐，各種獸類聞聲皆手舞足蹈。此乃視覺之摹寫。摹寫之作用，在于增強事物描繪更鮮明性、更眞實感，渲染氣氛，增加表達效果。此外，尙有摹寫者，如〈堯典〉：「湯湯洪水方割，蕩蕩懷山襄陵。」洪水包圍山陵，淹上丘陵，此亦爲摹寫之修辭技巧。

凡是在語文中，爲避免語之單調重複而有意選取同義詞或近義詞來代替之一種修辭方法，稱爲錯綜。《尙書》運用錯綜者，如〈堯典〉云：

予決九川，距四海；濬畎澮，距川。

此言夏禹採疏導方法治洪水。「決」、「濬」，皆「挖掘」之意。此義同詞異之修辭技巧，即運用錯綜之修辭手法。此外，尙有運錯綜者，如〈堯典〉：「流共工于幽洲，放驩兜于崇山。」「流」、「放」，皆「放逐」之意；此亦爲名異實同之錯綜修辭方式。〈堯典〉：「蕩蕩懷山襄陵，浩浩滔天。」「蕩蕩」、「浩浩」，皆「廣大貌」；此亦爲義同詞異之錯綜修辭技巧。

八、結　語

《尙書》雖艱澀難讀之典籍，然其文句運用感歎、呼告、排比、類疊者甚夥。此外，尙有頂針、回環、轉品、譬喻、引用、映襯、設問、倒裝、夸飾、層遞、摹寫、錯綜等十二種修辭手法。職是之故，多研讀《尚書》，既可探究哲理奧祕，又可品嘗修辭藝術；吾人何樂而不為？

【附註】

① 東晉時，預章內史梅賾，獻古文《尚書》五十八篇。五十八篇者，乃將伏生之二十九篇，又加偽撰之二十五篇也。清初閻若璩《尚書古文疏證》八卷，列舉一百二十八證，以明此二十五篇為偽書。

② 參閱陸稼祥、池太寧《修辭方式例解詞典》，頁八十六，浙江教育出版社印行，一九九〇年（民國七十九年）九月初版。自此以下，有關修辭之作用，皆參閱此書，囿于篇幅，不再逐一贅述。

③ 同②，頁一〇〇。

【參考書目】

修辭學　黃師慶萱　三民書局
修辭學　沈謙　空中大學
修辭析論　董季棠　文史哲出版社
修辭方式例解詞典　陸稼祥、池太寧主編　浙江教育出版社
陳騤文則析論　蔡宗陽　文史哲出版社
（「修辭學」參考書目甚多，不克逐一臚列，詳見《陳騤文則新論》書末參考書目。）

《詩經》的「比」與修辭的關係

一、前　言

《詩·大序》說：「《詩經》有六義焉：一曰風，二曰賦，三曰比，四曰興，五曰雅，六曰頌。」《詩經》的六義，也叫六詩，誠如《周禮·春官·太師》所說：「太師教六詩：曰風，曰賦，曰比，曰興，曰雅，曰頌。」風、雅、頌，是《詩經》的性質，賦、比、興，是《詩經》的作法。

《禮記·學記》說：「不學博依，不能安詩。」所謂「博依」，是廣博的譬喻。陳騤《文則·丙一》也說：「《詩經》之有比，以達其情。文之作也，可無喻乎？」不僅寫詩須多運用譬喻，作文也要多使用譬喻。欲多學習譬喻技巧的運用，惟有多研讀《詩經》，因此，《詩經》的「比」，不止對後世文學創作技巧的影響，至深且遠，而且與後世修辭理論的關係，也是密不可分的。本文擬從《詩經》「比」的名義、種類與修辭理論的關係，加以闡析。

二、《詩經》「比」的名義與修辭的關係

「比」，是《詩經》的作法之一。「比」的名義，衆說紛紜，見仁見智。朱熹《詩集傳》卷一說：

比者，以彼物比此物也。

比，也叫取譬①、辟②、譬③、譬喻④、取喻⑤、比喻、打比方⑥。目前臺灣修辭專家學者多半用「譬喻」，大陸修辭專家學者大多用「比喻」，因此修辭學書籍不是用「譬喻」，就是「比喻」。但用「譬喻」較佳，以免與「比擬」混淆不清。無論用「譬喻」或「比喻」，皆脫胎于「比」，因此「譬喻」修辭格的名稱與《詩經》的「比」，是密不可分的。

「比者，以彼物比此物」，是闡釋「比」的意義。這個詮釋與「譬喻」修辭格的定義相關。黃師慶萱《修辭學．譬喻》說：

譬喻是一種「借彼喻此」的修辭法，凡二件或二件以上的事物中有類似之點，說話作文時運用「那」有類似點的事物來比方說明「這」件事物的，就叫譬喻。

「譬喻是一種『借彼喻此』的修辭法」，與「比者，以彼物比此物」，可謂名異實同。「借彼喻此」，即「以彼物比此物」之意。鄭玄于《周禮．春官．大師》注中引鄭衆云：「比者，比方于物也。」「比方于物」，即「借彼喻此」之意。由此可見，黃師闡述「譬喻」的定義與鄭氏、朱子詮解「比」的眞諦，是息息相關的。

「凡二件或二件以上的事物中有類似之點，說話作文時運用『那』有類似點的事物來比方說明『這』件事物的，就叫譬喻。」與劉熙《釋名．釋典藝》：「事類相似謂之比。」摯虞《文章流別論》：「比者，喻類之言。」朱熹《朱子語類》卷八十：「比是以一物比一物，而所指之事，常在言外。」文字雖稍異，但內容卻相同，可謂貌異心同。劉氏所謂「事類相似」，即「凡二件或二件以上的事物中有類似之點」，亦即摯虞所說的「喻類之言」。朱子所云：「比是以一物比一物，而所指之事，常在言外」，就是「說話作文時運用『那』有類似點的事物來比方說明『這』件事物的」。此外，劉勰《文心雕龍．比興》也闡述「比」的意義，他說：

比者，附也。……附理者，切類以指事。……且何謂為比？蓋寫物以附理，颺言以切事者也。

所謂「比附」，是用相近似者來譬喻，切取類似點，以指明事實。所謂「寫物以附理，颺言以切事」，是藉描述外在的事物，來譬喻內在的事理。「比附」之意與劉熙、摯虞、黃師之說，意義相同。「寫物以附理，颺言以切事」之意與朱子、黃師之說，意義相通。由此可知，黃師解說「譬喻」與劉熙、摯虞、劉勰、朱熹闡明「比」，是相輔相成，相得益彰的。

綜觀「譬喻」、「比喻」的名稱與《詩經》的「比」，雖名異，但實同。「譬喻」的定義與各家闡論「比」的眞諦，雖然文字不同，但內容卻可以融會貫通。職是之故，《詩經》「比」的名義與修辭理論的關係，是十分密切的。

三、《詩經》「比」的種類與修辭的關係

㈠劉勰的分類

首先闡析《詩經》「比」的種類，是將《詩經》的「比」，分爲比義、比類兩種，並舉例詮證。劉勰在《文心雕龍．比興》中說：

金錫以喻明德，珪璋以譬秀民，螟蛉以類教誨，蜩螗以寫號呼，澣衣以擬心憂，卷席以方志固。凡斯切象，皆比義也。至如麻衣如雪，兩驂若舞，若斯之類，皆比類者也。

「金錫以喻明德」，出自《詩經・衛風・淇奧》：「瞻彼淇奧，綠竹如簀。有匪君子，如金如錫，如圭如璧。用金錫的具體特徵，來譬喻君子抽象的光明德性。「珪璋以譬秀民」，源于《詩經・大雅・卷阿》：「顒顒卬卬，如圭如璋。令聞令望，豈弟君子，四方為綱。」用最精美的玉石，來譬喻優秀傑出的人才，「螟蛉以類教誨」，出于《詩經・小雅・小宛》：「螟蛉有子，蜾蠃負之。教誨爾子，式穀似之。」「蜾蠃」，即「蒲盧」。「螟蛉」，即「桑蟲」。用蒲盧養桑蟲之子以為己子，來譬喻有德者教王民以為己民。「蜩螗以寫號呼」，源自《詩經・大雅・蕩》：「文王曰咨！咨女殷商，如蜩如螗，如沸如羹。」「蜩螗」，即「蟬」。用蟬的鳴叫，來譬喻悲嘆的聲音；用沸騰的湯、又熱又燙的羹，來譬喻憂亂的心。「澣衣以擬心憂」，出于《詩經・邶風・柏舟》：「心之憂矣，如匪澣衣。靜言思之，不能奮飛。」用沒有洗的骯髒衣服，來譬喻內心的煩憂。「卷席以方志固」，出自《詩經・邶風・柏舟》：「我心匪石，不可轉也；我心匪席，不可卷也。」石頭雖重，還可以轉動，但我心也卻無法轉變。席子可以捲起來，但我心卻不可以捲起來。用「不轉不卷」，來譬心志堅定不移。「麻衣如雪」，源于《詩經・曹風・蜉蝣》：「蜉蝣掘閱，麻衣如雪。」「麻衣」，即「朝服」。朝服如同雪一般的潔白亮麗。「兩驂如舞」，源自《詩經・鄭風・大叔于田》：「大叔于田，乘乘馬，執轡如組，兩驂如舞。」大叔打獵，乘四馬的車，駕馭技術精湛，在外的兩匹驂馬，和在中間的兩匹服馬，行列整齊，步調和諧，眞像合乎節拍的舞步。

「金錫似喻明德」、「珪璋以譬秀民」、「螟蛉以類教誨」、「蜩螗以寫號呼」、「澣衣以擬心憂」、「卷席以方志固」，皆出于《詩經》。劉勰將此六個例證，歸入比義，都是用具體的事物，來譬喻闡明抽象的情理。「麻衣如雪」、「兩驂如舞」，亦見于《詩經》。劉勰將此二例，歸入比類，都是用具體的事物，來譬喻闡明具體的形貌。不論「比義」，或是「比類」，都是以具體事物闡述抽象的情理、形貌，這是屬于譬喻的作用。

譬喻的作用，袁志宏認爲有三項：一是可以化未知爲已知。二是可以使深奧的、抽象的事理變得淺顯易懂。三是可以化平淡爲生淡、生動。⑦成偉鈞、唐仲揚、向宏業主編《修辭通鑒》也以爲修辭有三種作用：一是描繪事物的外在特徵，突出事物的某一部形態。二是在一些重要點上，揭示事物的內涵，表現事物的屬性或本質。三是化遠知爲近知，化繁複爲簡易，將抽象的、深奧的事理具體化、淺顯化。⑧倘若譬喻運用十分貼切、十分逼眞、十分傳神，既可以將事物描述得更形象、更準確、更鮮明、更生動，激起讀者豐富的想像力和聯想力，又可以將錯綜複雜的社會現象、自然現象及艱深難懂的道理，闡述得非常明白、非常透徹，加深人們對事物本質的認識與理解。

《文心雕龍》列舉六個例證，都是以具體說明抽象，正是袁氏所謂「使深奧的、抽象的事理變得淺顯易懂」的譬喻作用，也是成、唐、向三氏所說「將抽象的、深奧的事理具體化、淺顯化」的譬喻作用。因此，劉勰將《詩經》的「比」，分爲比義、比類兩種，是依譬喻的作用，加以分類。渾言之，比義、比類都是依譬喻的作用來分類。但析言之，比類是依譬喻的形式來分類，所舉二例，都是屬于譬喻中的明喻；比義則是依譬喻的內容來分類，所舉六例，包含品德、人才、教育、心聲、心志。不論析言之或渾言之，《詩經》「比」的種類與譬喻，都有密不可分的關係。

㈡其他各家的分類

除劉勰將《詩經》的「比」，分為比義、比類兩種外，還有黃師振民、于維傑、葉龍依修辭格的方式，將《詩經》的「比」，分為明喻、隱喻兩種。黃師振民〈詩三百篇修辭之研究〉一文，析論《詩經》運用三十種修辭方法，其中「譬喻法」分為明喻和隱喻二類。⑨明喻列舉二十個例子，隱喻列舉六個例子，並簡要說明。于維傑〈詩經修辭示例〉一文，闡析《詩經》運用二十一種修辭技巧，其中有明喻法、隱喻法兩種。⑩明喻舉了十一個例子，隱喻舉了十四個例子，並扼要闡明。葉龍〈國風與雅歌的修辭研究〉一文，將《詩經》國風的修辭手法，分為二十二種，並加以闡論，其中「譬喻」分為明喻、隱喻兩種。⑪明喻舉五個例子，隱喻僅舉一例，並簡略解說。黃師振民、王維傑、葉龍三氏都將《詩經》的「比」，分為明喻、隱喻兩種。三氏的析論，多半根據陳望道《修辭學發凡》加以分類，無可厚非；因為陳望道《修辭學發凡》是現代漢語修辭學的里程碑。

陳望道《修辭學發凡》將譬喻分為明喻、隱喻、借喻三種。⑫但前修未密，後出轉精。目前譬喻依基本句型，可分為明喻、隱喻、略喻、借喻四種。依基本及變化句型，可分為明喻、暗喻（隱喻）、借喻、潛喻、博喻、約喻、縮喻、擴喻、屬喻、引喻、曲喻、聯喻、回喻、擇喻、反喻（非喻）、逆喻（倒喻）、對喻、疑喻、物喻、事喻、互喻、合喻（混喻）、頂喻、較喻二十四種⑬，甚至于可以分為明喻、隱喻、略喻、借喻、合喻五大類，又細分為四十五種⑭。

筆者分析、比較《詩經》的詩句，依基本句型，將《詩經》的「比」，分爲明喻、隱喻、略喻、借喻四種，加以闡論。

1. **明喻**：在語文中，凡是「喻體」、「喻詞」、「喻依」⑮三者具備的譬喻，叫做明喻。例如《詩經・衛風・碩人》：

手如柔荑，膚如凝脂，領如蝤蠐，齒如瓠犀。

運用四個明喻，描繪衛莊公夫人莊姜手細嫩柔美好像茅草的嫩芽，皮膚潔白潤澤好像凝脂，頸子長而白好像蝤蠐，牙齒整齊潔白好像瓠瓜種子，來形容她的美貌⑯。「手」、「膚」、「領」、「齒」，都是「喻體」。「如」，是「喻詞」。「柔荑」、「凝脂」、「蝤蠐」、「瓠犀」，都是「喻依」。「喻體」、「喻詞」、「喻依」三者齊全，因此這例句是四個明喻。又如〈小雅・常棣〉：

妻子好合，如鼓瑟琴。

此以琴瑟音調的和諧，譬喻夫妻和好。「妻子好合」，是「喻體」。「如」，是「喻詞」。「鼓瑟琴」，是「喻依」。「喻體」、「喻詞」、「喻依」三者完備，所以這例句屬于明喻。此外，如〈秦風・憂心如醉〉：「未見君子，憂心如醉。」〈小雅・都人士〉：「卷髮如蠆。」〈大雅・雲漢〉：「旱魃爲虐，如惔如焚。」〈魯頌・閟宮〉：「三壽作朋，如崗如陵。」皆是明喻。

修辭學的明喻，不止《詩經》運用此種修辭技巧，詩詞文章也運用，例如白居易〈長恨歌〉：「芙蓉如面柳如眉。」李煜〈清平樂〉：「離恨恰如春草，更行更遠還生。」《莊子・山水》：「君子之交淡若水，小人之交甘若醴。」吳怡《一束稻草・愁》：「愁，好像味精，少放一點，滋味無窮；多放了，就要倒盡胃口。」這些例句都是明喻。由此可知，《詩經》「比」中的「明喻」，不僅與修辭攸關，也影響後世文學創作的技巧。

2.**隱喻**：在語文中，凡是具備「喻體」、「喻詞」、「喻依」三者的譬喻，而「喻詞」由「爲」、「是」等準繫語代替者，叫做隱喻，又叫暗喻。例如《詩經．小雅．正月》：

哀今之人，胡為虺蜴？

此言今日的掌權貴族都是害人的虺蜴，所以作者必須小心謹愼。「哀今之人」，是「喻體」。「爲」，是「喻詞」，「虺蜴」，是「喻依」。因此，這例句是隱喻。又如〈邶風．柏舟〉：

我心匪石，不可轉也；我心匪席，不可卷也。

此言自己心志十分堅定。「匪」，「不是」之意，而「是」字含有「好像」之意。我的心不像石頭，可以轉動；我的心不像席子，可以捲起來。「我心」，是「喻體」。「匪」，是「喻詞」。「石」，是「喻依」。所以，這例句是兩個隱喻。

修辭學的隱喻，不但《詩經》運用這種修辭手法，古今詩文也運用，例如《左傳．文公十七年》：「趙衰，冬日之日也；趙盾，夏日之日也。」王觀〈卜算子〉：「水是眼波橫，山是眉峰聚。」林語堂〈論東西文化幽默〉：「幽默是人類心靈的花朵。」徐志摩〈再別康橋〉：「那河畔的金柳，是夕陽中的新娘。」由此可見，《詩經》「比」中的「隱喻」，既與修辭有密切關係，又影響後世文學創作的技巧。

3.**略喻**：在語文中，凡省略「喻詞」，僅有「喻體」、「喻依」的譬喻，叫做略喻。例如《詩經

•豳風•伐柯》：

伐柯如何？匪斧不克。娶妻如何，匪媒不得。

這是倒裝式的略喻，順言當作「娶妻如何，匪媒不得，（如）伐柯如何？匪斧不克。」以「柯」喻「妻」，以「斧」喻「媒」。「娶妻如何，匪媒不得」，是「喻體」。「伐柯如何？匪斧不克」，是「喻依」。由于省略「喻詞」，因此這例句是略喻。又如〈周南•螽斯〉：

螽斯羽，詵詵兮。宜爾子孫，振振兮。

此言螽斯羽聲的盛多，來譬喻人的子孫多。「螽斯羽，詵詵兮」，是「喻依」。「宜爾子孫，振振兮」，是「喻體」。全句順言當作「宜爾子孫，振振兮，（如）螽斯羽，詵詵兮。」⑰由于省略「喻詞」，因此這也是倒裝式的略喻。此外，如〈衛風•碩人〉：「螓首蛾眉。」〈齊風•南山〉：「析薪如之何？匪斧不可。娶妻如之何？匪媒不得。」這也是倒裝式的略喻。

修辭學的略喻，不僅《詩經》運用此種修辭方法，古今文章也運用，例如《禮記•學記》：「玉不琢，不成器；人不學，不知道。」辛棄疾〈念奴嬌〉：「舊恨春江流不盡，新恨雲山千疊。」張秀亞〈北窗下〉：「橋，搭築在兩岸之間；友情，聯繫于兩心之間。」呼嘯〈家園戀〉：「時間，愛情的試金石。」由此可證，《詩經》「比」中的「略喻」，不止與修辭有關，也影響後世文學創作的技巧。

4.借喻：在語文中，凡將「喻體」、「喻詞」省略，僅剩下「喻依」的譬喻，叫做借喻。例如《詩經•小雅•蓼莪》：

缾之罄矣，維罍之恥。鮮民之生，不如死之久矣！

朱熹《詩集傳》言：「缾資于罍，而罍資缾，猶父母與子相依爲命也。故缾罄矣，乃罍之恥，猶父母不得其所，乃子之責。」「缾之罄矣，維罍之恥」，言小瓶之酒已盡，是大罍盈滿的恥辱。此句省略「喻體」、「喻詞」，僅「喻依」，所以這例句屬于借喻。若依正常詞序，全句當作「父母不能奉養，是子女的責任，好像小瓶空空的，是大瓶的恥辱」。又如《邶風・凱風》：

凱風自南，吹彼棘心。棘心夭夭，母氏劬勞。

凱風自南，吹彼棘薪。母氏聖善，我無令人。

嚴粲《詩緝》：「棘心，喻子之幼小。棘薪，喻子之成立。」若依正常詞序，原句當作「子之幼小如棘心」、「子之成立如棘薪」。「子之幼小」、「子之成立」，是「喻體」。「如」，是「喻詞」。「棘心」、「棘薪」，是「喻依」。由于僅剩「喻依」，因此屬于「借喻」。

修辭學的借喻，不但《詩經》運動這種修辭技法，古今詩文也運用，例如《論語・子罕》：「苗而不秀者，有矣夫！秀而不實者，有矣夫！」借喻爲學半途而廢。又如丘遲〈與陳伯之書〉：「將軍魚游于沸鼎之中，燕巢于飛幕之上。」借喻陳伯之將軍處境十分危急險惡。又如杜甫〈贈別賀蘭銛〉：「黃雀飽野粟，群飛動荊棘。」借喻趨炎附勢的得志小人。又如胡適〈書〉：「無論讀什麼書，總要多配幾副好眼鏡。」「多配幾副好眼鏡」，借喻「多掌握幾門別科的知識」。由此觀之，《詩經》「比」中的「借喻」，不僅與修辭息息相關，也影響文學創作的技巧。

四、結論

《詩經》「比」的名義與譬喻格的名稱、意義，都有十分密切的關係。《詩經》「比」的種類與譬喻的作用、分類，也是息息相關的。因此，《詩經》「比」的名義、種類與辭格的名稱、意義、作用、分類，皆有極爲密切的關係，並且影響後世文學創作的技巧。

【附註】

① 「取譬」一詞，出自《論語·雍也》：「夫仁者，己欲立而立人，己欲達而達人。能近取譬。可謂仁之方也已。」黃永武《字句鍛鍊法》採用「取譬」一詞，見該書一七頁，洪範書店印行，民國七十五年一月初版。

② 「辟」字，見于《墨子·小取》：「辟（同譬）也者，舉也（同）他物而以明之也。」

③ 「譬」字，源自《荀子·非相》：「談說之術，矜持以蒞之，端誠以處之，堅彊以持之，分別以喻之，譬喻以明之。」

④ 「譬喻」一詞，源于漢朝王符《潛夫論·釋難》：「芙譬喻也者，生于直告之不明，故假物之然否以彰之。」這是就譬喻的來源，闡述譬喻的意義。

⑤ 「取喻」一詞，出于宋朝陳騤《文則·丙一》：「博采經傳，約而論之，取喻之法，有概有十。」

⑥ 「比喻」、「打比」，方見于陸稼祥《辭格的運用》：「比喻就是我們所說的打比。方具體地說，比喻是利用乙事物來說明與其本質不同而又有相似之處的甲事物的一種修辭手法。」見該書四十九至五十頁，遼寧出版社

印行，民國七十八年六月初版。
⑦詳見陸稼祥、池太寧主編《修辭方式例解詞典》，九頁，浙江教育出版印行，民國七十九年九月初版。
⑧詳見成偉鈞、唐仲揚、向宏業主編《修辭通鑒》，三五〇頁，中國青年出版社印行，民國八十年六月北京初版。
⑨黃師振民〈詩三百篇修辭之研究〉一文，見于《國文學報》，七期，六十五至六十六頁，國立臺灣師範大學國文學系印行，民國六十七年六月五日出版。
⑩于維傑〈詩經修辭示例〉一文，見于《現代學苑》，四卷五期，一八七至一八八頁。⑪葉龍〈國風與雅歌的修辭研究〉一文，見于〈民主評論〉，十六卷十五期，三五五頁。
⑫詳見陳望道《修辭學發凡》，七十六至八十四頁，文史哲出版社印行，民國七十八年一月初版。
⑬詳見唐松波、黃建霖主編《漢語修辭格大辭典》，一至四十九頁，中國國際廣播出版社印行，民國七十八年十二月初版。
⑭拙作〈論譬喻的分類〉，將譬喻分為五大類四十五種，詳見《中國學術年刊》，十二期，二六三至二八五頁，國立臺灣師範大學國文研究所印行，民國八十一年四月初版。
⑮黃師慶萱《修辭學》用「喻體」、「喻詞」、「喻依」，大陸修辭學書籍則用「本體」、「喻詞」、「喻體」。大陸的「本體」等于黃師的「喻體」，大陸的「喻體」等于黃師的「喻依」。《禮記．學記》：「不學博依，不能安詩。」「博依」，是「廣博的譬喻」。職是之故，採用黃師之說。
⑯參閱沈謙《修辭學》，十九頁，國立空中大學印行，民國八十年二月初版。
⑰姚際恆《詩經通論》說：「爾指人，《集傳》必以為指螽斯，亦不知何意。」余師培林《詩經正詁》也說：

「《詩經》中凡『宜』字下之稱代詞，皆指人，不指物，如『宜其室家』、『宜其家人』、『宜爾室家』、『宜其遐福』等，皆是。」（姚氏《通論》，見廣文書局印行，民國五十年十月初版，二三頁。余師《正詁》，見三民書局印行，民國八十二年十月初版，十八至十九頁。）姚氏、余師皆以爲「爾指人」。

《論語》的修辭技巧

一、前言

《四書》是中國的聖經，而《論語》既是《四書》之一，又是記載孔子思想的主要典籍，不特內容豐贍，義理盡善，修辭也盡美。在《論語》一書中，不僅談到消極的修辭，也論及積極的修辭。孔子說：「辭，達而已矣。」①文辭或言辭，只在表情達意而已，這是修極的修辭。消極的修辭，只求通順；積極的修辭，則追求典雅。積極的修辭，孔子也說過：「爲命，裨諶草創之，世叔討論之，行人子羽修飾之，東里子產潤色之。」②朱熹注：「裨諶以下四人，皆鄭大夫。……鄭國之爲辭命，必更此四賢之手而成，詳審精密，各盡所長，是以應對諸侯，鮮有敗事。」③由「草創」、「討論」、「修辭」、「潤色」，可見修辭的層次，這就是不斷追求更美的積極修辭。一般修辭學的書，大部分談積極的修辭，是以本文擬探究《論語》全書運用的修辭技巧，以積極修辭爲主。

二、《論語》全書運用的修辭技巧

《論語》這本書不止哲理高深，並且善于運用修辭技巧。《論語》全書原文運用的修辭技巧，經過分析、比較、歸納，約有下列十幾種修辭技巧，玆詮證之。

㈠設問的修辭技巧

所謂設問，是指在語文中，故意採用自問自答或問而不答的語氣，以引起對方注意的一種修辭方法。設問可以用在章首，以提示全章主旨，如〈述而〉：「子曰：『二三子以我爲隱乎？吾無隱乎爾！吾無行而不與二三子，是丘也。』」④用于結尾，以增進文章餘韻，如〈顏淵〉：「君子敬而無失，與人恭而有禮，四海之內，皆兄弟也。君子何患乎無兄弟也？」首末均用，以構成前呼後應，如〈陽貨〉：「天何言哉？四時行焉，百物生焉，天何言哉？」可以連續設問，以製造文章氣勢，如〈學而〉：「爲人謀，而不忠乎？與朋友交，而不信乎？傳，不習乎？」設問分爲提問和激問兩種。凡是提醒下文而問，叫做提問，這是自問自答。《論語》原文運用「設問」者甚夥，應用「設問」中的「提問」，例如：

達巷黨人曰：「大哉孔子！博學而無所成名。」子聞之，謂門弟子曰：「吾何執？執御乎？執射乎？吾執御矣。」⑤

孔子聽到有人讚美他博學，他連用三個設問來問自己，最後自己以專精駕車來回答，這是自問自答的「提問」。又如：

或曰：「以德報怨，何如？」子曰：「何以報德？以直報怨，以德報德。」⑥

孔子除了認爲「以德報怨」不好，應該「以直報怨」之外，並且孔子還自問「何以報德」，自己回答應該「以德報德」才對。

《論語》運用設問中的「提問」，還有〈泰伯〉：「曾子曰：『可以託六尺之孤，可以寄百里之命，臨大節而不可奪也。君子人與？君子人也！』」〈子罕〉：「大宰問于子貢曰：『夫子聖者與？何其多能也？』子貢曰：『固天縱之將聖，又多能也。』子聞之曰：『大宰知我乎！吾少也賤，故多能鄙事。君子多乎哉？不多也！』」牢曰：『子云：「吾不試，故藝」』」〈子罕〉：「子曰：『吾有知乎哉？無知也。有鄙夫問于我，空空如也，我叩其兩端而竭焉。』」其中「君子人與？君子人也！」、「君子多乎哉？不多也！」、「吾有知乎哉？無知也。」這些例句都是自問自答的「提問」。

凡是激發聽者、讀者思考而問，叫做激問，這是問而不答。《論語》運用「設問」中的「激問」，也不乏其例，例如：

子曰：「學而時習之，不亦說乎？有朋自遠方來，不亦樂乎？人不知而不慍，不亦君子乎？」⑦

孔子運用三個問而不答的「激問」，（是製造文章的氣勢，表面上沒有答案，但實際上答案就在問題的反面，這是勸人學爲君子。原意是「學而時習之」，非常喜悅；「有朋自遠方來」，也很快樂；「人不知而不慍」，才是君子。又如：

子曰：「今之孝者，是謂能養。至于犬馬，皆能有養；不敬，何以別乎？」⑧

這章是說孝順父母必須尊敬。爲孝不敬，養父母與養犬馬，有何分別？孔夫子問而不答，但答案卻在問題的反面，這也是「激問」。此外，如〈八佾〉：「人而不仁，如禮何？人而不仁，如樂何？」〈里仁〉：「里仁爲美。擇不處仁，焉得知？」〈述而〉：「求仁而得仁，又何怨？」〈先進〉：「未知生，焉知死？」〈憲問〉：「愛之，能勿勞乎？忠焉，能勿誨乎？」〈微子〉：「枉道而事人，何必去父母之邦？」〈子張〉：「我之不賢與，人將拒我，如之何其拒人也？」這些例句都是問而不答的「激問」。

㈡映襯的修辭技巧

所謂映襯，是指在語文中，用兩種相反的觀念或事物，使其語氣增強，或意義明顯，以加深印象的一種修辭方法。映襯分爲反襯、對襯、雙襯。反襯，是對于一件事物，用恰恰與此物的現象或本質相反的詞語加以形容描寫。《論語》運用「映襯」中的「反襯」者比較少，例如：

子曰：「〈關雎〉，樂而不淫，哀而不傷。」⑨

這章是孔子讚美《詩經・國風・周南》首篇〈關雎〉，說這篇的詩歌，哀樂不失其正。「樂」與「哀」，是正反強烈對比。「樂」本會「淫」，但不「淫」；「哀」本會「傷」，但不「傷」；因此，這例句是「反襯」。此外，如〈衛靈公〉：「君子矜而不爭，群而不黨。」這例句也是「反襯」。

對襯，是對兩種不同的人、事、物，從兩種不同的觀點，加以形容描寫，恰恰形成強烈的對比。《論語》運用「映襯」中的「對襯」者甚多，例如：

子曰：「三軍可奪帥也，匹夫不可奪志也。」⑩

這章勉勵人要守志不移。三軍雖衆，人心不一，則其將帥可奪而取之；匹夫雖微，苟守其志，不可得而奪。「三軍」、「匹夫」，是兩種不同身分。「可奪帥」、「不可奪志」，是正反強烈對比。所以，這例句是「對襯」。又如：

子曰：「君子不可小知，而可大受也。小人不可大受，而可小知也。」⑪

這章說明觀察人的方法。君子不見得能在小事上受人賞識，但他可以接受重大的任務。小人不能接受重大的任務，但在小事上卻能受人賞識。「君子」、「小人」與「不可」、「可」，都是正反強烈對比。因此，這例句是「對襯」。此外，如〈爲政〉：「君子周而不比，小人比而不周。」〈公冶長〉：「夫子之文章，不得而聞也；夫子之言性與天道，不可得而聞也。」〈雍也〉：「中人以上，可以語上也；中人以下，不可以語上也。」〈子路〉：「其身正，不令而行；其身不正，雖令不從。」〈憲問〉：「貧而無怨，難；富而無驕，易。」〈衛靈公〉：「君子求諸己，小人求諸人。」這些例句都是「對襯」。

雙襯，是針對同一個人或同一件事物，從兩種不同的觀點加以形容描繪，著眼點不同，結果適成其反。《論語》運用「映襯」中的「雙襯」者很多，例如：

子曰：「唯仁者，能好人，能惡人。」⑫

這章說仁者沒有私心，能審查人的好惡。「好」與「惡」，是正反強烈對比，所以這例句是「雙襯」。

又如：

子曰：「民可使由之，不可使知之。」⑬

這章說行政的事情。一般人民知識程度不高，只能告訴他們怎樣去做，使他們照著實行，不可能使他們了解爲甚麼這樣做的道理。「可使」、「不可使」，是正反強烈對比。因此，這例句是「雙襯」。

此外，如〈學而〉：「父在觀其志，父沒觀其行。三年無改于父之道，可謂孝矣。」〈爲政〉：「知之爲知之，不知爲不知，是知也。」〈里仁〉：「父母之年，不可不知也：一則以喜，一則以懼。」〈雍也〉：「子謂子夏曰：『女爲君子儒，無爲小人儒。』」〈憲問〉：「不患人不己知，患其不能也。」〈衛靈公〉：「志士仁人，無求生以害仁，有殺身以成仁。」這些例句都是「雙襯」。

㈢譬喻的修辭技巧

所謂譬喻，是指在語文中，借彼喻此的一種修辭方法。譬喻可分爲明喻、隱喻、略喻、借喻。譬喻，是由「喻體」、「喻詞」、「喻依」三者組成的。⑭所謂「喻體」，是譬喻的本體；所謂「喻詞」，是連接喻體和喻依的語詞；所謂喻依，是依靠此一比方來說明譬喻的本體。凡「喻體」、「喻詞」、「喻依」三者齊全的譬喻，稱爲「明喻」。易言之，即明白運用另一事物，以比喻作者所欲敘述事物的譬喻，叫做「明喻」。《論語》運用「譬喻」中的「明喻」者，例如：

子曰：「吾未見好德如好色者也。」⑮

孔子感歎世人輕視道德而重視美色。「好德」是「喻體」，「如」是「喻詞」，「好色」是「喻依」，所以這例句是「明喻」。又如：

子曰：「出門如見大賓，使民如承大祭。」⑯

子認爲實踐仁德，在于恭敬謹愼。「出門」、「使民」，都是「喻體」；兩個「如」字，都是「喻詞」；「見大賓」、「承大祭」，都是「喻依」；因此，這例句是兩個「明喻」。此外，如〈爲政〉：

「爲政以德，譬如北辰，居其所，而衆星共之。」〈季氏〉：「見善如不及，見不善如探湯。」〈陽貨〉：「人而不爲周南、召南，其猶正牆面而立也與！」〈子張〉：「君子之過也，如日月之食焉。」這些例句都是「明喻」。

凡具備「喻體」、「喻依」，而「喻詞」由「繫詞」如「是」、「爲」等代替者，稱爲「隱喻」。換言之，即將作者所要敘述的事物，與另一事物的關係，隱藏在文字中的譬喻，叫做「隱喻」。在文言文中，隱喻的喻詞，「是」、「爲」也可以由「……也」取代。⑰但「是」、「爲」含有「好像」之意。《論語》運用「譬喻」中的「隱喻」者，比較罕見，例如：

他人之賢者，丘陵也，猶可踰也；仲尼，日月也，無得而踰焉。⑱

這是稱讚孔子的美德。別人的賢能，像丘陵一樣，還可以超越過去；孔子，好比太陽月亮一樣，沒法超越他。「他人之賢」、「仲尼」，都是「喻體」；「丘陵」、「日月」，都是「喻依」；以「也」代「是」。因此，「他人之賢者，丘陵也」，是「隱喻」；「仲尼，日月也」，也是「隱喻」。此外，如〈子路〉：「魯、衛之政，兄弟也。」這例句也是「隱喻」。

凡省略「喻詞」，僅有「喻體」、「喻依」的譬喻，稱爲「略喻」。《論語》運用「譬喻」中的「略喻」者，例如：

子曰：「人而無信，不知其可也。大車無輗，小車無軏，其何以行之哉？」⑲

這章闡明人不可以設有信用。一個人如果沒有信用，我不知道他怎麼可以。就好比大車沒有輗，小車沒有軏，又怎能使它們走動呢？輗、軏，都是車轅兩端保持平衡的關鍵，沒有這些東西，車子就不能走動。「人而無信」，是「喻體」；「大車無輗，小車無軏」，是「喻依」；因此，這例句是「略喻」。又如：

子曰：「惡紫之奪朱也，惡鄭聲之亂雅樂也，惡利口之覆邦家者。」⑳

這章記載孔子惡邪奪正。孔子厭惡巧辯顚倒是非而把國家傾覆的小人，好比討厭紫色奪去大紅色的光彩，鄭國淫靡的音樂擾亂先王雅正的音樂。「惡利口之覆邦家者」，是「喻體」；「惡紫之奪朱也，惡鄭聲之亂雅樂也」，是「喻依」；省略「喻詞」；所以，這例句是「略喻」。此外，如〈爲政〉：「君子不器。」〈泰伯〉：「鳥之將死，其鳴也哀；人之將死，其言也善。」這些例句都是「略喻」。

凡省略「喻體」、「喻依」，僅剩下「喻依」者，稱爲「借喻」。《論語》運用「譬喻」中的「借喻」者，例如：

宰予晝寢。子曰：「朽木不可雕也，糞土之牆，不可杇也。于予與何誅！」㉑

這章記載孔子責備宰予。「朽木不可雕也，糞土之牆，不可杇也」，比喻雖施功猶不成。「雖施功猶不成」，是「喻體」；「朽木不可雕也，糞土之牆，不可杇也」，是「喻依」。原句省略「喻詞」、「喻體」，只剩下「喻依」，所以這例句是「借喻」。又如：

子曰：「歲寒，然後知松柏之後彫也。」㉒

這章勉勵人應該有堅貞的氣節。一個人堅貞的氣節好像「歲寒，然後知松柏之後彫也」。「一個人堅貞的氣節」，是「喻體」；「好像」，是「喻詞」；「歲寒，然後知松柏之後彫也」，是「喻依」。原句只剩下「喻依」，因此，這例句是「借喻」。此外，如〈陽貨〉：「子之武城，聞弦歌之聲，夫子莞爾而笑曰：『割雞焉用牛刀？』」殺雞何必用牛刀，比喻治小邑，何必用禮樂大道。這例句省略「喻體」、「喻詞」，只剩下「喻依」，因此是「借喻」。

㈣引用的修辭技巧

所謂引用，是指在語文中，援用他人的語言文字或典故、俗語的一種修辭方法。引用分為明引、暗用兩種。凡明白指出所引的語言文字出自何處，稱為「明引」。《論語》運用「引用」中的「明引」者，例如：

或謂孔子曰：「子奚不為政？」子曰：「《書》云：『孝乎，惟孝友于兄弟。』施于有政，是亦為政，奚其為政？」㉓

這章說明孝友與為政是相同的。孔子引用《尚書・君陳》的話㉔，闡明將孝順、友愛推廣到家庭，能治好一家的事，這也算是從政。因此，這例句是「明引」。又如：

曾子有疾，召門弟子曰：「啟予足！啟予足！《詩》云：『戰戰兢兢，如臨深淵，如履薄冰。』而今而後，吾知免夫！小子！」㉕

這章說曾子戒懼謹慎，保全身體，能夠盡孝道，以身作則。孔子引用《詩經・小雅・小旻》的話，來告訴弟子們必須謹慎保護身體。所以，這例句是「明引」。此外，如〈學而〉：「子貢曰：『〈詩〉云：「如切如磋，如琢如磨。」其斯之謂與？』」子貢引用《詩經》的話，闡明精益求精的道理，這例句也是「明引」。又如〈子路〉：「子曰：『南人有言：「人而無恆，不可作巫醫。」善夫！』」

孔子引用南人之言，責無恆之人，這例句也是「明引」。又如〈憲問〉：「子張曰：『《書》云：「高宗諒陰，三年不言。」何謂也？』子曰：『何必高宗，古之人皆然。君薨，百官總己以聽于冢宰，三年。』」這章論述天子諸侯居喪的禮節。子張引用《尚書・無逸》的話㉖，來請教孔子有關喪禮的事情。所以，這例句也是「明引」。〈季氏〉：「子曰：『求！周任有言：「陳力就列，不能者止。」』」這例句也是「明引」。

凡引用時，不曾指明出處，稱爲「暗用」。《論語》運用「引用」中的「暗用」者，例如：

子夏問曰：「『巧笑倩兮，美目盼兮，素以為絢兮。』何謂也？」子曰：「繪事後素。」曰：「禮後乎？」子曰：「起予者商也，始可與言詩已矣。」㉗

這章說子夏因爲討論詩而知道治學。子夏引用時，未說明出于何人何書，因此這例句是「暗用」。「巧笑倩兮，美目盼兮」，是出于《詩經・衛風・碩人》。「素以爲絢兮」，是源于逸詩。又如：

子擊磬于衛，有荷蕢而過孔氏之門者，曰：「有心哉，擊磬乎！」既而曰：「鄙哉，硜硜乎！莫己知也，斯已而已矣！『深則厲，淺則揭。』」子曰：「果哉！末之難矣！」㉘

這章記載隱者荷蕢的話。荷蕢引用「深則厲，淺則揭」，闡述人處事也要適應時宜。「深則厲，淺則揭」，出于《詩經・衛風・匏有苦葉》。因此，這例句是「暗用」。此外，如〈八佾〉：「相維辟公，天子穆穆。」是「暗用」雍詩的文句。「與其媚于奧，寧媚于竈。」是「暗用」當時的俗語。〈子路〉：「善人爲邦百年，亦可以勝殘去殺矣。」是「暗用」古人的話。「不恆其德，或承之羞。」是「暗用」《易經・恆卦・九三》的爻辭。

㈤層遞的修辭技巧

所謂層遞，是指在語文中，由低而高，由近而遠，由小而大，由淺而深，由輕而重，由本而末，或由高而低，由遠而近，由大而小，由深而淺，由重而輕，由末而本，層層遞增的一種修辭方法。層遞的種類，依形式分，可分爲單式層遞、複式層遞兩種。依內容分，可分爲時間、空間、數量、程度或範圍四種。㉙《論語》運用「層遞」，在形式上，僅應用「單式層遞」；在內容上，則使用「時間的層遞」、「數量的層遞」、「程度的層遞」。《論語》運用「時間的層遞」者，例如：

孔子曰：「君子有三戒：少之時，血氣未定，戒之在色；及其壯也，血氣方剛，戒之在鬥；及其老也，血氣既衰，戒之在得。」㉚

這章是說正人君子在少年應該戒色，到中年應該戒鬥，老年應該戒貪。少年、中年、老年，是從年輕到年老。因此，這例句是「時間的層遞」。此外，如〈衛靈公〉：「幼而不孫弟，長而無述焉，老而不死，是爲賊。」這例句也是「時間的層遞」。《論語》運用「數量的層遞」者，例如：

子曰：「吾十有五而志于學，三十而立，四十而不惑，五十而知天命，六十而耳順，七十而從心所欲，不踰矩。」㉛

孔子自己敘述進德修業的次序。這例句從表面上看，是「數量的層遞」，十五、三十、四十、五十、六十、七十，從少到多；但從內容上看，是「時間的層遞」，十五歲、三十歲、四十歲、五十歲、六十歲、七十歲，從年輕到年老。此外，如〈先進〉「冠者五六人，童子六七人。」五、六、七是數量」，這例句是「數量的層遞」。《論語》運用「程度的層遞」者，例如：

孔子曰：「生而知之者，上也；學而知之者，次也；困而學之，又其次也；困而不學，民斯為下矣。」㉜

這章闡述天賦資質不同，勉勵人努力求學，才是最可貴。「生而知之」、「學而知之」、「困而學之」、「困而不學」，依其程度分高低，從上而下，所以，這例句是「程度的層遞」。此外，如〈雍也〉：「知之者不如好之者，好之者不如樂之者。」〈憲問〉：「賢者辟世，其次辟地，其次辟色，其次辟言。」這例句也是「程度的層遞」。

㈥類疊的修辭技巧

所謂類疊，是指在語文中，接二連三地反覆使用同一個字詞語句的一種修辭方法。類疊使詞面整齊，其主要作用，在于突出思想感情，增添文辭美感。類疊的內容有字詞的類疊、語句的類疊，表達方式有連接的、間隔的。因此，類疊的種類，可分為疊字、類字、疊句、類句四類。疊字，是同一字詞連接使用的類疊。《論語》運用「類疊」中的「疊字」者，例如：

顏淵喟然歎曰：「仰之彌高，鑽之彌堅，瞻之在前，忽焉在後！夫子循循然善誘人：博我以文，約我以禮。欲罷不能，既竭吾才，如有所立卓爾，雖欲從之，末由也已！」㉝

這章記述顏淵讚歎孔子學問道德的博大精深。循循，有次序的樣子。循循，是疊字。由于連續運用同一個「循」字，因此這例子是「類疊」中的「疊字」。又如：

子曰：「君子坦蕩蕩，小人長戚戚。」㉞

這章闡述君子、小人的心貌不同：君子心地平坦寬闊，小人心地常憂戚不安。句中連續使用同樣的「蕩」、「戚」，所以這例句是「類疊」中的「疊字」。此外，〈雍也〉：「文質彬彬。」〈泰伯〉：「戰戰兢兢。」「洋洋乎。」「悾悾而不信。」「巍巍乎。」「蕩蕩乎。」〈鄉黨〉：「恂恂如也。」「便便言。」「侃侃如也。」「誾誾如也。」「與與如也。」「足躇躇如有循。」「愉愉如也。」這些例句都是「類疊」中的「疊字」。

類字，是同一字詞隔離使用的類疊。《論語》運用「類疊」中的「類字」者，例如：

子曰：「志于道，據于德，依于仁，游于藝。」㉟

這章闡述孔子立志、據守、依靠、遊憩在道德仁藝當中。由于間隔使用「于」字，所以，這例句是「類字」。又如：

孔子曰：「君子有九思：視思明，聽思聰，貌思恭，言思忠，事思敬，疑思問，忿思難，見得思義。」㊱

孔子說明君子有九種事，應該用心思考，必須合于禮義。由于間隔使用「思」字，來詮釋看要想得明白，聽要想聽得清楚，臉色要想表現得溫和，待人容貌要想到謙恭，說話要想到忠實，做事要想到認眞，疑惑要想到發問，生氣要想到事後的禍害，看到錢財要想到是否應該得到，因此，這例句是「類字」。此外，如〈學而〉：「如切如磋，如琢如磨。」間隔使用「如」字。〈爲政〉：「道之以政，齊之以刑，民免而無恥；道之以德，齊之以禮，有恥且格。」間隔使用「之以」二字。〈八佾〉：「夏后氏以松，殷人以柏，周人以栗。」間隔使用「以」字。〈泰伯〉：「興于詩，立于禮，成于樂。」間隔使用「于」字。〈子罕〉：「子絕四：毋意，毋必，毋固，毋我。」間隔使用「毋」字。〈季氏〉：「君子有三畏：畏天命，畏大人，畏聖人之言。」間隔使用「畏」字。這些例句都是「類」字。

疊句，是同一語句連接使用的類疊。《論語》運用「類疊」中的「疊句」者，例如：

子曰：「視其所以，觀其所由，察其所安，人焉廋哉！人焉廋哉。」㊲

孔子告訴我們觀察人的方法：先看他所做的事，再觀看他做這件事的動機，然後審察他做這件事，是不是內心所喜歡做的，用這方法觀察一個人的邪正，他怎麼掩藏得住呢！怎麼掩藏得住呢！㊳連續使用「人焉廋哉」，所以，這例句是「疊句」。又如：

伯牛有疾，子問之。自牖執其手曰：「亡之，命矣夫！斯人也，而有斯疾也！斯人也，而有斯疾也！」㊴

孔子痛惜冉耕品德很好，卻染上惡疾。孔子連續運用「斯人也，而有斯疾也！」表示非常痛惜！因此，這例句是「疊句」。此外，如〈雍也〉：「予所否者，天厭之！天厭之！」〈子罕〉：「沽之哉！沽之哉！我待賈者也。」連續使用「天厭之」、「沽之哉」，這也是「疊句」。

類句，是同一語句隔離使用的類疊。《論語》運用「類疊」中的「類句」者，例如：

子曰：「人而不仁，如禮何？人而不仁，如樂何？」㊵

禮樂的根本，在于有沒有仁心。間隔運用「人而不仁」，孔子反覆強調「仁」的重要，語重心長，所以，這例句是「類句」。又如：

子曰：「巧言、令色、足恭，左丘明恥之，丘亦恥之。匿怨而友其人，左丘明恥之，丘亦恥之。」㊶

這章說明左丘明和孔子對「巧言、令色、足恭」、「匿怨而友其人」，同樣覺得是可恥的事。孔夫子間隔運用「左丘明恥之，丘亦恥之」，含有強調之意，因此，這例句也是「類句」。此外，如〈陽貨〉：「天何言哉？四時行焉，百物生焉，天何言哉？」間隔使用「天何言哉」，所以，這例句也是「類句」。

㈦排比的修辭技巧

所謂排比，是指在語文中，同一範圍、同一性質的意象，用結構相似的句法來表達的一種修辭方法。排比的主要作用，在于加強語勢。陳騤《文則・庚》說：「文有數句用一類字，所以壯文勢，廣文義也。」㊷善用排比，既可以增強語言極大的力量，又可以表現磅礴的氣勢與廣闊的內涵。㊸排比依語言結構，可分爲單句排比、複句排比兩種。《論語》運用「排比」者甚多，不遑枚舉，只舉其犖犖大者，加以詮釋。單句排比，是用結構相修的單句，接二連三地表達同一範圍、同一性質的意象。《論語》應用「排比」中的「單句排比」者，例如：

子曰：「恭而無禮則勞，慎而無禮則葸，勇而無禮則亂，直而無禮則絞。」㊹

孔子運用四個單句，排比闡論恭敬、謹愼、勇敢、好勇、直爽，如果不合禮，就會產生煩擾徒勞、畏怯多懼、犯上作亂、急切責人的弊端。用「單句排比」闡理，可以使事理更透徹，增加說服力。又如：

子曰：「知者不惑，仁者不憂，勇者不懼。」㊺

仲尼三個單句，排比闡述「有智慧的人不會迷惑，有仁德的人不會憂愁，有勇氣的人不會害怕」；簡言之，說明智者、仁者、勇者的優點。如此「單句的排比」，使說理更加明確。此外，如〈爲政〉：「視其所以，觀其所由，察其所安。」〈八佾〉：「夏后氏以松，殷人以柏，周人以栗。」〈述而〉：「志于道，據于德，依于仁，游于藝。」〈顏淵〉：「臣不臣，父不父，子不子。」〈憲問〉：「裨諶草創之，世叔討論之，行人子羽修飾之，東里子產潤色之。」〈衛靈公〉：「君子義以爲質，禮以行之，孫以出之，信以成之。」〈季氏〉：「均無貧，和無寡，安無傾。」這些例句都是「單句排比」。

複句排比，是用結構相似的複句，接二連三地表達同一範圍、同一性質的意象。《論語》使用「排比」中的「複句排比」者，例如：

上好禮，則民莫敢不敬；上好義，則民莫敢不服；上好信，則民莫敢不用情。㊻

禮義和信用，是在上位的人治理人民的重要方法。連用三個複句，排比指陳在上位的人如果能夠好禮、好義、好信，人民自然就會受良好的影響，對在上位的人也沒有不恭敬、服從、誠實。如此「複句的排比」，使說理更加清晰有力。又如：

好仁不好學，其蔽也愚；好知不好學，其蔽也蕩；好信不好學，其蔽也賊；好直不好學，其蔽也絞；好勇不好學，其蔽也亂；好剛不好學，其蔽也狂。㊼

孔子使用六個排比句，列舉仁德、才智、誠信、正直、勇敢、剛毅六種美德，來告訴子路：如果只是喜歡而不學習，會產生愚昧、放蕩、賊害、急切、禍亂、狂躁的毛病。如此「複句的排比」，使說理更透徹、更具體、更深刻。此外，如〈爲政〉：「殷因于夏禮，所損益可知也；周因于殷禮，所損益可知也；其或繼周者，雖百世可知也。」〈先進〉：「閔子侍側，誾誾如也；子路，行行如也；冉有、子貢侃侃如也。」〈憲問〉：「夫子時然後言，人不厭其言；樂然後笑，人不厭其笑；義然後取，人不厭其取。」〈季氏〉：「言未及之而言，謂之躁；言及之而不言，謂之隱；未見顏色而言，謂之瞽。」〈堯曰〉：「不知命，無以爲君子也；不知禮，無以立也；不知言，無以知人也。」這些例句都是「複句排比」。

(八)感歎的修辭技巧

所謂感歎，是指在語文中，遇到深沈的思想，猛烈的感情，悲惋到極點，歡忻的至情，常用呼聲或類似呼聲的語詞的一種修辭方法。感歎的方式有三種：一是利用歎詞構成的感歎句，二是利用助詞構成的感歎句，三是利用歎詞和助詞構成的感歎句。⑱《論語》運用歎詞構成的感歎句，例如：

顏淵死，子曰：「噫！天喪予！天喪予！」㊾

孔子悲傷顏回的死，感歎地說：「唉！天要亡我！天要亡我！」「噫」，既是傷痛的感歎聲，又是「歎詞」，因此，這例句是「歎詞構成的感歎句」。又如：

（子貢）曰：「今之從政者何如？」子曰：「噫！斗筲之人，何足算也！」㊿

子貢問孔子：「現在從政的人能稱得上『士』嗎？」孔子很感歎地回答：「唉！這些才短量淺的人，

怎能算是『士』呢？」「噫」是「歎詞」，所以這例句是「歎詞構成的感歎句」。此外，如〈堯曰〉：「咨！爾舜！」「咨」，既是感歎聲，也是感歎詞，因此，這例句也是「歎詞構成的感歎句」。

《論語》使用助詞構成的感歎句比較多，例如：

子曰：「周監于二代，郁郁乎文哉！」㊿

孔子讚美周禮非常完備，他認爲周代的體制，是看了夏商兩代的加以修訂，因此禮樂制度文物美盛極了！「哉」是表示感歎的「助詞」，所以這例句是「助詞構成的感歎句」。又如：

子曰：「飽食終日，無所用心，難矣哉！」㊾

孔子指責那些整天吃飽了飯，一點也不用心思的人，很難培養良好的德行，因此才感歎地說了這句話。「矣哉」是表示感歎的「助詞」，所以這例句也是「助詞構成的感歎句」。此外，如〈八佾〉：「管仲之器小哉！」「吾何以觀之哉！」〈雍也〉：「觚哉觚哉！」〈子罕〉：「語之而不惰者，其回也與！」這些例句都是「助詞構成的感歎句」。

《論語》應用歎詞和助詞構成的感歎句比較少，例如：

子游曰：「子夏之門人小子，當灑掃應對進退則可矣，抑末也；本之則無，如之何？」子夏聞之曰：「噫！言游過矣！君子之道，孰先傳焉？孰後倦焉？譬諸草木，區以別矣。君子之道，焉可誣也？有始有卒者，其惟聖人乎！」㊼

子游認爲子夏的學生只做灑掃應對進退的工作，這是末節，並沒有學到做人的根本道理。子夏聽了以後，很感歎地說：「唉！子游的話錯了！」子貢認爲教人怎麼可以不分先後呢？有始有終，有本有末，只有聖人才能做到吧！總而言之，子夏以爲學業有先後的不同。「噫」是「歎詞」，「乎」是「助詞」，因此，這例句是「歎詞和助詞構成的感歎句」。

㈨轉品的修辭技巧

所謂轉品，是指在語文中，一個詞彙改變其原來的詞性的一種修辭方法。換言之，語文中的同一詞彙，由于在句中位置次序的不同，可以作名詞、動詞、形容詞等使用，如「花」是名詞，「花」錢是動詞，「花」衣服是形容詞，不需改變字形，這就是「轉品」。我國的詞彙，分爲九類，叫做九品詞，那就是名詞、代名詞、動詞、形容詞、副詞、介詞、連詞、助詞、歎詞。《論語》運用名詞轉變爲動詞、名詞轉變爲形容詞、名詞轉變爲助詞、動詞轉變爲形容詞、形容詞轉變爲動詞、形容詞轉變爲副詞等五種。《論語》運用「轉品」中的「名詞轉變爲動詞」者比較多，例如：

齊景公問政於孔子對曰：「君君，臣臣，父父，子子。」公曰：「善哉！信如君不君，臣不臣，父不父，子不子，雖有粟，吾得而食諸？」㊹

這章闡明治理國家的方法，在於明白人倫。上字的「君」、「臣」、「父」、「子」，都是名詞；下字的「君」、「臣」、「父」、「子」，都是動詞。又如：

子謂公冶長，「可妻也，雖在縲絏之中，非其罪也。」以其子妻之。㊺

孔子說明公冶長這個人很好，可以把女兒嫁給他，後來果然成爲孔子的女婿。「可妻也」、「以其子妻之」中的「妻」字，都是「名詞」用作「動詞」，「把女兒嫁給他做妻子」的意思，所以，這兩個句子是「轉品」中的「名詞轉變爲動詞」。此外，如〈學而〉：「無友不如己者。」其中的「友」字，是「名詞」用作「動詞」，「結交」的意思。〈子罕〉：「衣敝縕袍，與衣狐貉者立。」其中兩個「衣」字，都是「名詞轉變爲動詞」，「穿」的意思。又如〈子張〉：「小人之過也必文。」句中的「文」字，是「名詞」用作「動詞」，「掩飾」的意思，因此，這例句也是「轉品」中的「名詞轉變爲動詞」。

《論語》使用「轉品」中的「名詞轉變爲形容詞」者，例如：

子游曰：「事君數，斯辱矣。朋友數，斯疏矣。」56

子游闡述事奉國君、對待朋友，必須適可而止，不可以過於煩瑣，否則會有弊病。「事君數」、「朋友數」中的「數」字，都是「名詞」用作「形容詞」，「煩瑣」的意思，所以，這兩個句子是「轉品」中「名詞轉變爲形容詞」。又如：

子之武城，聞弦歌之聲，夫子莞爾而笑曰：「割雞焉用牛刀？」子游對曰：「昔者，偃也聞諸夫子曰：『君子學道則愛人，小人學道則易使也。』」57

孔子以爲治理小地方，何必用禮樂呢？子游卻用孔子說過的話來回答，孔子認爲子游講得很對。這章是說領導人民，必須用禮樂來感化老百姓。「殺雞焉用牛刀」的「牛」字，原來是「名詞」，這裡用作「形容詞」，因此，這句子也是「轉品」中的「名詞轉變爲形容詞」。

《論語》運用「轉品」中的「名詞轉變爲助詞」者比較少，例如：

子曰：「二三子！偃之言是也，前言戲之耳！」58

「前言戲之耳」的「耳」字，原來是「名詞」，這裡用作「助詞」，是「而已」、「罷了」的意思，所以，這句子是「轉品」中的「名詞轉變爲助詞」。

《論語》應用「轉品」中的「動詞轉變爲形容詞」者也比較少，例如：

子曰：「巧言令色，鮮矣仁。」㊾

孔子闡論仁者必須直言正色，不可以巧言令色。「巧言令色」的「令」字，原來是「動詞」，這裡用作「形容詞」，是「美好」的意思，因此，這句子是「轉品」中的「動詞轉變爲形容詞」。

《論語》運用「轉品」中的「形容詞轉變爲動詞」者比較多，例如：

有子曰：「其為人也孝弟，而好犯上者鮮矣。不好犯上，而好作亂者，未之有也。」㊿有子認為實行孝悌的人既不可能喜好觸犯長上，又不可能喜好作亂。「好犯上者鮮矣」、「不好犯上」、「好作亂者」的「好」字，原來是「形容詞」，這裡用作「動詞」，所以，這三個句子都是「轉品」中的「形容詞轉變為動詞」。又如：

子曰：「躬自厚，而薄責於人，則遠怨矣。」㉛

孔子闡明修身能夠嚴以律己，寬以待人，別人就不會怨恨你了。其中「遠怨矣」的「遠」字，原來是「形容詞」，這裡用作「動詞」，因此，這個句子是「轉品」中的「形容詞轉變爲動詞」。此外，如〈學而〉：「遠恥辱也」的「遠」字；〈子罕〉：「吾未見好德和好色者也」的兩個「好」字，都是「形容詞」用作「動詞」。所以，這兩個句子都是「轉品」中的「形容詞轉變爲動詞」。

《論語》運用「轉品」中的「名詞轉變爲副詞」者比較罕見，例如：

季文子三思而後行。子聞之，曰：「再，斯可矣！」㉒

季文子做事考慮太多，孔子認爲只要再考慮一次，就可以了。其中「三思而後行」的「三」字，原來是「形容詞」，這裡是用作「副詞」來修飾「動詞」——「思」這個字，因此，這個句子是「轉品」中的「名詞轉變爲副詞」。

㈩倒裝的修辭技巧

所謂倒製，是指在語文中，顚倒語文詞句的次序，以加強語氣，美化句法或押韻的一種修辭方法。倒裝可以加強語勢、突現重點、調和音律，使文章激起波瀾。倒裝依陳望道《修辭學發凡》，可分爲隨語倒裝、變言倒裝兩類。㉓隨語倒裝只是語次或語氣上的顚倒，並不涉思想條理和文法組織；易言之，古人依語爲文，因此古書上有許多倒裝句法，既可以看出古今語法的不同，也可以說是當時語文的正則，是屬於消極的修辭。黃師慶萱《修辭學》依句子的組織，分別舉例說明㉔，茲擇錄與《論語》有關者，加以補充闡述。

1. **敘事句止詞的倒裝**：《論語》運用「敘事句止詞的倒裝」，有肯定句、否定句和疑問句三種。肯定句的「敘事句止詞的倒裝」，例如：

孟武伯問孝。子曰：「父母唯其疾之憂。」㉕

孝子不會爲非作歹，作姦犯科，因此父母只擔憂子女的疾病，至於其他的行爲，不會讓父母操心。「父母唯其疾之憂」，原來順序是「父母唯憂其疾」，將止詞「其疾」倒置在述詞的前面，中間加「之」

字。否定句的「敘事句止詞的倒裝」，例如：

子曰：「不患人之不己知，患不知人也。」㊻

孔子認為一切應該要求自己，不應該要求別人。其中「不己知」，原來順序是「不知己」，止詞「己」是第一人稱指稱詞，其上「不」字是否定限制，古代漢語在這種情況下，必將止詞「己」字倒置在述詞的前面。此外，如〈學而〉：「未之有也。」〈述而〉：「吾未之有得。」這兩個例句也是否定句的「敘事句止詞的倒裝」。疑問句的「敘事句止詞的倒裝」，例如：

子疾疾，子路使門仁為臣。……無臣而為有臣，吾誰欺？欺天乎？㊼

孔子沒有家臣，子路派同學們當孔子的家臣，孔子認為沒有家臣，卻偽裝有家臣，我欺騙誰呢？欺騙上天嗎？孔子希望誠實不欺。其中「吾誰欺」，原來順序是「吾欺誰」，疑問詞作止詞，依古代漢語的習慣用法，應該把止詞「誰」字放在述詞的前面。

2. **敘事句呼語的倒裝**：《論語》「敘事句呼語的倒裝」者，例如：

而今而後，吾知免夫！小子！㊽

曾子小心翼翼地保護身體，在死之前，很安慰地告訴學生：我的身體可以免於被毀傷了。「而今而後，吾知免夫！小子！」原來順序是「小子！而今而後，吾知免夫！」呼語「小子」應在句首。

3. **表態句謂語的倒裝**：《論語》應用「表態句謂語的倒裝」者，例如：

子曰：「孝哉閔子騫！人不閒於其父母昆弟之言。」㊾

孔子讚美閔子騫的孝行。「孝哉閔子騫」，原來順序是「閔子騫孝哉」，謂語「孝哉」倒置在主語「閔

「大哉，堯之爲君也！」〈子罕〉：「大哉孔子！」〈子路〉：「誠哉是言也！」〈憲問〉：「尙德哉若人！」這些例句都是「表態句謂語的倒裝」。

4. **複句的主從倒裝**：《論語》運用「複句的主從倒裝」者，例如：

子曰：「賜也，始可與言時已矣！告諸位而知來者。」⑩

孔子認爲子貢領悟力很強，可以跟他談詩了。「始可與言詩已矣！告諸位而知來者。」原來順序是「告諸位而知來者，始可與言詩已矣！」這是因果複句。主句「告諸往而知來者」應在從句「始可與言詩已矣」的前面。

變言倒裝雖然也是顚倒次序，卻往往涉及思想條理和文法組織，與第一類單屬程序上的倒裝不同，這是屬於積極的修辭。沈謙先生《修辭學》將變言倒裝又分作爲詩文格律而倒裝、爲文章波瀾而倒裝兩類。《論語》只應用「爲文章波瀾而倒裝」，例如：

子曰：「三軍可奪帥也，匹夫不可奪志也。」⑪

孔子勉勵人要堅守志氣節操，不受外在環境影響。三軍雖然很多，但是可以把他們主帥俘擄過來；一個普通老百姓，卻無法改變他的志向。這兩句原來的順序是「三軍之帥可奪也，匹夫之志不可奪也」。但倒裝以後，便顯得文句警策，強勁有力。

(十一)頂針的修辭技巧

所謂頂針，是指在語文中，後面的開端，和前面的結尾，重複同樣的字詞或語句，前後緊接，首尾蟬聯，上遞下接的一種修辭方法。頂針，又名頂眞。頂針可以使文章節奏緊湊，音律和諧，文質合一。頂針可分作三類：一是段與段之間的頂針，又名「連環體」，是文章上一段的末尾，與下一段的開端用同樣的句子或字詞。二是句與句之間的頂針，又名「聯珠格」，是前一句的末尾，與下一句的開端用同樣的字詞。三是句中頂針，是同一文句中片語與片語之間用同一字詞來頂接，貌似疊字，其實字疊而語析。⑫《論語》僅運用「句與句之間的頂針」，例如：

君子務本，本立而道生。孝弟也者，其為之之本與？⑬

孝悌是行仁的根本。「君子務本，本立而道生」，用「本」字頂針。君子專力追求事情的根本，根本建立，仁道就由此產生。又如：

子曰：「父母在，不遠遊；遊必有方。」⑭

孔子認爲父母健在，子女出遠門，應該有一定的去處。「不遠遊；遊必有方」，用「遊」字頂針。此外，如〈子路〉：「名不正，則言不順；言不順，則事不成；事不成，則禮樂不興；禮樂不興，則刑罰不中；刑罰不中，則民無所措手足。」孔子論爲政必先正名，其中「言不順」、「事不成」、「禮樂不興」、「刑罰不中」五處頂針。

㈢回文的修辭技巧

所謂回文，是指在語文中，上下兩句，詞彙大部分相同，詞序排列恰好相反，造成回環往復的形式的一種修辭方法。回文，又叫迴文，依形式結構而言，可分為嚴式回文、寬式回文兩類。嚴式回文，是上句依序倒讀，就是下句，甚至整首詩、整段文字都可以依序倒讀。寬式回文，是前一句的結尾用作後一句的開頭，後一句的結尾又重複前一句的開頭，中間字句略有彈性。⑮《論語》僅運用「寬式回文」，例如：

子曰：「學而不思則罔，思而不學則殆。」⑯

只是學習知識，不去思考其中的道理，就會受到知識的蒙蔽；假如單靠思考，不去學習，就會危疑不安。孔子用回環往復的表達方式，闡述學思必須並重，不可偏廢。又如：

子夏曰：「仕而優則學，學而優則仕。」⑰

子夏說明仕和學雖然是兩件不同的事情，但是道理卻相同。子夏用回環往復的表達方式，闡論仕和學是息息相關。此外，如〈為政〉：「君子周而不比，小人比而不周。」〈憲問〉：「有德者必有言，有言者不必有德。仁者必有勇者，勇者不必有仁。」這些例句都是「寬式回文」。

㈦對偶的修辭技巧

所謂對偶，是指在語文中，字數相等、語法相似、詞性相同、平仄相對的文句，成雙作對地排列的一種修辭方法。對偶依句型而言，可分為當句對、單句對、隔句對、長偶對四類。當句對，又名「句中對」，在同一句當中，上下兩個短語，自為對偶。單句對，是上下兩句，字數相等、詞性相同、平仄相對。隔句對，又名「扇對」，是第一句與第三句相對，第二句與第四句相對。長偶對，又名「長對」，是奇句對奇句，偶句對偶句，至少三組相對。⑱《論語》僅運用「當句對」和「單句對」兩種。

《論語》使用「當句對」者，例如：

子曰：「溫故而知新，可以為師矣。」⑲

孔子認為當老師不僅要溫習舊知，還要領悟新知。「溫」對「知」，都是動詞；「故」對「新」，都是形容詞；因此，這是「當句對」。此外，如〈學而〉：「巧言令色。」「巧言」對「令色」，也是「當句對」。

《論語》應用「單句對」者，例如：

子曰：「君子坦蕩蕩，小人長戚戚。」⑳

孔子闡述君子和小人的心貌，各有不同。「君子」對「小人」，名詞相對，「坦」對「長」，副詞相對；「蕩蕩」對「戚戚」，形容詞相對；所以，這例句是「單句對」。

㈥呼告的修辭技巧

所謂呼告，是指在語文中，對於正在敘述的事情，忽然改變平敘的口氣，而用對話的方式來呼喊的一種修辭方法。呼告分為普通呼告、示現呼告、人化呼告三種。普通呼告，是呼告面前的人。示現呼告，是把不在面前的人當作在眼前一樣，帶著「示現」性質的呼告。人化呼告，是把「物」當作「人」一樣的呼告。《論語》僅運用「普通呼告」，例如：

子貢方人。子曰：「賜也，賢乎哉？夫我則不暇！」㉑

子貢喜歡批評別人。孔子告訴子貢：要先反省自己好不好？「賜也」，是對「子貢」的呼告，這是「普通呼告」。又如：

孔子曰：「求！周任有言曰：『陳力就列，不能者止。』」㉜

孔子呼告冉有，引用古代史官周任的話：勸冉有能貢獻自己的力量給季氏，就站在作官的行列中；否則辭職不幹。這例句也是「普通呼告」。此外，如〈論語〉：「賜也，始可與言詩已矣！」〈憲問〉：「微生畝謂孔子曰：『丘，何爲見栖栖者與？無乃爲佞乎？』」〈衛靈公〉：「賜也，女以予爲多學而識之者與？」〈陽貨〉：「二三子！偃之言是也。」這些例句都是「普通呼告」。

《論語》全書原文一共運用了十四種修辭技巧：設問、映襯、譬喻、引用、層遞、類疊、排比、感歎、轉品、倒裝、頂針、回文、對偶、呼告。

三、結　論

《論語》是家喻戶曉，人人必讀的典籍。我們除了探討《論語》內容的精深博大之外，若能再欣賞修辭技巧的形式美，獲益必然匪淺。我們若仔細研讀《論語》，一定可以發現遣詞造句，都能暗合現代修辭學的理論，眞是「文成法立」。現代修辭學的理論，有《論語》的實例作爲印證，不僅使理論更鞏固、更明確，並且理論與實際可以相輔相成，相得益彰。

【附註】

①見《論語・衛靈公》，宋朱熹《四書集注》，學海出版社，七十三年九月初版，頁一六六。
②見《論語・憲問》，同①書，頁一四九。
③同②。
④見《論語・述而》，同①書，頁一〇〇。以下引《論語》原文，如無特殊例外，則逕稱篇名。
⑤見《論語・子罕》，同①書，頁一〇九。
⑥同②，見頁一五六。
⑦同⑤，見頁五五。
⑧同⑥，見頁六二。
⑨見《論語・八佾》，同①書，頁七一。
⑩見《論語・子罕》，同①書，頁一一五。
⑪同①書，頁一六五。
⑫見《論語・里仁》，同①書，頁七四。
⑬見《論語・泰伯》，同①書，頁一〇六。
⑭參閱黃師慶萱《修辭學》，三民書局，六十四年一月初版，頁二三一。大陸學者稱「喻體」爲「本體」，稱「喻依」爲「喻體」。「喻體」、「喻詞」、「喻依」，各有「喻」字，較能顯現「譬喻」的特徵，是以從黃師之

說。

⑮ 同⑩，見頁一一三。

⑯ 見《論語．顏淵》，同①書，頁一三二。

⑰ 參閱沈謙先生《修辭學》上册，國立空中大學，八十年二月初版，頁二八。

⑱ 見《論語．子張》，同①書，頁一八九至一九〇。

⑲ 同⑥。

⑳ 見《論語．陽貨》，同①書，頁一七七。

㉑ 見《論語．公冶長》，同①書，頁八一。

㉒ 同⑩。

㉓ 同⑥。

㉔ 《尚書．君陳》僅有「惟孝友於兄弟」，「孝乎」二字是孔子加上去的。

㉕ 同⑬，見頁一〇四。

㉖ 《尚書．無逸》原文是：「其在高宗，時舊勞於外，爰暨小人。作其即位，乃或亮陰，三年不言。」這裡襲改為「高宗諒陰，三年不言」。

㉗ 同⑨，見頁六八。

㉘ 同②，見頁一五七。

㉙ 參閱同⑰下册，頁九八至一〇〇。

㉚見《論語・季氏》，同①書，頁一七〇。
㉛同④，見頁六一。
㉜同㉚。
㉝同⑤，見頁一一一至一一二。
㉞見同④，頁一〇三。
㉟同㉞，見頁九六。
㊱同㉚，見頁一七〇至一七一。
㊲同④，見頁六三。
㊳參閱謝冰瑩、李鍌、劉正浩、邱燮友、賴炎元、陳滿銘等六位老師編譯《新譯四書讀本》，三民書局印行，七十六年八月初版，頁七八。
㊴見《論語・雍也》同①書，頁九〇。
㊵同⑨，見頁六七。
㊶同㉑，見頁八五。
㊷見宋陳騤《文則》，莊嚴出版社，六十八年三月初版，頁三。
㊸參閱黎運漢・張維耿《現代漢語修辭學》，商務印書館香港分館，七十五年八月第一版，頁一四八。
㊹同⑬，見頁一〇三至一〇四。
㊺同⑩。

㊻見《論語・子路》，同①書，頁一四一至一四二。
㊼同⑳，見頁一七五。
㊽參閱黃師慶萱《文法與修辭教師手册》下册，國立編譯館，七十六年一月初版，頁四〇至四一。
㊾見《論語・先進》，同①書，頁一二四。
㊿同㊻，見頁一四六至一四七。
51同⑨，見頁七〇。
52同⑳，見頁一七九。
53同⑱，見頁一八七。
54同⑯，見頁一三六。
55同㉑，見頁七九。
56同⑫，見頁七八。
57同⑳，見頁一七三。
58同57。
59同②，見頁五六。
60同⑦。
61同①，見頁一六二。
62同㉑，見頁八四。

63 參閱陳望道《修辭學發凡》，上海教育出版社，六十八年九月新一版，七十一年四月第三次印刷，頁二一九至二二一。
64 參閱同⑭，見頁五五三至五五六。
65 同④，見頁六四。
66 同⑤，見頁六〇。
67 同⑩，見頁一一二。
68 同㉕。
69 同㊾，見頁一二三。
70 同66。
71 同⑩。
72 同⑰，下冊，八十年五月初版，頁一〇六。
73 同⑦。
74 同56。
75 參閱同72，頁一五六。
76 同④。
77 同53。
78 參閱72，頁二。

⑲同㊲。

⑳同㉞。

㉑同②，見頁一五五。

㉒同㉚，見頁一六七。

《荀子》之修辭藝術

一、前　言

《荀子》一書，一般人以爲是一部哲學的典籍，殊不知其文辭之美，令人歎爲觀止。《荀子》一書含有天論、性惡、心理學、名學、辯說學、禮治、尊君、富國、治人與治法、法後王的思想①，思想內容豐贍，但本文探析《荀子》之修辭技巧，旨在闡述文辭之美。修辭在求美，藝術亦在求美，職是之故，以「《荀子》之修辭藝術」爲題。茲詮證《荀子》一書，運用修辭手法，有下列各種修辭方式：

二、譬　喻

所謂譬喻，是指在語文中，用另一種本質不同，但有相似之處的事物作爲比方一種修辭技巧。譬喻，也叫做比喻、比、打比方。譬喻的作用有四項：㈠以已知說明未知，以具體闡釋抽象。㈡既可以使深奧的哲理變得淺顯易懂，又可以使抽象的事理變得具體易懂。㈢既可以使平淡變得更生動，又可以使抽象變得更形象化。㈣既可以增強文章的感染力，又可以使讀者產生歡悅的感覺。②《荀子》一書運用譬喻者甚多，如《荀子·王霸》③云：

國無禮則不正。禮之所以正國也，譬之猶衡之於輕重也，猶繩墨之於曲直也，猶規矩之於方圓也，既錯之而人莫之能誣也。

「禮之所以正國也」是喻體，「猶」是喻詞，「衡之於輕重也」、「繩墨之於曲直也」、「規矩之於方圓也」是喻依，「既錯之而人莫之能誣也」是喻旨④。作者將「禮」比方作「衡」、「繩墨」、「規矩」，使抽象的「禮」變得更形象化。又運用「衡之於輕重也」、「繩墨之於曲直也」、「規矩之方圓也」的喻依，闡述「禮之所以正國也」的喻體，使禮可以正國的抽象事理，讓讀者覺得具體易懂。「既錯之而人莫之能誣也」的喻旨，旨在闡明「禮」可以正國，不能誣妄，可見「禮」的重要性。又如〈修身〉云：「不是師法，而好自用，譬之是猶以盲辨色，以聾辨聲也。」〈不苟〉云：「盜跖吟口，名聲若日月，與舜禹俱傳而不息。」〈非相〉云：「葉公子高，微小短瘠，行若將不勝其衣然。」〈富國〉云：「財貨渾渾如泉源。」〈彊國〉云：「百姓貴之如常，高之如天，親之如父母，畏之如神明。」〈正論〉云：「居如大神，動如天帝。」〈堯問〉云：「執一如天地，行微如日月。」這些例句皆是喻體、喻詞、喻依三者齊全，但亦有省略喻詞者，如〈勸學〉云：

不登高山，不知天之高也；不臨深谿，不知地之厚也；不聞先王之遺言，不知學問之大也。

「不聞先王之遺言，知學問之大也」是喻體，「不登高山，不知天之高也；不臨深谿，不知地之厚也」是喻依，喻詞省略。全文可以還原爲不聞先王之遺言，不知學問之大也，（如）不登高山，不知天之高也；不臨深谿，不知地之厚也。」這是倒裝式的略喻。作者將「先王之遺言」比方作「高山」、「深谿」，「學問之大」比方作「天之高」、「地之厚」，使「先王之遺言」、「學問之大」的平淡而抽象，變得更生動而具體的「高山」、「深谿」、「天之高」、「地之厚」，不止可以加強文章的感染力，又可以使讀者產生喜樂的感覺。又如〈勸學〉云：「積土成山，風雨興焉；積水成淵，蛟龍生焉；積善成德，而神明自得，聖心備焉。」作者將「積善成德」比方作「積土成山」、「積水成淵」，「神明自得，聖心備焉」比方作「風雨興焉」、「蛟龍生焉」，使抽象的事理變得更具體。「積善成德，而神明自得，聖心備焉」是抽象的事理，但「積土成山，風雨興焉；積水成淵，蛟龍生焉」是具體的形象化。又如〈勸學〉云：「百發失一，不足謂善射；千里蹞步不至，不足謂善御；倫類不通，仁義不一，不足謂善學。」這也是倒裝式的略喻。作者將「倫類不通，仁義不一」比方作「百發失一」、「千里蹞步不至」，「善學」比方作「善射」、「善御」，這是運用形象化闡述抽象的事理，使抽象的事理變得淺顯易懂。

三、映襯

所謂映襯，是指在語文中，將兩個或兩個以上事物或同一事物的正反兩面，作強烈對比的一種修辭技巧。映襯，又叫對比、對照、映照。映襯的作用有三項：㈠將眞與假、善與惡、美與醜等加以比較，使眞者更眞，善者更善，美者更美，假者更假，惡者更惡，醜者更醜。㈡對相同事物或不同事物作正反強烈對比，產生新意。㈢從正反對比，使矛盾突出，讓讀者易於判斷。⑤《荀子》一書運用映襯者，不乏其例，如〈榮辱〉云：

與人善言，煖於布帛；傷人之言，深於矛戟。

「與人善言，煖於布帛」，誠如俗語所云：「良言入耳三冬暖」，這是正面的意義；「傷人之言，深於矛戟」，正如俗語所云：「惡語傷人六月寒」，這是反面的意義；因此，「與人善言，煖於布帛；傷人之言，深於矛戟」是正反強烈對比的映襯。同是語言，但有善、惡之分，作者運用正反強烈對比，使善者更善，惡者更惡，讓讀者判斷善言之益處，惡語之害處。又如〈王霸〉云：

國危則無樂君，國安則無憂君。亂則國危，治則國安。

「國危」與「國安」，是正反對比；「樂君」與「憂君」，也是正反對比；「亂」與「治」，也是正反對比；因此，「國危則無樂君，國安則無憂君」是映襯，「亂則國危，治則國安」也是映襯。同是國家，但有危、安之別；同是君主，但有樂、憂之分；同是社會，但有治、亂之辨；旨在闡述君王之樂憂在於國家之安危，國家之安危在於社會之治亂。從正反強烈對比的映襯，闡明國家安全才有快樂的君主，國家危險必有憂愁的君主；社會安定才有富強的國家，社會紊亂會導致國家走向危難重重，甚至於滅亡。又如〈君道〉云：

君者，民之原也；原清則流清，原濁則流濁。故有社稷者而不能愛民、不能利民，而求民之親愛己，不可得也。

「清」與「濁」，是正反強烈的對比；因此，「原清則流清，原濁則流濁」是映襯。作者除運用映襯外，還運用譬喻中的借喻。作者將「人民」比方作「源頭」，「國君」比方作「支流」。「源頭」清澈，「支流」也清澈；「源頭」混濁，「支流」也混濁。這正如「水能載舟，亦能覆舟」的道理。

「水」比喻「人民」，「舟」比喻「國君」。古人所謂「得民者昌，失民者亡」，可見國君必須有人民的擁護，否則沒有民意擁護的國君，統治國家，國家易於走向滅亡。作者運用譬喻兼映襯，闡述國君必須愛民、利民，才能得到人民擁護，有人民的擁護，國君才能使國家更富強，經濟更繁榮。一言以蔽之，作者運用正反強烈對比，旨在說明國君必須得到人民的擁護，才能國泰民安。又如〈勸學〉云：「鍥而舍之，朽木不折；鍥而不舍，金石不可鏤。」又云：「其善者少，其不善者多，桀紂盜跖也。」〈修身〉：「見善，修然必以自存也；見不善，愀然必以自省也。」又云：「諂諛者親，諫爭者疏。」〈王霸〉云：「明君者，必將先治其國然後百樂得其中；闇君必將急逐樂而緩治國，故憂患不可勝校也。」〈法行〉云：「禮者，衆法而不知，聖人法而知云。」這些例句皆是正反對比的映襯。

四、設　問

所謂設問，是指在語文中，故意設置自問自答或問而不答的一種修辭技巧。設問的作用有四項：㈠承上啓下，具有銜接的作用。㈡吸引讀者的注意，激發讀者的思維，加強文章的觀點，增深讀者的印象。㈢提綱挈領，帶動全文。㈣激起文章波瀾，可使文勢起伏；避免單調，以致呆滯，可使文章更生動、更活潑。⑥《荀子》一書運用設問者綦多，如〈勸學〉云：

學惡乎始？惡乎終？曰：其數則始乎誦經，終乎讀禮；其義則始乎為士，終乎為聖人。

「學惡乎始？惡乎終？」這是兩個設問。「其數則始乎誦經，終乎讀禮；其義則始乎爲士，終乎爲聖人。」表面上，是一個問答；但實際上，卻是兩個回答。治學的方法，是「始乎誦經，終乎讀禮」；

治學的目的，是「始乎爲士，終乎爲聖人」。就形式而言，二問一答；就內容而言，二問二答；旨在引起讀者的注意，激發讀者的思考，強調文章的重點，加深讀者的印象。又如〈君道〉云：

道者何也？曰：君道也。君者何也？曰：能群也。能群也者何也？曰：善生養人者也，善班治人者也，善顯設人者也，善藩飾人者也。善生養者人親之，善班治人者人安之，善顯設人者人樂之，善藩飾人者人榮之；四統者俱而天下歸之，夫是之謂能群。

就形式而言，連用三個一問一答；就內容而言，層層遞進，由道、君、能群，逐項詮釋。道是國君所要行的道，國君能夠合群就是行道，國君能夠善於生養人，善於辨治人，善於顯用人，善於藩蔽文飾人，便是能夠合群。連用三個一問一答，旨在使文章產生波瀾，激起文章的起伏，以免呆滯，並具有承上啓下的銜接作用。從道、君、能群的層層遞進，旨在提綱挈綱，帶動整段文章。又如〈議兵〉云：

陳囂問孫卿子曰：「先王議兵，常以仁義為本；仁者愛人，義者循理，然則不何以兵為？凡所為有兵者，為爭奪也。」孫卿子曰：「非女（同「汝」所知也，彼仁者愛人，愛人故惡人之害之也；義者循理故惡人之亂之也。彼兵者，所以禁暴除害也，非爭奪也。」

陳囂以「自問自答」的設問方式，請教孫卿子。陳囂以爲「凡所爲有兵者，爲爭奪也」。孫卿子卻回答：「兵者，所以禁暴除害也，非爭奪也。」陳囂又認爲「議兵常以仁義爲本；仁者愛人，義者循理，仁者義者爲何用兵？」孫卿子卻回答：「仁者愛人，愛人故惡人之害之也；義者循理，循理故惡人之亂之也。仁人之兵，所存者神，所過者化，若時雨之降，莫不說（通「悅」）喜。」仁者之兵，人皆畏服之如神明，莫不順從歸化。陳囂以設問方式，引起讀者的注意，激發讀者的興趣，強調文章的重點，加深讀者的印象。又如〈修身〉云：「修正爲笑，至忠爲賊，雖欲無滅亡，得乎哉？」這是問而不答的設問，答案卻在問題的反面，旨在使文章避免單調、呆滯。又如〈榮辱〉云：「今是人之口腹，安知禮義？安知辭讓？安知廉恥隅積？亦呥呥再嚼，鄉鄉而飽已矣。」這是三問一答的設問，旨在使文章更生動、更活潑。

五、排比

所謂排比，是指在語文中，由結構相同或相似、語氣一貫的短語、句子或段落成串地排列在一起，表達相似或相關的內容的一種修辭技巧。排比，又叫排迭。排比的作用有四項：㈠聲律鏗鏘，可以使語文具有音樂美與節奏感。㈡抒發強烈的情感，加強文章的感染力。㈢發表議論，可以使論證更周圓，修理更清晰。㈣可以使文筆更流暢，氣勢更豪放。⑦《荀子》一書運用排比者甚多，如〈仲尼〉云：

少事長，賤事貴，不肖事賢，是天下之通義也。

此言少年人事奉長者，地位卑賤的人事奉地位高貴的人，不肖的人事奉賢能的人，這是天下通常的道理。「少事長，賤事貴，不肖事賢」，這是句型相似的排比。「事奉」是相同的內容。間隔使用三次「事」字，是類疊中的類字。作者運用三句排比，使文章筆更暢順，論述更周延。又如〈天論〉云：

在天者莫明於日月，在地者莫明於水火，在物者莫明於珠玉，在人者莫明於禮義。

就形式而言，運用四句排比；就內容而言，是倒裝式的譬喻；間隔使用「莫明於」四次，是類疊中的類字。作者將「人」比方作「天」、「地」、「物」，「禮義」比方作「日月」、「水火」、「珠玉」。全句可以還原爲「在人者莫明禮義，（如）在天者莫明於日月，在地者莫明於水火，在物者莫明於珠玉。」作者運用排比兼譬喻，旨在闡論禮義的重要性，好比天上的日月、地上的水火、物質上的珠玉。連用四句排比，既可以使文章氣勢更雄健，又可以使論點闡發得更嚴謹、更透徹，更可以使條理更分明、更清晰。又如〈禮論〉云：

天地以合，日月以明，四時以序，星辰以行，江河以流，萬物以昌；好惡以節，喜怒以當；以為下則順，以為上則明，萬物變而不亂，貳之則喪也，禮豈不至矣哉！

此言禮可以使「天地以合，日月以明，四時以序，星辰以往，江河以流，萬物以昌；好惡以節，嘉怒以當」，可見禮之功用大矣哉！作者連用八句排比，闡述禮的功用，可以使文章具有節奏感，文章氣勢更豪放、更雄健，條理更分明，論證更確鑿。間隔使用「以」字八次，是類疊中的類字。「以爲下則順，以爲上則明」，就整體形式而言，是排比；就部分形式而言，間隔使用「以爲」兩次，是類疊中的類字；就部分內容而言，「下」、「上」是正反對比，屬於映襯。禮的功用，就人而言，在於「好惡以節，喜怒以當」，居下位者和順，在上位者明達。又如〈修身〉云：「非我而當者，吾師也；是我而當者，吾友也；諂諛我者，吾賊也。」〈非十二子〉云：「君子恥不修，不恥見汙；恥不信，不恥不見信；恥不能，不恥不見用。」〈臣道〉云：「恭敬，禮也；調和，樂也；謹愼，利也；鬥怒，害也。」〈致士〉云：「川淵深而魚鱉歸之，山林茂而禽獸歸之，刑政平而百姓歸之，禮義備而君子歸之。」〈解蔽〉云：「墨子蔽於用而不知文，宋子蔽於欲而不知得，愼子蔽於法而不知賢，申子蔽於勢而不知智，惠子蔽於辭而不知實，莊子蔽於天而不知人。」〈成相〉云：「北決九河、通十三渚、疏三江。」〈賦〉云：「非絲非帛，文理成章；非日非月，爲天下明；生者以壽，死者以葬，城郭以固，三軍以強。」〈哀公〉云：「鳥窮則啄，獸窮則攫，人窮則詐。」這些例句皆是排比，旨在使論述更周全，條理更清楚。

六、層遞

所謂層遞，是指在語文中，用三個或三個以上結構相似的短語、句子、段落表達在數量、程度、範圍等方面，層層遞進或遞降的一種修辭技巧。層遞，又叫遞進。層遞的作用有兩項：㈠用於說理，可以使論證更周全，析理更透徹，以加強讀者深刻的印象。㈡用於記敘與抒情，既可以使思想更深入，情感更強烈，又可以發揮得更淋漓盡致，以加強文章的感染力。⑧《荀子》一書運用層遞者，不乏其例，如〈非相〉云：

辨莫大於分，分莫大於禮，禮莫大於聖王。

就整體形式而言，既是連用三句排比，又是頂針；就部分形式而言，是間隔使用「莫大於」三次，屬於類疊中的類字。就整體內容而言，是層遞。由辨、分、禮、聖王，層層遞進，旨在闡述聖王大於禮法，禮法大於等分，等分大於辨別。作者闡析十分透徹，倫理十分嚴密，使聖王大於禮法、等分、辨別的現象，更是瞭若指掌。又如〈儒效〉云：

不聞不若聞之，聞之不若見之，見之不若知之，知之不若行之。

就整體形式，既是四句排比，又是頂針；就部分形式而言，是間隔使用「不若」四次，屬於類疊中的類字。就整體內容而言，是層遞。由不聞、聞之、見之、知之、行之，層層遞進，旨在闡論「行」的重要，誠如王陽明云：「知是行之始，行是知之成。」作者析論行之重於知之，知之重於見之，見之重於聞之，聞之重於不聞，條分縷析，論述十分透徹，結構十分縝密。又如〈議兵〉云：

仁人之用十里之國，則將有百里之聽；用百里之國，則將有千里之聽；用千里之國，則將有四海之聽。

就整體形式而言，連用三句排比；就部分形式而言，間隔使用「百里」、「千里」各兩次，屬於類疊中的類字。就整體內容而言，是層遞。由十里之國、百里之國、千里之國，層層遞進；由百里之聽、千里之聽、四海之聽，也是層層遞進，旨在闡述「聽」比「用」的範圍廣大，作者析論十分縝密，條理十分清晰。又如〈禮論〉云：

凡禮，始於梲，成乎文，終乎悅校。故至備，情文俱盡；其次，情文代勝；其下，復情以歸大一也。

此言禮始於疏略，成於文飾，終於美好。禮的極備是情文俱盡，其次是情文互相代勝，其下是復情以歸質素。由始、成、終，是層層遞進；由至備、其次、其下，是層層遞降。作者運用層遞，旨在使思想更深入，情感更強烈，以加強文章的感染力。又加〈大略〉云：

天子山冕，諸侯玄冕，大夫裨冕，士韋弁，禮也。

天子御珽，諸侯御荼，大夫服笏，禮也。

天子彫弓，諸侯彤弓，大夫黑弓，禮也。

首言天子穿戴山冕，諸侯穿戴玄冕，大夫穿戴裨冕，士穿戴韋弁，由天子、諸侯、大夫、士，層層遞降，旨在敘述官階不同而穿戴隨之而異。次言天子用珽，諸侯用荼，大夫用笏，也是記述官階不同而使用亦有異。末言天子用彫弓，諸侯用彤弓，大夫用黑弓，也是陳述官階不同而使用之弓亦有異。作者運用層遞，闡述天子、諸侯、大夫、士各有不同之禮，描繪淋漓盡致，以加深讀者的印象。又如〈彊國〉云：「月不勝日，時不勝月，歲不勝時。」〈性惡〉云：「聖人化性而起僞，僞起而生禮義，禮義生而制法度。」這些例句皆是層遞，旨在使論證更縝密，析理更清晰，以加強文章的感染力。

七、引用

所謂引用，是指在語文中，爲了闡述理論，描繪事物，援引格言、諺語、名言、警句的一種修辭技巧。引用，又叫引語、引證、引經。引用的作用有三項：㈠可以使語文更簡潔，內容更生動、更活潑。㈡可以使論證更確實、更充分，加強說服力。㈢可以使表達更含蓄、更深刻，具有啓發作用。⑨《荀子》一書運用引用者孔多，如〈王制〉云：

有良法而亂者，有之矣；有君子而亂者，自古及今，未嘗聞也。傳曰：「治生乎君子，亂生乎小人。」此之謂也。

有君子而亂者，未之有也，蓋「治生乎君子」。有良法而亂者，有之矣，蓋「亂生乎小人」。作者引用古代傳記之名言，使論證更確鑿、更充分，加強說服作用。又如〈樂論〉云：

墨子曰：「樂者，聖王之所非也，而儒者為之，過也。」君子以為不然：樂者，聖人之所樂也，而可以善民心，其感人深，其移風易俗，故先王導之以禮樂而民和睦。

荀子先引用墨子非樂思想的言論，再加以反駁。荀子認爲音樂既可以改善民心，又可以移風易俗，音樂具有莫大的功用。荀子先破後立，論述確實，文筆簡煉，內容生動。荀子認爲「耳不聽淫聲」，蓋「姦聲感人而逆氣應之，逆氣成象而亂生焉」；但耳聽正聲，足以感動人之善心，蓋「正聲感人而順氣應之，順氣成象而治生焉」。又如〈勸學〉云：

行衢道者不至，事兩君者不容。目不能兩視而明，耳不能兩聽而聰。螣蛇無足而飛，梧鼠五技而窮。《詩》曰：「尸鳩在桑，其子七兮。淑人君子，其儀一兮。其儀一兮，心如結兮。」故君子結於一也。

荀子引用《詩經・曹風・鳲鳩》之名言，闡述凡事須專心一志。「行衢道者不至，事兩君者不容。」不能專一故也。「目不能兩視而明，耳不能兩聽而聰。」也是不能專一所致。作者引用《詩經》之言，詮證君子必須專心一志。蚯蚓無爪牙之利，筋骨之強，上食埃土，下飲黃泉，用心專一所使然，何況人乎？蚯蚓尚知專心一志，人而不知專一，能無愧乎？荀子引用《詩經》之言，使論證更確鑿，析理更充分，以加強說服力。又如〈修身〉云：

不是師法，而好自用，譬之是猶以盲辨色，以聾辨聲也；舍亂妄無為也。故學也者，禮法；夫師以身為正儀，而貴自安者也。《詩》云：「不識不知，順帝之則。」此之謂也。

作者引用《詩經・大雅・皇矣》之言，闡述師法暗合天道。若不知師法，而好自用，猶如以盲辨色，以聾辨聲；蓋師以身爲正儀，而貴自安之故。作者引用《詩經》之言，使證據更充足，理論更明確，以加強說服作用。又如〈性惡〉云：「孟子曰：『人之性善。』曰：是不然：凡古今天下之所謂善者，平理平治也；所謂惡者，偏險悖亂也；是善惡之分也已。」〈君子〉云：「刑罰綦省而威行如流，政令致明而化易如神。傳曰：『一人有慶，兆民賴之。』此之謂也。」（「一人有慶，兆民賴之。」引自《尚書．甫刑》。）〈宥坐〉云：「湯誅尹諧，大王誅潘止，周公誅管叔，太公誅華仕，管仲誅里乙，子產誅鄧析、史付，此七子者，皆異世同心，不可不誅也。《詩》曰：『憂心悄悄，慍於群子。』小人成群，斯足憂矣。〈子道〉云：「可以從而不從，是不子也；未可以從而從，是不衷也；明於從不從之義而能致恭敬忠信端慤以慎行之，則可謂大孝矣。傳曰：『從道不從君，從義不從父。』此之謂也。」這些例句皆是引用古書之言、古人之語，加以論證，使理論更確實，條理更分明。

八、結語

《荀子》一書不止運用譬喻、映襯、設問、排比、層遞、引用、頂針、類疊等八種修辭技巧，尚運用其他修辭方法，囿於篇幅，不克逐一闡析。《荀子》一書運用其他修辭方法，尚有釋語，如〈臣道〉云：「從命而利君謂之順，從命而不利君謂之諂，逆命而利君謂之忠，逆命而不利君謂篡。」〈禮論〉云：「厚者，禮之積也；大者，禮之廣也；高者，禮之隆也；明者，禮之盡也。」〈正名〉云：「約定俗成謂之宜，異於約則之不宜。名無固實，約之以命實，約定俗成謂之實名。」又云：「性者，天之就也；情者，性之質也；欲者，情之應也。」〈子道〉云：「孝子所以不從命有三：從命則親危，不從命則親安，孝子不從命乃衷；從命則親辱，不從命則親榮，孝子不從命乃義；從命則禽獸，不從命則修飾，孝子不從命乃敬。」這些例句皆是釋語，《荀子》一書運用釋語者綦多，不勝枚舉。此外，又有對偶，如〈儒效〉云：「法先王，隆禮義。」〈富國〉云：「均賓業，齊功勞。」還有轉品，如〈非十二子〉云：「貴賢，仁也；賤不肖，亦仁也。」其中「貴」、「賤」，皆是轉品。「貴」、「賤」，本是形容詞，這裡當動詞用。也有感歎，如〈王霸〉云：「嗚呼哀哉！君人者，千歲而不覺也。」〈樂論〉云：「君子明樂，乃其德也。亂世惡善，不此聽也。於乎哀哉！不得成也。」細讀《荀子》一書必定可再發現更多修辭手法，由此可知，《荀子》之文辭盡美盡善矣。

【附　註】

① 詳見王師忠林《新譯荀子讀本》，頁十三至五十六，三民書局印行，民國六十一年七月初版。
② 參閱陸稼祥、池太寧主編《修辭方式例解詞典》，頁九，浙江教育出版社印行，民國七十九年九月初版。
③ 引文自此以下，逕稱篇名。
④ 喻旨，大陸學者又名喻解，朱自清叫做意旨，筆者綜合二家之說，稱爲喻旨。
⑤ 同②，頁五十九至六十。
⑥ 同②，頁二〇八至二〇九。
⑦ 同②，頁三十五。
⑧ 同②，頁三十五。
⑨ 同②，頁一六六。

《楚辭》的修辭手法

一、前言

修辭在追求「美」，藝術亦在追求「美」。《楚辭》的修辭之美，美不勝收。本文以修辭手法，以《楚辭》原文爲緯，闡析《楚辭》的修辭藝術。茲析論《楚辭》的修辭技巧，約有數端。

二、譬喻法

所謂譬喻法，是指《楚辭》以彼喻此的一種修辭方法。《楚辭》運用譬喻法甚夥，尤其是〈離騷〉最多，誠如王逸所云：「〈離騷〉之文，依詩取興，引類譬諭。故善鳥、香草以配忠貞，惡禽、臭物以比讒佞；靈修、美人以媲於君，虙妃、佚女以譬賢臣；虬龍鸞鳳，以託君子，飄風，雲霓以爲小人；其辭溫而雅，其義皎而朗，凡百君子，莫不慕其清高，嘉其文采，哀其不遇，而愍其志焉。」①劉勰亦云：「楚襄信讒，而三閭忠烈，依《詩》製〈騷〉，諷兼比興。」②《楚辭》除〈離騷〉運用譬喻法綦多外，尚有〈九歌．湘夫人〉云：

九嶷繽兮並迎，靈之來兮如雲。

此言九嶷山上的神靈來迎接湘夫人，神靈的下降如彩雲一般的飄落。「靈之來兮」，是喻體；「如」，是喻詞；「雲」，是喻依；因此全句是譬喻法的明喻。「雲」，是形容很多的樣子。又如〈九歌・國殤〉云：

旌蔽日兮敵若雲，矢交墜兮士爭先。

「旌蔽日兮敵若雲」，形容敵人很多的樣子。「矢交墜兮士爭先」，意謂兩軍對峙，流矢交墮，壯士勇猛爭先殺敵。「敵」，是喻體；「若」，是喻詞；「雲」，是喻依。「雲」，也是形容很多的樣子。「敵若雲」，意謂敵人很多如雲層密布。又如〈九歌・雲中君〉云：

浴蘭陽兮沐芳，華采衣兮若英。

此言先沐浴，再穿五色的彩衣如花一般的漂亮。「華采衣兮」，是喻體；「若」，是喻詞；「英」，是喻依；因此全句是譬喻法中的明喻。「英」，是指「花」。又如〈九歎・惜賢〉云：

俟時雨之清激兮，愈氛霧其如壓。

此言等待世風清明，氛霧之氣卻聚集像塵埃籠罩。「愈氛霧」，是喻體；「如」，是喻詞；「壓」，是喻依；因此全句也是譬喻法中的明喻。「壓」，是「塵埃」之意。此外，又如〈九歎・遠游〉云：「服覺皓以殊俗兮，貌揭揭以巍巍，譬若王僑之乘雲兮，載赤霄而凌太清。」這也是譬喻法。又如〈九歎・遠游〉云：「譬彼蛟龍乘雲兮，汎淫澒溶紛若霧兮。」這也是譬喻法。

《楚辭》也有運用譬喻法中的略喻，例如〈卜居〉云：

黃鐘毀棄，瓦釜雷鳴；讒人高張，賢士無名。

全句當作「讒人高張，賢士無名；（如）黃鐘毀棄，瓦釜雷鳴」。將「賢士」比方作「黃鐘」，「讒人」比方作「瓦釜」。「讒人高張，賢士無名」，是喻體；「如」，是喻詞，省略；「黃鐘毀棄，瓦釜雷鳴」，是喻依；因此全句是譬喻法中的略喻。「黃鐘毀棄」，比喻賢士不被聖明君主任用，如黃鐘被毀棄，因此賢士沒沒無聞。「瓦釜雷鳴」，比喻小人被昏君重用，昏君聽信小人讒言，陷害忠良，因此讒人囂張、高張。又如〈漁父〉云：

屈原曰：「舉世皆濁我獨清，眾人皆醉我獨醒，是以見放。」

此言屈原的高風亮節，由於小人陷害，以致被放逐。「舉世皆濁我獨清，眾人皆醉我獨醒」。當作「舉世皆濁我獨清，（如）眾人皆醉我獨醒」。「舉世皆濁我獨清」，是喻體；「如」，是喻詞；「眾人皆醉我獨醒」，是喻依；因此全句是譬喻法中的略喻。「眾人皆醉我獨醒」，是具體；「舉世皆濁我獨清」，是抽象；這是具體說明抽象，也是譬喻法的功用。

三、類疊法

所謂類疊法，是指《楚辭》運用重疊或間隔相同的字句的一種修辭方法。《楚辭》運用類疊法綦多，例如〈離騷〉云：

芳菲菲而難虧兮，芬至今猶未沬。

此言屈原行爲純美，芬芳勃勃，久而彌盛；易言之，屈原雖遭遺棄，猶不肯隨波逐流，宛如花之芬芳，未曾稍減。「芳菲菲」，是鑲疊法。「菲菲」，是類疊中的疊字。又如〈離騷〉云：

　　鳳皇翼其承旂兮，高翱翔之翼翼。

此言屈原動順天道，嘉忠正，懷有德，誠如鳳凰隨車，敬承旂旗，高飛翺翔，翼翼而和。「翼翼」，形容飛動整齊平和的樣子。「翼翼」，是類疊中的疊字。〈離騷〉運用疊字者甚多，例如「余固知謇謇之爲患兮，忍而不能舍也。」「老冉冉其將至兮，恐脩名之不立。」「矯菌桂以紉蕙兮，索胡繩之纚纚。」「高余冠之岌岌兮，長余佩之陸離。」「女嬃之嬋媛兮，申申其詈予。」「攬茹蕙以掩涕兮，霑余襟之浪浪。」「路曼曼其脩遠兮，吾將上下而求索。」「紛總總其離合兮，斑陸離其上下。」「時曖曖其將罷兮，結幽蘭而延佇。」「皇剡剡其揚靈兮，生余以吉故。」「揚雲霓之晻藹兮，鳴玉鸞之啾啾。」「駕八龍之婉婉兮，載雲旗之委婉。」「抑志而弭節兮，神高馳之邈邈。」此外，又如〈九歌‧東皇太一〉云：「靈偃蹇兮姣服，芳菲菲兮滿堂。五音紛兮繁會，君欣欣兮樂康。」「菲菲」、「欣欣」，皆是類疊中的疊字。又如〈九歌‧雲中君〉云：「靈連蜷兮既留，爛昭昭兮未央。」「靈皇皇兮既降，猋遠舉兮雲中。」「思夫君兮太息，極勞心兮蟲蟲。」「昭昭」、「皇皇」，皆是類疊中的疊字。又如〈九歌‧湘君〉云：「石瀨兮淺淺，飛龍兮翩翩。」「淺淺」、「翩翩」，皆是疊字。又如〈九歌‧湘夫人〉云：「帝子降兮北渚，目眇眇兮愁予。嫋嫋兮秋風，洞庭波兮木葉下。」「眇眇」、「嫋嫋」，皆是疊字。又如〈九歌‧大司命〉云：「紛總總兮九州，何壽夭兮在予？」「老冉冉兮既極，不寖近兮愈疏。乘龍兮轔轔，高駝兮沖天。」「總總」、「冉冉」、「轔轔」，皆是疊字。又如〈九歌‧少司命〉云：「綠葉兮素枝，芳菲菲兮襲予。」「秋蘭兮青青，綠葉兮紫莖。」「菲菲」、「青青」，皆是疊字。又如〈九歌‧東君〉云：「撫余馬兮安驅，夜皎皎兮既明。」「撰余轡兮高駝翔，杳冥冥兮以東行。」「皎皎」、「冥冥」，皆是疊字。又如〈九歌・河伯〉云：「波滔滔兮來迎，魚鄰鄰兮媵予。」「滔滔」、「鄰鄰」，皆是疊字。又如〈九歌・山鬼〉云：「表獨立兮山之上，雲容容兮而在下，杳冥冥兮羌晝晦，東風飄兮神靈雨。」「雷填填兮雨冥冥，猨啾啾兮又夜鳴，風颯颯兮木蕭蕭，思公子兮徒離憂。」「容容」、「冥冥」、「啾啾」、「颯颯」、「蕭蕭」，皆是疊字。除〈九歌〉運用疊字外，〈天問〉也運用疊字，例如：「明明闇闇，惟時何爲？」〈九章〉亦運用疊字，例如〈九章・涉江〉云：「深林杳以冥冥兮，猨狖之所居。」「霰雪紛其無垠兮，雲霏霏而承宇。」〈九章・哀郢〉云：「慘鬱鬱而不通兮，蹇侘傺而含慼。」〈九章・抽思〉云：「心鬱鬱之憂思兮，獨永歎乎增傷。」〈九章・懷沙〉云：「滔滔孟夏兮，草木莽莽。」〈九章・思美人〉云：「獨煢煢而南行兮，思彭成之故也。」〈九章・悲回風〉云：「愁鬱鬱之無快兮，居戚戚而不可解。」〈遠遊〉亦運用疊字，例如：「夜耿耿而不寐兮，魂煢煢而至曙。」〈卜居〉亦運用疊字，例如：「吾寧悃悃款款，朴以忠乎？」〈漁父〉亦運用疊字，例如：「安能以身之察察，受物之汶汶者乎？」〈九辯〉亦運用疊字一例如：「去白日之昭昭兮，襲長夜之悠悠。」《楚辭》運用疊字頗多，亦運用類句，例如〈招魂〉云：

魂兮歸來，去君之恆幹，何為四方些。……

魂兮歸來，南方不可止些，……

魂兮歸來，西方之害，流沙千里些，……

魂兮歸來，北方不以止些，……

魂兮歸來，君無下此幽都些，……

魂兮歸來，入修門些，……魂兮歸來，反故居些。

間隔使用「魂兮歸來」，以招屈原之魂。此外，尚有〈大招〉亦運用類疊中之類句，例如：「魂乎無南，南有炎火千里，蝮蛇蜒只，山林險隘，虎豹蜿只，鰅鱅短狐，王虺騫只，魂乎無南，蜮傷躬只。」間隔使用「魂乎無南」，以闡明魂乎無敢南行，水中多蜮鬼，必傷害於爾躬。

四、設問法

所謂設問法，是指《楚辭》運用自問自答或問而不答的一種修辭方法。《楚辭》運用設問法，不乏其例，例如〈離騷〉云：

不撫壯而棄穢兮，何不改乎此度？乘騏驥以馳騁兮，來吾道夫先路。

此言國君在年德盛壯之時，宜修明政教，捐棄讒佞，勿害賢智，修先王之法；若任用賢智，可成於治。國君任用賢人，屈原得伸展其理想與抱負。易言之，屈原至盼國君勿聽信小人讒言，殘害忠良。屈原以設問法表達，言辭含蓄而婉轉。「不撫壯而棄穢兮，何不改乎此度？」這是問而不答，答案在問題反面的激問，激問的語氣比較委婉。又如〈離騷〉云：

鷙鳥之不群兮，自前世而固然；何方圜之能周兮，夫孰異道而相安？

此言忠正之士，執分守節，不隨俗人，如同鷙鳥執志剛厲，特立不群，因此忠佞不相爲謀，宛若方與圓如何能相合？「何方圜之能周兮，夫孰異而相安？」以設問法闡述忠與奸不能相安，正如方與圓不能相同。一言以蔽之，道不同，不相為謀。「何方圜之能周兮，夫孰異而相安？」這是設問法兼譬喻法。既是設問中的激問，又是譬喻中的略喻。全句當作「夫孰固而相安，(如)何方圜之能周兮」，這是倒裝式的略喻。〈離騷〉尚有運用設問法者，例如：「汝何博謇而好脩兮，紛獨有此姱節？」「衆不可戶說兮，孰云察余之中情？」「夫孰非義而可用兮，孰非善而可服？」「兩美其必合兮，孰信脩而慕之？」「何所獨無芳草兮，爾何懷乎故宇？」「時繽紛其變易兮，又何可以淹留？」

〈九歌〉運用設問法者，亦不乏其例。例如〈九歌・雲中君〉云：

靈皇皇兮既降，猋遠舉兮雲中。覽冀州兮有餘，橫四海兮焉窮？

此言國君如雲神，往來急疾，猋然遠舉，出入奄忽，須臾之間，橫行四海，安有窮極。易言之，屈原思有道之君，故覽之。「覽冀州兮有餘，橫四海兮焉窮？」這是設問中的激問。屈原以設問法，期盼看見有道之君。〈九歌〉尚有運用設問法者，例如〈湘夫人〉云：「麋何食兮庭中？蛟何為兮水裔？」〈大司命〉云：「愁人兮奈何？願若今兮無窮。固人命兮有當，孰離合兮可為？」〈少司命〉云：「夫人自有兮美子，蓀何以兮愁苦？」〈河伯〉云：「靈何為兮水中？」〈山鬼〉云：「留靈脩兮憺亡歸，歲既晏兮孰華予？」〈天問〉通篇運用一百七十二個設問法，上自天文，中及人事，下至地理。〈九章〉運用設問法者，亦不乏其例，例如〈九章・抽思〉云：「初吾所陳之耿著兮，豈至今其庸亡？」「夫何極而不至兮？故遠聞而難虧。」〈悲回風〉云：「軋洋洋之無從兮，馳委移之焉止？」「驟諫君而不聽兮，重任石之何益？」〈卜居〉運用設問法甚多，屈原不知「孰吉孰凶？何去何從？」以十七個設問法請教詹尹，詹尹答以「用君之心，行君之意，龜策誠不能知事。」〈漁父〉亦運用設問法，例如：「世人皆濁，何不淈其泥而揚其波？衆人皆醉，何不餔其糟而歠其醨？」「新沐者必彈冠，新浴者必振衣。安能以身之察察，受物之汶汶者乎？寧赴湘流，葬於江魚之腹中。安能以皓皓之白，而蒙世俗之塵埃乎？」〈九辯〉亦運用設問法，例如「私自憐兮何極？心怦怦兮諒直。」「竊不敢忘初之厚德，獨悲愁其傷人兮，馮鬱鬱其何極？」「莽洋洋而無極兮，忽翱翔之焉薄？」

東方朔〈七諫〉亦運用設問法，例如〈七諫・自悲〉云：「駕青雲以馳鶩兮，班衍衍之冥冥，忽容容其安之兮，超慌忽其焉如？苦衆人之難信兮，願離群而遠舉。」〈謬諫〉云：「駕蹇驢而無策兮，又何路之能極？以直鍼而爲釣兮，又何魚之能得？伯牙之絕弦兮，無鍾子期而聽之。」王褒〈九懷〉亦運用設問法，例如〈九懷・通路〉云：「浮雲兮容與，道原兮何之？」〈危俊〉云：「林不容兮鳴蜩，余何留兮中州？」〈蓄英〉云：「唐虞兮不存，何故兮久留？」〈陶壅〉云：「覽杳杳兮世惟，余惆悵兮何歸？」劉向〈九歎〉設用設問法者，例如〈九歎・繽紛〉云：「讒夫藹藹而漫著兮，曷其不舒予情？始結語於廟堂兮，信中塗而叛之。」王逸〈九思〉運用設問法者，例如〈九思・逢尤〉云：「走𨚍罔兮乍東西，欲竄伏兮其焉如？念靈閨兮隩重深，願竭節兮隔無田。」《楚辭》運用設問法，多半運用問而不答的激問。

五、排比法

所謂排比法，是指《楚辭》運用同一性質、同一範圍、結構相似的一種修辭方法。《楚辭》運用排比法頗多，例如〈離騷〉云：

皇覽揆余於初度兮，肇錫余以嘉名：名余曰正則兮，字余曰靈均。

此言屈原乃父命名曰正則，以「正平可法則者，莫過於天」①；賜字曰靈均，以「養物均調，莫神於地」②；易言之，上可法天，下可法地。伯庸期盼屈原上能安君，下能養民。「名余曰正則兮，字余曰靈均。」就整體而言，是單句排比。就部分而言，是類疊兼對偶。間隔使用相同的「余曰」二字，是類疊中的類字。「名」與「字」、「正則」與「靈均」，是對偶。又如〈九歌．湘夫人〉云：

捐余袂兮江中，遺余褋兮醴浦；寒汀洲兮杜若，將以遺兮遠者。

此言屈原託與湘夫人共鄰而處，舜迎之而去，無所依靠；易言之，湘夫人既去，君復背己，一無所用，故求高賢之士，共修道德，因此既詒湘夫人以袂褋，又遺遠者以杜若，好賢不已。「捐余袂兮江中，遺余褋兮醴浦。」就整體而言，是排比；就部分而言，是類疊兼對偶。間隔使用「余」、「兮」，是類疊中的類字。「捐」對「遺」，皆是動詞，又是平仄相對，是嚴對。「袂」對「褋」，皆是名詞，是對偶。「江」對「醴」，「中」對「浦」，皆是對偶。〈天問〉亦運用排比法者，例如：「何所冬暖？何所夏寒？」就整體而言，是排比；就部分而言，是類疊兼對偶、映襯。間隔使用的「何所」，是類疊中的類字。「名」對「夏」，既是名詞相同，又是平仄相對，屬於嚴對。「暖」與「寒」，既是對偶，又是映襯。

〈九章〉亦運用排比法者，例如〈九章．涉江〉云：「與天地兮同壽，與日月兮同光。」就整體而言，是排比；就部分而言，既是類疊，又是對偶。間隔使用相同的「與」字、「兮」字、「同」字，是類疊中的類字。「天地」與「日月」、「壽」與「光」，既是名詞相同，又是對偶。〈卜居〉亦運用排比法者，例如：「尺有所短，寸有所長，物有所足，智有所不明，數有所不逮，神有所不通。」「尺有所短，寸有所長。」就整體而言，是排比；就部分而言，既是類疊，又是對偶，也是映襯。間隔使用相同的「有所」二字，是類疊中的類字。「尺」與「寸」、「短」與「長」，既是對偶，又是映襯。「物有所不足，智有所不明，數有所不逮，神有所不通。」就整體而言，是排比；就部分而言，是類疊。間隔使用相同的「有所不」三字，是類疊中的類字。〈漁父〉亦運用排比法者，例如：「新沐者必彈冠，新浴者必振衣。」就整體而言，是排比；就部分而言，既是類疊，又是對偶。間隔使用相同的「新」字、「者」字、「必」字，皆是類疊中的類字。「沐」與「浴」、「彈」與「振」、「冠」與「衣」，皆是對偶。「彈」與「振」，既是動詞相同，又是平仄相對，是對偶中的嚴對。

六、映襯法

所謂映襯法，是指《楚辭》運用正反強烈對比的一種修辭方法。《楚辭》運用映襯法者甚多，例如〈離騷〉云：

> 何昔日之芳草兮，今直為此蕭艾也？豈其有他故兮，莫好脩之害也！

此言士民變曲為直，以上不好用忠正之人，害其善志，以往日明智之士，今皆佯愚，狂惑不顧，宛如往昔芬芳之草，今則變為蕭艾之賤草。蕭艾之賤草，以喻不肖，是以「蕭艾」屬於譬喻中的借喻。「昔」與「今」，是正反對比的映襯。「芳草」與「蕭艾」，亦是正反對比的映襯。又如〈九歌・少司命〉云：

> 入不言兮出不辭，乘回風兮載雲。悲莫悲兮生別離，樂莫樂兮新相知。

此言司命乘風載雲，不可復見，以喻君之心與屈原相背。易言之，屈原認爲自己無新相知之樂，而有生別離之憂；以喻屈原起初近君而樂，復去君而悲。「悲」與「樂」，是正反對比之映襯。又如〈九章・懷沙〉云：

> 變白以為黑兮，倒上以為下。鳳皇在笯兮，雞鶩翔舞。

此言聖人困厄，小人得志。作者以「白」、「上」、「鳳凰」，譬喻聖人；以「黑」、「下」、「雞鶩」，譬喻小人。「變白以爲黑兮」，是映襯；「倒上以爲下」，也是映襯；「鳳篁在笯兮，雞鶩翔舞」，亦是映襯。「白」與「黑」、「上」與「下」、「鳳皇」與「雞鳩」，皆是正反對比的映襯。此外，又如〈遠遊〉云：「往者余弗及兮，來者吾不聞。」「來」與「往」，是正反對比的映襯。又如〈卜居〉云：「世溷濁而不清，蟬翼爲重，千鈞爲輕。」「蟬翼爲重」，譬喻親近佞讒的小人；「千鈞爲輕」，譬喻遠離忠良的君子。「蟬翼」與「千鈞」、「輕」與「重」，皆是正反對比的映襯。〈卜居〉尚有運用映襯法者，例如：「黃鐘毀棄，瓦釜雷鳴。」「讒人高張，賢士無名。」「寧昂昂若千里之駒乎？將氾氾若水中之鳧乎？」「寧與騏驥亢軛乎？將隨駑馬之跡乎？」「寧與黃鵠比翼乎？將與雞鶩爭食乎？」「黃鐘」與「瓦釜」、「讒人」與「賢士」、「千里之駒」與「水中之鳧」、「麒驥」與「駑馬」、「黃鵠」與「雞鶩」，皆是正反對比的映襯。

〈漁父〉亦運用映襯法者，例如：「舉世皆濁我獨清，衆人皆醉我獨醒。」「滄浪之水清兮，可以濯吾纓；滄浪之水濁兮，可以濯吾足。」「安能以身之察察，受物之汶汶者乎？」「安能以皓皓之白，而蒙世俗之塵埃乎？」「濁」與「清」、「醉」與「醒」、「水清」與「水濁」，皆是正反對比的映襯。此外，〈九辯〉亦運用映襯法者，例如：「去白日之昭昭兮，襲長夜之悠悠。」「去」與「襲」、「昭昭」與「悠悠」，皆是對偶。「白日」與「長夜」，既是對偶，又是映襯。「白日」與「長夜」，是正反對比的映襯。又如東方朔〈七諫〉云：「往者不可及兮，來者不可待。」「往者」與「來者」，是正反對比的映襯。

七、對偶法

所謂對偶法，是指《楚辭》運用兩兩相對，或平仄相對，或詞性相同的一種修辭方法。《楚辭》運用對偶法者，例如〈離騷〉云：

朝飲木蘭之墜露兮，夕餐秋菊之落英，苟余情其信姱以練要兮，長顑頷亦何傷！

此言衆人欲飽於財利，惟獨屈原欲飽於仁義，是以屈原雖飢而不飽，亦何所傷病。「朝飲木蘭之墜露，夕餐秋菊之落英」，是對偶。「朝」對「夕」，既是詞性相同，又是平仄協調，也是意義相反之對偶。「飲」與「與」，皆是動詞，也是對偶。「餐」，原是名詞，此處當動詞用，這是轉品。「木蘭」對「秋菊」，既是詞性相同，又是平仄協調的對偶。「墜」與「落」，皆是動詞，也是對偶。「露」與「英」，皆是名詞；既是詞性相同，又是平仄協調的對偶。又如〈九歌．國殤〉云：

凌余陣兮躐余行，左驂殪兮右刃傷。

此言敵人侵入屯陣、行伍，左馬被殺死，右馬被砍傷。易言之，描述敵人入侵的概況。「凌」與

「躐」，皆是動詞；既是詞性相同，又是平仄協調的對偶。「陣」與「行」，皆是名詞；既是詞性相同，又是平仄協調的對偶。「左」與「右」、「驂」與「刃」、「殪」與「傷」，皆是對偶。「驂」與「刃」，皆是名詞；既是詞性相同，又是平仄協調的對偶。「殪」與「傷」，皆是動詞；既是詞性相同，又是平仄協調的對偶。〈國殤〉運用對偶法者，尚有「操吳戈兮被犀甲，車錯轂兮短兵接。」「霾兩輪兮縶四馬，援玉枹兮擊鳴鼓。」「天時墜兮威靈怒。」「帶長劍兮挾秦弓。」「操」與「被」，皆是動詞，是詞性相同的對偶。「吳戈」與「犀甲」，皆是名詞，是詞性相同的對偶。「操吳戈兮被犀甲」，是當句對。「霾」與「縶」，皆是動詞；既是詞性相同，又是平仄協調的對偶。「援」與「擊」，皆是動詞，是詞性相同的對偶。「玉枹」與「鳴鼓」，是對偶。「援玉枹兮擊鳴鼓」，是當句對。「天時墜兮威靈怒」，也是當句對。「天時」對「威靈」，「墜」對「怒」。「帶長劍兮挾秦弓」，也是當句對。「帶」與「挾」，皆是動詞，也是對偶。「長劍」與「秦弓」，亦是對偶。此外，又如〈禮魂〉云：「春蘭兮秋菊，長無絕兮終古。」「春蘭兮秋菊」，也是當句對。「春」與「秋」，「蘭」與「菊」，皆是詞性相同的對偶。「蘭」與「菊」，又是平仄協調的對偶。

又如〈漁父〉云：

> 屈原既放，游於江潭，行吟澤畔，顏色憔悴，形容枯槁。

此言屈原被放逐的表情，十分窮苦潦倒。「顏色憔悴，形容枯槁」，是當句對。「顏色」與「形容」，皆是名詞，是詞性相同的對偶。「憔悴」與「枯槁」，皆是形容詞，也是詞性相同的對偶。又如〈九辯〉云：「去鄉離家兮徠遠客。」「去鄉離家」，是當句對。「去」與「離」，既是詞性相同，又是平仄協調的對偶。又如王逸〈九思・逢尤〉云：「悲兮愁，哀兮憂，天生我兮當闇時。」「悲兮愁，哀兮憂。」是當句對。「悲」對「哀」，「愁」對「憂」。

八、結　語

《楚辭》不止運用譬喻法、類疊法、設問法、排比法、映襯法、對偶法，亦運用轉品。此外，尚有運用倒裝法，例如〈九歌・東皇太一〉云：「吉日兮辰良，穆將愉兮上皇。」「吉日兮辰良」，當作「吉日兮良辰」。又如〈九歌・湘君〉云：「君不行兮夷猶，蹇誰留兮中洲。」全局當作「君不行兮猶夷，蹇留誰兮洲中。」又如〈九辯〉云：「悲哉秋之爲氣也。」全句當作「秋之氣也悲哉！」又有運用頂針法者，例如〈九歌・湘君〉云：「望涔陽兮極浦，橫大江兮揚靈，揚靈兮未極，女嬋媛兮爲余太息。」上句用「揚靈」，下句亦用「揚靈」，這是句子頂針。又如〈九歌・大司命〉云：「羌愈思兮愁人。愁人兮奈何？」上下句皆使用「愁人」，這也是句子頂針。若再深入探析，尚有很多修辭技巧，囿於篇幅，不再贅述。

【附　註】

① 見王逸注《楚辭》，頁四，臺北：漢京文化事業有限公司印行，民國七十二年九月初版。

② 同註①。

論譬喻的分類

一、前言

譬喻，也叫做比喻，又名譬、比、打比方，《論語·望也》、《墨子·小取》稱爲「譬」，《文心雕龍·比興》叫做「比」，我們通常說「打比方」。大陸修辭學專家學者都說「比喻」，臺灣修辭學專家學者爲了不與「比擬」的「比」混淆，是以都稱爲「譬喻」。「譬喻」一詞，最早見於王符《潛夫論·釋難》：「夫譬喻也者，生於直告之不明，故假物之然否以彰之。」

有關「譬喻」的最早言論，見於《論語·雍也》：「夫仁者，己欲立而立人，己欲達而達人。能近取譬，可謂仁之方也矣。」其次是《墨子·小取》：「辟（同譬）也者，舉也（同他）物而以明之也。」再其次是《荀子·非相》：「談說之術，矜持以蒞之，端誠以處之，堅彊以持之，分別以喻之，譬稱以明之。」《論語》的「能近取譬」，《墨子》的「辟也者，舉也物以明之也」，《荀子》的「譬稱以明之」，都是有關「譬喻」的理論。但「譬喻」的分類，卻以梁朝劉勰《文心雕龍》爲最早，其次是宋代陳騤《文則》，民間以來也有很多修辭學專家學者論及。本文擬先闡析各家分類的良窳，再撢究何種分類較爲適宜。

二、各家的譬喻分類

我國古今論譬喻的分類，雖然衆說紛紜，見仁見智，莫衷一是，但經過分析、比較，可以歸納爲二分法、三分法、五分法、七分法、十分法、十二分法、二十四分法，茲分別析論之。

㈠譬喻的二分法

所謂譬喻的二分法，是把譬喻分爲兩種類別來闡明修辭技巧的方法。最早運用譬喻的二分法，是劉勰，他在《文心雕龍．比興》說：

金錫以喻明德，珪璋以譬秀民，螟蛉以類教誨，蜩螗以寫號呼，澣衣以擬心憂，卷席以方志固。凡斯切象，皆比義也。至如麻衣如雪，兩驂若舞，若斯之類，皆比類者也。

劉勰將譬喻分爲比義和比類兩種。所謂比義，是用事義來互相比附，即以事物譬喻義理。以金錫喻明德，以珪璋譬秀民，以螟蛉類教誨，以蜩螗寫號呼，以澣衣擬心憂，以卷席方志固，都是以事物來比方說明情理。所謂比類，是以事類相比附，即以事物譬喻形貌。以麻衣喻雪，以兩驂譬舞，都是以事物來比方闡明形貌。劉氏譬喻的分類，是依內容而分，分類雖然簡略，但有首創之功。迨至民國，唐鉞《修辭格》把譬喻分爲明比與暗比兩種。明比是句中有譬喻詞（猶、如、若、好像、彷彿等，叫做譬喻詞）的譬喻，暗比是沒有譬喻詞的譬喻。明比，是一所謂的明喻。暗比，是一般所說的暗喻，又名隱喻。唐氏譬喻的分類，是依形式而分，稍嫌簡略。

㈡譬喻的三分法

所謂譬喻的三分法，是將譬喻分爲三種類別來論釋修辭技巧的方法。最早運用譬喻的三分法，是陳望道。他在《修辭學發凡·第五篇積極修辭一》把譬喻分爲明喻、隱喻、借喻三類。所謂明喻，是分別用另外事物來比擬文中事物的譬喻。正文與譬喻兩個成分不僅分明分揭，且有分野，在這兩個成分之間，常有「好像」、「如同」、「彷彿」、「一樣」或「猶」、「若」、「如」、「似」之類的譬喻詞。例如：《莊子·山木》：「君子之交淡若水，小人之交甘若醴。」用「若」字作譬喻詞。《舊約·雅歌》：「我的佳偶在女子中，好像有合花在荆棘內。」用「好像」二字作譬喻詞。所謂隱喻，是比明喻更進一層的譬喻。明喻的形式是「甲如同乙」，隱喻的形式是「甲就是乙」；明喻在形式上只是類似的關係，隱喻在形式上卻是相合的關係①。明喻，如「君子之德如風，小人之德如草」；隱喻如「君子之德，風也；小人之德，草也」。比隱喻更進一步的，便是借喻。借喻是把譬喻用作正文的代表，如《論語·子罕》：「歲寒，然後知松柏之後凋也。」「歲寒、然後知松柏之後凋也」，比喻人在濁世才見得君子守正不阿。依陳氏說法，省略正文、譬喻詞，只剩下譬喻，這種情形叫做借喻。

主張譬喻的三分法，還有宋文翰《國文修辭學》將譬喻的辭格分爲明喻、暗喻、借喻三種。明喻，或稱直喻，也叫隱比。暗喻和明喻的區別，在形式上，明喻成「甲如乙」，暗喻成「甲是乙」的公式②。「聖人之於人，猶鳳凰之於飛鳥」，是明喻；若改寫「聖人乃人中之鳳凰」，或「聖人，人中之鳳凰也」，是暗喻。宋氏譬喻的三分法，是沿襲陳望道的《修辭學發凡》。徐芹庭先生《修辭學發微》、張嚴先生《修辭論說與方法》、董季棠先生《修辭析論》也同樣主張譬喻的三分法，說法與陳氏大同小異。

六十九年十二月大學成立中國修辭學會，不少地區相繼成立分會，有些高等學校開設「修辭學」課程，因此出現了研究「修辭學」的一個新高潮，於是著作也如雨後春筍地產生。主張譬喻的三分法很多，如黎運漢、張維耿合著《現代漢語修辭學》，他們將譬喻分爲明喻、隱喻、借喻三種。明顯地用喻體來比喻本體，叫做明喻。有的修辭書叫做直喻或顯比。它的基本結構方式是「甲像乙」，本體、喻體、喻詞同時出現。把喻體和本體說成同一個東西，叫做隱喻，有的修辭書叫做暗喻。它的基本結構方式是「甲是乙」，本體、喻體、喻詞，也同時出現。古漢語常用「也」、「爲」、「是」來聯繫本體和喻體，現代漢語則常用「是」、「就是」、「等於」等，也有省略喻詞的。借喻體來代替本體，叫做借喻。不用喻詞，也不說本體，而直接以喻體代本體。它的基本結構方式是乙代替甲。明喻、隱喻、借喻的區別：明喻說甚麼像甚麼，表明兩種事物的相似，本體居主要地位；隱喻說甚麼是甚麼，表明兩種事物相融合，本體和喻體同等重要；借喻是借甚麼代甚麼，喻體反而居於主要地位③。黎、張二氏將明喻、隱喻、借喻的意義、結構，闡述得更清晰，尤其是三者的區別，說明得更鞭辟入裡。還有主張譬喻三分法的學者專家，如錢覺民、李延祐合編《修辭知識十分講》、劉煥輝、林承璋、鄭頤壽、胡國慶、黎運漢、潘曉東合編《新編修辭學》、姚殿芳、潘兆明合著《實用漢語修辭》、蔣希文《修辭淺說》、楊淑璋、楊從潔、潘維桂、王漫宇合撰《現代漢語》，都是同樣把譬喻分爲明喻、暗喻、借喻三種，張靜、鄭遠漢主編《修辭學教程》和吳士文《修辭格論析》都將譬喻分爲明飾、隱喻、借喻三種，只是譬喻三個要素的名稱，與陳望道迥然不同，陳氏譬喻的成分是正文、譬喻詞、譬喻，他們卻改為本體、喻詞、喻體，但這些說法並非最好，筆者以為我的老師黃慶萱教授分為喻體、喻詞、喻依較佳，沈謙先生《修辭學》也贊同此說。沈氏說：

盱衡各家的意見，仍以黃慶萱《修辭學》對於譬喻的闡論最為中肯。黃氏將譬喻的成分分作三部分：㈠喻體：所要說明的事物主體。㈡喻依：用來比方說明此一主體的另一事物。㈢喻詞：聯接喻體和喻依的語詞。又譬喻的種類，由於喻體、喻詞之省略或改變，可以分作明喻、隱喻、略喻、借喻、假喻五種。④

黃教授先詮解喻體、喻詞、喻依的眞諦，再運用在譬喻的三個成分，而加以分類。這三個成分都有「喻」字，表示「譬喻」的特徵，而「體」、「詞」、「依」各依照其位置，以顯現其意義，因此沈氏贊成其說法，筆者也以此說為佳，良有因也。

㈢譬喻的五分法

所謂譬喻的五分法，是把譬喻分為五種類別來闡述修辭技巧的方法。最早運用譬喻的五分法，是黃慶萱教授。黃教授在《修辭學・第十二章譬喻》把譬喻分為明喻、隱喻、略喻、借喻、假喻五種。凡「喻體」、「喻詞」、「喻依」三者具備的譬喻，叫做「明喻」。如吳怡《一束稻草・愁》：「愁，好像味精，少放一點，滋味無窮，多放了，就要倒盡胃口。」「愁，好像味精。」是明喻。「愁」，是「喻體」。「好像」，是「喻詞」。「味精」，是「喻依」。凡具體「喻體」、「喻依」，而「喻詞」由「繫詞」如「爲」、「是」等代替者，叫做「隱喻」。如徐志摩〈再別康橋〉：「那河畔的金柳，是夕陽中的新娘。」「那河畔的金柳」是「喻體」，「是」是「喻詞」，「夕陽中的新娘」是「喻依」。這句是屬於「隱喻」。凡將「喻體」、「喻詞」省略，只剩下「喻依」，叫作「借喻」。如《孟子・梁惠王》：「簞食壺漿以迎王師，豈有他哉？避水火也。」這句的原型應該是「暴政如水火」。「暴政」是「喻體」，「如」是「喻詞」，「水火」是「喻依」。凡省略「喻詞」，只有「喻體」、「喻依」的譬喻，：「舊恨春江流不盡，新恨雲山千疊。」「舊恨」是「喻體」，「春江流不盡」是「喻依」，省略「喻詞」（如字叫做「略喻」。如辛棄疾〈念奴嬌〉）。「新恨」是「喻體」，「雲山千疊」是「喻依」，也省略「喻詞」（如字）。因此，這兩句都是「略喻」。假喻實在不是譬喻，既沒有「喻體」，也沒有「喻依」，唯然也用「譬如」、「比方」等詞，只是舉例性質，也不能算「喻詞」，如梁實秋《雅舍小品・衣裳》：「西裝是有一定的標準的。譬如：做褲子的材料要厚。」「譬如：做褲子的材料要厚」，只是「舉例說明」的性質。有時用「似」、「像」、「好像」以表示「未確定」的語氣，也屬於「假喻」，如「這本書好像是他的」。黃教授也承認「假喻」不能算「譬喻」，因此譬喻只分爲明喻、隱喻、借喻、略喻四種，但假喻可以說明文辭的現象，還是有參考價值。

沈謙先生《修辭學・第一章譬喻》根據黃教授四種，再增博喻，總計可分作五類。「博喻」又稱「連比」，用兩個或兩個以上的喻依譬喻形容同一個喻體，如此入不同角度反復設喻，頗能加強語意，增添氣勢，使文氣更盛，說服力更強。如劉鶚《老殘遊記》：「那雙眼睛，如秋水，如寒星、如寶珠，如白水銀裡頭養著兩丸黑水銀。」連用四個喻詞「如」字，四個喻依：秋水、寒星、寶珠、白水銀裡頭養著兩丸黑水銀。博喻的譬喻方式有四種：以明喻組成的博喻、以隱喻組成的博喻、以略喻組成的博喻，以借喻組成的博喻⑤。筆者將博喻以連續式分別歸入明喻、隱喻、略喻、借喻，詳見「本文三、適當的譬喻分類」。綜上所論，黃、沈二氏雖然是譬喻的五分法，但其實只是譬喻的四分法而已。

四譬喻的七分法

所謂譬喻的七分法，是將譬喻分作七種類別來詮釋修辭技巧的方法。目前譬喻的七分法，只有鄭業建。鄭氏在《修辭學・第八章辭格之修飾》將譬喻分為直喻、隱喻、引喻、博喻、借喻、交喻、反喻七種。直喻，即一般所說的明喻。宋陳騤《文則・丙》：「直喻者，或言猶，或言若、或言如，或言似，灼然可見。」直喻者，直言以喻之也。清唐彪《讀書作文譜・八》稱為明喻。明喻、隱喻、博喻，前已闡述，茲不贅及。引喻者，鄭業建認為「引彼事物以喻此事物也」⑥。陳騤卻認為「援取前言，以證其事」⑦。鄭氏舉《書・說命上》：「木從繩則正，后從諫則聖。」以「本從繩則正」，喻「后從諫則聖」，鄭氏認為是「引喻」。就形式而言，其實是「略喻」，前者是喻依，後者是喻體，喻詞省略。陳氏舉《禮記・學記》：「記曰：『蛾子時術之。』其此之謂乎！」陳氏所謂的「引證」，是引文中含有譬喻，因此筆者將此類歸入引證式的略喻。「交喻者，交相為喻也。」⑧有的彼此交喻，有的反正交喻。如衛彪《傒言》：「從善如登，從惡如崩。」從內容看，「善」與「惡」、「登與崩」，是正反對比。從形式看，是兩句明喻。所以筆者將此類歸入正反式的合喻。「反喻者，以相反之事物為喻而反映其理也。」⑨如《孟子・梁惠王上》：「以若所為，求若所欲，猶緣木而求魚也。」

就內容而言，是相反之事物；但就形式而言，是明喻；因此，筆者將這類歸入相反式的明喻。鄭氏的譬喻七分法，經過析論後，其實只是三分法而已。

(五)譬喻的十分法

所謂譬喻的十分法，是將譬喻分為十種類別來詮釋修辭技巧的方法。宋代陳騤《文則．丙》把譬喻分為直喻、隱喻、類喻、詰喻、對喻、博喻、簡喻、詳喻、引喻、虛喻。直喻、博喻、引喻，前已論述，不再贅及。類喻是「取其一類，以次喻之」⑩。如賈誼《新書．階級》：「天子如堂，群臣如陛，衆庶如地。」堂、陛、地，是同一類。其實這三句都是明喻。所謂詰喻，「雖為喻文，似成詰難」⑪。如《論語．季氏》：「虎兕出於神，龜玉毀於櫝中，是誰之過歟？」「虎出於柙，龜玉毀於櫝中」，是借喻相的責任。全句是借喻兼反問，筆者歸入疑問式的略喻。對喻是「先比後證，上下相符」⑫。如《莊子．大宗師》：「魚相忘乎江湖，人相忘乎道術。」此句就一般而言，屬於略喻，筆者將此類歸入引證式的略喻。簡喻是「其文雖略，其意甚明」⑬。如《左傳．襄公二十四年》：「名，德之輿也。」一般而言，這句是「隱喻」。就內容而言，筆者將此類歸入正面式的譬喻；就形式而言，可歸入單一式的隱喻。詳喻是「須假多辭，然後義顯」⑭。如《荀子．大略》：「夫耀蟬者，務在乎明其火，振其樹而已，火不明，雖表其樹無益也；今人主有能明其德，則天下歸之，若蟬之歸明火也。」一般而言，這例句是「明喻」，筆者將此類歸入詳敘式的明喻。虛喻是「既不指物，亦不指事」⑮。如《論語．鄉黨》：「其言似不足者。」「似」字表示「未確定」的語氣，此類相當於黃教授所說的「假喻」。陳騤的「隱喻」與現代的「隱喻」迥異。陳氏認爲「隱喻」是「其文雖晦，義則可尋。《禮記・坊記》曰：『諸侯不下漁色。』（國君內取國中，象捕魚然，中網取之，是無所擇。）」⑯依陳氏之說，則「諸侯不下漁色」，應該是「借喻」。因此，沈謙先生說：

陳氏針對經傳中的譬喻手法，歸納為十類，每類並總結規律，舉例說明，相當難得。如果以他的分類與現代修辭學的分類比較，其中的直喻、詳喻、類喻大約相當於現代的略喻，其中的隱喻則相當於現代的借喻⑰。

陳氏的直喻、詳喻、類喻與現代的明喻相同，簡喻與現代的隱喻相同，對喻與現代的略喻相同，隱喻與現代的借喻相同。職是之故，陳氏的譬喻十分法，其實只是譬喻的四分法：明喻、隱喻、略喻、借喻而已。

㈥譬喻的十二分法

所謂譬喻的十二分法，是將譬喻的分爲十二種類別來詮釋修辭技巧的方法。黃民裕《辭格匯編》把譬喻分作三個部分：一是本體（被比的事物或情境），相當於黃慶萱先生的「喻體」；二是喻體（作比的事物或情境，相當於黃氏的「喻依」；三是喻詞（標明譬喻關係的詞）。依三個部分的異同與隱現而言，其基本類型有：明喻、暗喻、借喻三種。除此之外，根據譬喻的三部分的結合情況，其變化形式有九種：博喻、倒裝、反喻、縮喻、擴喻、回喻、互喻、曲喻⑱。明喻、暗喻、借喻、博喻、反喻，前已闡析，不復贅及。一般譬喻是喻體在前，喻依在後；倒喻是喻體和喻依次序顚倒的一種譬喻。

如俗諺：「好鐵要打釘，好男要當兵。」喻體是「好男要當兵」，喻依是「好鐵要打釘」。黃民裕先生歸入倒喻，黃慶萱教授歸入略喻，筆者則歸入倒敘式的略喻。縮喻就是省略喻詞、喻體和喻依直接合成爲有修辭或限制作用的詞組。如魏巍〈誰是最可愛的人〉：「我的思想感情的湖水，在改任奔著。」黃民裕先生以爲「我的思想感情」是喻體，「湖水」是喻依，因此，這句是「縮喻」。其實這句是比擬中的擬物，全句應該是「我的思想感情好像西湖的湖水」。「我的思想感情」是喻體，「好像」是喻詞，「西湖的湖水」是喻依，整句省略了「好像西湖」，這是移情作用的句子。喻體和喻依都是短句，它們常常組成平行句式，有的喻體在前，有的喻體在後，不用喻詞，但其比喻的含義卻很明朗，這種譬喩的擴大形式叫做擴喻，又叫類比。如諺語：「幸福勞動造，紅花汗水澆。」「幸運勞動造」是「喻體」，「紅花汗水澆」是「喻依」，這句是「略喻」。因此，筆者將喻體在前的擴喻，歸入順敘式的略喻；喻體在後的擴喻，歸入倒敘式的略喻。較喻就是譬喻兼比較，即在某一相似點上，喻體超過了（或不及）喻依。這樣可以使喻體的性質、情狀顯得更加顯明，更爲眞切。如郭沫若〈關於文風問題答新觀察記者問〉：「我們四川人還有人用牛糞作燃料，至於那些又長又臭的文章，恐怕連牛糞也不如。」此句言又長又臭的文章不如牛糞，這是相反式的明喻。回喻就是先提出喻體，緊接著又對喻依加以否定，最後引出喻體。這種迂迴式設喻的方法，表面上否定喻依，其實是更巧妙地把喻依跟喻體聯繫起來，使喻體顯得更加生笏。如楊朔〈生命泉〉：「荒野裡偶爾能看見一種樹，樹枝上密密麻麻掛滿果實，那不是果實，都是鳥巢。這種鳥非洲人叫黑頭織鳥，織的巢像口袋一樣，掛在樹枝上。」先以否定方式的隱喻，說明鳥巢不是果實，再以肯定方式的明喻，闡述鳥巢像口袋。這種修辭技巧是屬於明隱式的合喻。設兩個譬喻句，第一個譬喻句先用喻依比方喻體，第二個譬喻句再用喻體比方喻依，這種互相設喻的譬喻形式叫做互喻。其格式爲：甲像乙，乙像甲。如郭沫若〈天上的街市〉：「遠遠的街燈明了，好像閃著無數的明星。天上的明星現了，好像點著無數的街燈。」先用「明星」比方「街燈」，再用「街燈」比方「明星」，這是互相式的合喻，黃民裕先生稱爲互喻。從喻體的某一方面，轉移、聯想到另一方面去，通過這種轉移、聯想使喻依和喻體產生譬喻關係，這種轉一個彎子來設喻的形式，叫做曲喻。如錢鍾書《圍城》：「她的眼睛並不頂大，可是靈活溫柔，反襯得許多女人的大眼睛只像政治家講的大話，大而無當。」「大眼睛」與「大話」，本無內在聯繫，但此處卻借助於「大」字，使二者構成相關。將「大眼睛」比作「大話」，既適合小說情節寫人狀物，更是節外生枝的借題發揮。這例句，黃民裕先生稱爲曲喻，筆者歸入轉移式的明喻，又稱聯想式的明喻。

除了縮喻是比擬(黃慶萱教授稱爲轉化)之外，博喻、反喻、較喻、曲喻相當於現代的明喻，倒喻相當於現代的明喻、略喻，擴喻相當於現代的略喻，回喻互喻相當於合喻，還有原來的明喻、暗喻(又叫隱喻)、借喻，因此黃氏譬喻的十二分法，其實只有譬喻的五分法：明喻、隱喻、略喻、借喻、合喻而已。

(七)譬喻的二十四分法

所謂譬喻的二十四分法，是將譬喻分爲二十四種類別來詮釋修辭技巧的方法。最早運用譬喻的二十四分法，是唐松波、黃建霖主編《漢語修辭格大辭典》把譬喻分作二十四種：明喻（直喻）、暗喻（隱喻）、借喻、潛喻、博喻（復喻、聯比、莎士比亞式比喻）、約喻、縮喻（反客爲主式比喻）、擴喻（類比）、屬喻（性喻）、隱喻、曲喻、聯喻（貫喻）、回喻（迂喻）、擇喻、反喻（非喻）、逆喻（倒喻）、對喻、疑喻、物喻、事喻、互喻、合喻（混喻）、頂喻、較喻（權衡式比喻、較物）。較喻又分爲三小類：爲強喻、弱喻、等喻⑲。明喻、暗喻、借喻、博喻、縮喻、擴喻、回喻、反喻、倒喻、互喻、較喻等十一種辭格，前已闡論，不復贅述。潛喻與借喻相反，只出現喻體而不出現喻依和喻詞的譬喻，這是擬人、擬物，屬於比擬（又叫轉化）。如聞捷〈秘密〉：「姑娘從泉邊汲水歸來了，辮梢上沾著幾滴水珠：歡笑盛開在眼睛、眉毛上。」姑娘的歡笑，像鮮花一樣「盛開在眼睛、眉毛上」，而隱去喻依「鮮花」，通過「盛開」一詞，使人聯想到喻依。約喻和博喻相反，是由一個喻依來說明或描繪幾個喻體的譬喻。如冰心〈觀舞記〉：「看了卡拉瑪姐妹的舞蹈，使人深深地體會一印度的優美悠久的文化藝術：舞蹈、音樂、雕刻、圖畫……都如石一條條的大榕樹上的樹枝，枝枝下垂，入地生根。」「舞蹈、音樂、雕刻、圖畫」都用「大榕樹上的樹枝」作比。喻依只有一個，卻表現了四個喻體的共同特性。筆者將這類歸入單一式的明喻。屬喻是喻依爲屬相或借它物作屬相的譬喻。這種譬喻使用的喻詞通常是「屬」字，如張賢亮〈河的子孫〉：「你過去不是厲害得很麼？我早就說你：你是屬鴨子的——肉煮爛了嘴還煮不爛。」屬喻的基本結構形式是：喻體加屬性喻詞加喻依加相似點。筆者將忑類歸入屬相式的隱喻。隱喻的喻詞用「是」、「爲」，此用「屬」字，如同「是」字、「爲」字。引喻是由喻依或喻體中的一方引出另一方的譬喻。這裡的引喻和陳騤「援取前言，以證其事」的引喻，大異其趣。如朱自清的〈匆匆〉：「燕子去了，有再來的時候；楊柳枯了，有再青的時候；桃花謝了，有再開的時候。但是，聰明的，你告訴我，我們的日子為甚麼一去不復返呢？」「燕子去了」至「有再開的時候」，是喻依。「我們的日子為甚麼一去不復返呢」，是喻體。這例句筆者歸入引出式的略喻。聯喻是後一句中的喻依包容於前一句中的喻依的譬喻。如郭小川〈祝酒歌〉：「祖國是一座花園，北方就是園中的臘梅；小興安嶺是一朵花，森林就是花中的蕊。」這是兩組隱喻的句子，筆者歸入相關式的合喻。擇喻是在排除若干喻體之後，再選擇最能說明喻體的喻依的譬喻。其結構形式大致為：喻體加否定喻依甲加否定喻依乙加喻依丙。如舒婷〈呵，母親〉：「呵，母親，我的甜柔深謐的懷念，不是激流，不是瀑布，是花木掩映中唱不出歌聲的古井。」首先排除兩個不恰當的喻依「激流」和「瀑布」，然後選擇一個比較切合的喻依「花木掩映中唱不出歌聲的古井」，以表現「懷念」之情的「深」、「久」和「難以表達」。筆者將此類歸入選擇式的隱喻。疑喻是將喻依說得似是而非的一種介於疑擬之間的譬喻。其結構形式大致為：喻體加疑類喻詞加喻依。如李白〈靜夜思〉：「床前明月光，疑是地上霜。」這例句筆者歸入疑擬式的隱喻。物喻是作者刻劃的事物與自己所要表達的思想構成相似關係的譬喻。如元朝王和卿《撥不斷・大魚》：「勝神鰲，奪風濤，脊梁上輕負著蓬萊島，萬里夕陽錦背高，翻身就恨東洋小，太公怎鉤？」作者通過描寫大魚，寄喻一個有非凡抱負的人，將不會為利祿所誘，以至上當受騙。這例句筆者歸入描繪式的借喻。事喻是借敘述一個故事去說明一個道理的譬喻。這也是描繪式的借喻。合喻是若干種心喻手法在同一語境下綜合運用的譬喻。如丁玲〈太陽照在桑乾河上〉：「願二姑娘離開了自己的家，就像出了籠子的雀子一樣。她又年輕了。她本來才二十三歲，她是一株野生的棗樹，喜歡冷清的晨風和火辣辣的太陽。」前者是明喻，後者是隱喻，這句兼有兩種譬喻，所以是屬於合喻，筆者歸入明隱式的合喻。頂喻是喻依同時又兼任喻體，而又有別於互喻的一種連鎖式的譬喻。如唐朝趙嘏〈江樓感舊〉：「獨上江樓思緲然，月光如水水如天。」「光光如水水如天」是頂喻，同用兩個「水」字是頂針，並且同用兩個明喻。筆者將這類歸入頂針式的合喻。

還有主張譬喻的二十四分法者，即陸稼祥、池太寧主編《修辭方式例解詞典》，將譬喻分為暗喻、博喻、補喻、倒喻、等喻、對喻、反喻、反客為主的比喻、互喻、回喻、較喻、詰喻、類喻、明喻、強喻、曲喻、弱喻、同位喻、物喻、詳喻、虛喻、音喻、引喻等二十四種⑳。暗喻、博喻、倒喻、等喻、反喻、反客為主的比喻、互喻、回喻、較喻、詰喻、借喻、類喻、明喻、強喻、曲喻、弱喻、物喻、詳喻、虛喻、引喻等，前已闡析，不復贅述。補喻是先說喻體，後面再補上喻依的譬喻。不出現喻詞，喻體和喻依並列，各自成句。喻依既用來說明喻體，又對喻體起補充強調作用。如徐遲〈哥德巴赫猜想〉：「他成了一個踽踽獨行，形單影隻，自言自語，孤苦伶仃的畸零人。長空裡，一隻孤雁。」作者用「踽踽獨行、形單影隻、自言自語、孤苦伶仃」來描寫他，但似乎不夠，再打一個比方來形容他：「長空裡，一隻孤雁」。因省略喻詞，是以筆者將此類歸入補充式的略喻。同位喻是喻體和喻依直接組合在一起，構成復指成分的譬喻。同位喻一定是譬喻。筆者將此類歸入同位式的譬喻。音喻是喻體和喻依在語音上相同或相近的譬喻。如劉熙《釋名》：「武，舞也。」就形式而言，是隱喻；就內容而言，是諧音。因此，筆者將此類歸入諧音式的隱喻。

唐松波、黃建霖主編《漢語修辭格大辭典》與陸稼祥、池太寧主編《修辭方式例解詞典》，雖然都分譬喻爲二十四類，但除潛喻相當於比擬（又叫轉化）外，其他如約喻、頂喻相當於明喻，屬喻、引喻、擇喻、疑喻、同位喻、音喻相當於隱喻，補喻相當於略喻，物喻相當於借喻，聯喻有兩個明喻、也有兩個隱喻，還有合喻是兼明喻與隱喻之譬喻，比較特殊，另立一類。職是之故，雖然有譬喻的二十四分法，其實只有譬喻五分法：明喻、隱喻、略喻、借喻、合喻而已。

三、適當的譬喻分類

我國古今修辭學專家學者對譬喻的分類，大相逕庭，有劉勰《大心雕龍》的二分法，陳望道《修辭學發凡》的三分法，黃慶萱教授《修辭學》的五分法，鄭業建《修辭學》的七分法，陳騤《文則》的十分法，黃民裕《辭格匯編》的十二分法，還有唐松波、黃建霖主編《漢語修辭格大辭典》的二十四分法，雖然種類繁多，分法各異，但經過條分縷析後，發現可按形式、內容來分，再以大類套小類。筆者就結構的形式而言，歸納爲明喻、隱喻、略喻、借喻、合喻五大類，再分若干小類；就義蘊的內容而言，則歸納爲明喻、隱喻、略喻、借喻、合喻五大類，再分若干小類。如此，可以把各家不同的說法，兼容並蓄，且可更明確地看出各類歸屬的狀況與意義。茲闡析之。

㈠就結構的形式而言

（一）明喻：結構形式的明喻，經過分析、比較，可以歸納爲單一式、連續式、詳敘式等三類。

1.單一式：所謂單一式的明喻，是指喻體、喻詞、喻依三者都各有一個的明喻。像直喻、約喻，是屬此類。如《左傳・隱公四年》：「夫兵猶火也。」「兵」是喻依，「猶」是喻詞，「火」是喻依，所以這例句是單一式的明喻。

2.連續式：所謂連續式的冒喻，是指喻體僅有一個，喻詞、喻依各有兩個或兩個以上的明喻。像博喻、復喻、聯比、聯喻、貫喻，是屬此類。如姚鼐〈復魯絜非書〉：「其光也，如杲日，如火、如金鏐鐵。」「其光也」是喻體，「杲日」、「火」、「金鏐鐵」都是「喻依」，三個「如」字都是喻詞，因此這例句是連續式的明喻。

3.詳敘式：所謂詳敘式的明喻，是指對喻依作詳細的描繪或具體的說明，以闡釋喻體的明喻。如詳喻，是屬此類。像蘇洵〈六國論〉：「古人云：『以地事秦，猶抱薪救火。薪不盡，火不滅。』此言得之。」「以地事秦」是喻體。「抱薪救火」是喻依。「薪不盡，火不滅」，是闡述抱薪救火的後果。「猶」是喻詞。因此這例句是詳敘式的明喻。

(二)**隱喻**：又名暗喻。結構形式的隱喻，經過分析、比較，可以歸納為單一式、連續式、屬相式、疑擬式、同位式等五種。

1.單一式：所謂單一式的隱喻，是指喻體、喻詞、喻依各有一個，喻詞係「是」字㉑的隱喻。像簡喻、對喻，是屬此類。如林語堂〈論東西文化幽默〉：「幽默是人類心靈的花朵。」「幽默」是喻體，「是」為喻詞，「人類心靈的花朵」是喻依，喻體、喻詞、喻依各一，所以這例也是單一式的隱喻。

2.連續式：所謂連續式的隱喻，是指喻體、喻詞僅有一個，而喻依有兩個或兩個以上的隱喻。如博喻、連比、聯貫、貫喻，是屬此類。像吳伯簫〈歌聲〉：「它是黑夜的火把，雪天的煤炭，大旱的甘露。人們含著歡喜的眼淚聽這首歌。」「這首歌」是喻體，「是」爲喻詞，「黑夜的火把」、「雪天的煤炭」、「大旱的甘露」都是喻依，因此這例句是連續式的隱喻。

3.屬相式的隱喻：所謂屬相式的隱喻，是指喻依爲屬相或借它物作屬相的隱喻。如屬喻、性喻，是屬此類。如蕭亦農〈紅橄欖〉：「『莊戶人的腦瓜瓜屬蒸熟的山藥蛋，好捏掐呀！』瞎老明悲涼地說。」「莊戶人的腦瓜瓜」是喻體，「屬」是喻依（「屬」字，其實是「好像」之意），「蒸熟的山藥蛋」是喻依，「好捏掐」是相似點，所以這例句是屬相式的隱喻。

4.疑擬式：所謂疑擬式的隱喻，是指將喻依說得似是而非的一種介乎疑擬之間的隱喻。如疑喻，屬於此類。像杜審言〈大酺〉：「梅花落處疑殘雪。」「梅花落處」是喻體，「殘雪」是喻依，「疑」字（含有「好像」之意）是喻詞，因此這例句是疑擬式的隱喻。

5.同位式：所謂同位式的隱喻，是指喻體、喻依在句子同一位置，共同充當句子一個成分，構成同位復指的隱喻。如同位喻，是屬此類。像秦牧〈土地〉：「讓我們對土地傾注更強烈的感情吧！因爲大地母親的鐐銬解除了，現在就看我們怎樣爲我們的大地母親好好工作了。」「大地」是喻體，「母親」是喻依，省略喻詞，「大地」和「母親」有結合關係，所以「大地母親」是同位式的隱喻。

(三) **略喻**：略喻是省略喻詞，僅有喻依、喻依，但二者是類似關係，與隱喻的結合關係迥然不同。結構形式的略喻，經過析論，可以歸納爲單一式、連續式、平列式、順敘式、倒敘式等五種。

1.單一式：所謂單一式的略喻，是指喻體、喻依各有一個，省略喻詞的略喻。如簡喻，是屬此類。像呼嘯〈家園戀〉：「時間，愛情的試金石。」是喻依，喻詞省略，所以這例句是單一式的略喻。

2.連續式：所謂連續式的略喻，是指喻體只有一個，喻依有兩個或兩個以上，省略喻詞的略喻。如博喻，屬此類。像司馬遷《史記・淮陰侯列傳》：「狡兔死，走狗烹；高鳥盡，良弓藏；敵國破，謀臣亡。」「敵國破，謀臣亡」，是喻依；「狡兔死，走狗烹；高鳥盡，良弓藏」，是喻依。一個喻體，兩個喻依，省略喻詞，所以這例句是連續式的略喻。

3.平列式：所謂平行式的略喻，是指省略喻詞，而喻依、喻依的文句，或用對偶，或用排比，上下句平行排列整齊的略喻。如擴喻，是屬此類。像俗諺：「少女心，海底針。」「少女心」是喻體，「海底針」是喻依，上下兩句是對偶，所以這例句是平列式的略喻。又像俗諺：「快織無好紗，快嫁無好家。」「快嫁無好家」是喻體，「快織無好紗」是喻依，上下兩句是排比，因此這例句是平列式的略喻。

4.順敘式：所謂順敘式的略喻，是指省略喻詞，在喻體在前，喻依在後的略喻。一般正常的略喻都是如此，像司馬遷《史記・留侯世家》：「忠言逆耳利於行，良藥苦口利於病。」「忠言逆耳利於行」是喻依，「良藥苦口利於病」是喻依，這例句是順敘式的略喻。

5.倒敘式：所謂倒敘式的略喻，是指省略喻詞，而喻依在前，喻體在後的略喻。如《禮記・學記》：「玉不琢，不成器；人不學，不知道。」「玉不琢，不成器」，是喻依；「人不學，不知道」，是喻體；因此這例句是倒敘式的略喻。

（四）借喻：借喻是省略喻體、喻詞，只剩下喻依，由喻依代替喻體的譬喻。結構形式的借喻，經過闡析，可以歸納爲單一式和連續式兩種。

*1.*單一式：所謂單一式的借喻，是指省指喻體、喻詞，而僅剩下一個喻依的譬喻。一般借喻都是如此，像葉永烈〈智識之花〉：「瞭望宇宙的新『窗口』」。借「窗口」，喻「天文望遠鏡」。全句原型應該是：天文望遠鏡如窗口。「天文望遠鏡」是喻體，「如」是喻詞，「窗口」是喻依，喻體、喻詞都省略，只剩下一個喻依，所以這例句是單一式的借喻。

*2.*連續式：所謂連續式的借喻，是指省略喻體、喻詞，而剩下的喻依必有兩個或兩個以上的借喻。如顧炎武〈廉恥〉：「松柏後凋於歲寒，雞鳴不已於風雨，彼衆昏之日，固未嘗無獨之人也。」作者用「松柏後凋於歲寒，雞鳴不已於風雨」兩句，來借喻君子處在亂世，不改變節操，因此這例句是連續式的借喻。

（五）合喻：合喻指在同一語境下，混合運用兩種譬喻或同時運用兩種相同譬喻的修辭技巧。結構形式的合喻，經過分析、比較，可歸納爲互相式、頂針式、倒敘式、明隱式、雙明式、雙隱式、雙略式等七種。

*1.*互相式：所謂互相式的合喻，是指上下兩句的喻體、喻依互相設喻的合喻；即先用喻依比喻體，再用喻體比喻依的合喻。如互喻、交喻，是屬於此類。像王懷讓〈唱給自己的歌〉：「天上的星星像人的眼睛，我願我的眼睛像天上的星星。」前者「星星」是喻體，「眼睛」是喻依；後者「眼睛」是喻體，「星星」是喻依；兩個「像」字是喻詞；所以這例句是互相式的合喻。

2.頂針式：所謂頂針式的明喻，是指喻依同時兼喻體，且有頂針現象的合喻。如頂喻，是屬此類。像清朝鄭燮〈客發苕溪〉：「客心如水水如愁，容易舊帆趁急流。」「水」字既是前者的喻依，又是後者的喻體，所以「客心如水水如愁」是頂針式的明喻。

3.倒敘式：所謂倒敘式的合喻，是指喻體和喻依相互顛倒的合喻，即喻依在前，喻體在後的合喻。如倒喻，是屬此類。像劉禹錫〈竹枝詞〉：「花紅易裡似郎意，水流無限似儂愁。」「花紅易裡」、「水流無限」，是喻依；兩個「似」字，是喻詞；「郎意」、「儂愁」，是喻體；因此這例句是倒敘式的合喻。

4.明隱式：所謂明隱式的合喻，是指前句用明喻，後句用隱喻，或上句用隱喻，下句用明喻的合喻。如夏影〈岱頂之燈〉：「若山城比作一個妙齡的女子，那麼崇樓下五彩紛呈的霓紅燈，就是她頭上華麗的簪纓了。」前句明喻，後句是隱喻，所以這例句是明隱式的合喻。又如神秀的偈語：「身是菩提樹，心如明鏡臺。」也是屬於此類。

5.雙明式：所謂雙明式的合喻，是指運用兩個明喻的合喻。如李益〈夜上舜降城聞笛〉：「迴樂烽前沙似雪，受降城外月如霜。」前後兩句都是明喻，所以這例句是雙明式的合喻。

6.雙隱式：所謂雙隱式的合喻，是指上下兩句都是隱喻的合喻。如王觀〈卜算子〉：「水是眼波橫，山是眉峰聚。」上下兩句都是隱喻，因此這例句是雙隱式的合喻。

7.雙略式：所謂雙略式的合喻，是指上下兩句都是略喻的合喻。如《論語．顏淵》：「君子之德風，小人之德草。」上下兩句都是略喻，所以這例句是雙略式的合喻。

(二)就義蘊的內容而言

（一）**明喻**：義蘊內容的明喻，經過分析、比較，可以歸納為說理式、反復式、相反式、聯想式、虛假式等五種。

*1.*說理式：所謂說理式的明喻，是指明喻中的喻依，再以說理方式補充闡述。如金華〈簡鏃〉：「秘密像夏天櫥窗中的美味，根本無法長久保留。」「秘密」是喻體；「夏天櫥窗中的美味」，是喻依；「根本無法長久保留」，是喻依的補充說理。

*2.*反復式：所謂反復式的明喻，是指明喻中的喻依，從不同的角度去反復設喻。如博喻，是屬此類。像張曉風〈有願〉：「人能有願，如花之有蕊，燭之有焰，大地之有軸序，該是件極幸運的事。」作者以「花之有蕊」、「燭之有焰」、「大地之有軸序」等三個喻依來闡述「有願」。又如梁實秋《雅舍小品・音樂》：「秋風起時，樹葉颯颯的聲音，一陣陣襲來，如潮湧，如急雨，如萬馬奔騰，如銜枚急走。」作者以「潮湧」、「急雨」、「萬馬奔騰」、「銜枚急走」等四個喻依形容「秒風吹葉的聲音」。

*3.*相反式：所謂相反式的明喻，是指明喻中的喻依，以相反的事物來設喻。如反喻，是屬此類。像《荀子・議兵》：「以桀詐堯，譬之以卵投石。」「以桀詐堯」是喻體，「譬」是喻詞，「以卵投石」是喻依，其意義是相反的事物，所以這例句是相反式的明喻。

*4.*聯想式：所謂聯想式的明喻，是指從明喻中的喻依，通過聯想或轉移，使喻依和喻體產生相似

關係的譬喻，因此又稱爲轉移式的明喻，簡單地說，是隱晦曲折地繞彎子的明喻。如曲喻，是屬此類。像錢鍾書《圍城》：「她的眼睛並不頂大，可是靈活溫柔，反襯得許多女人的大眼睛只像政治家講的大話，大而無當。」其說明詳見「譬喻的十二分法」，不再贅及。

5.虛假式：所謂虛假式的明喻，是指以虛幻的、深奥的、罕見的事物作爲喻依來描寫具體的、淺顯的、常見的事物的明喻。其作用，一在說明，一在描繪。如賀敬之《桂林山水歌》：「雲中的神啊，霧中的仙，神姿仙態桂林的山；情一樣深啊，夢一樣美，如情如夢灕江的水！」桂林的山水太美妙了，客觀上再也找不到實物來比況桂林，於是便以神仙姿態寫桂林的山，以情以夢寫桂林的水。

（二）**隱喻**：義蘊內容的隱喻，經過闡析，可以歸納爲比較式、諧音式、否定式、選擇式、引出式、迂迴式、正反式等六種。

1.比較式的隱喻：所謂比較式的隱喻，是指喻體和喻依在程度上互相比較的隱喻，是指喻體和喻依在程度上互相比較的隱喻。如較喻、強喻、弱喻、等喻、較物、權衡式比喻，是屬此類。像香港韓牧〈一種美麗的小海螺〉：「蹲下去細心觀察，眞使我又驚奇又高興，原來它們（海螺）雖然體積很小，只相當於一粒粒小小的東北大豆（長度約六毫米），但卻是彩色的……」把小海螺比喻成東北大豆，喻詞是「相當於」（含有「好像」的意思），有明顯的比較性。

2.諧音式：所謂諧音式的隱喻，是指喻體和喻依在語音上相同或相近的隱喻。如音喻，是屬此類。像劉征〈播谷記〉：「詩，食也。它不是天女神中的鮮花，而是泥土裡長出的百穀。」「詩」、「食」，是諧音。「詩」是喻體，「食」是喻依。因此，「詩，食也」，是諧音式的隱喻。

3.否定式：所謂否定式的隱喻，是指表面上對喻依否定，實際上仍肯定喻依和喻體間相似關係的隱喻。如陳繼光〈旋轉的世界〉：「他們的愛情可不是盤子裡培育的綠豆芽，根是那麼淺。」「他們的愛情」，是喻依；「是」爲喻詞；「盤子裡培育的綠豆芽」，是喻依；喻詞是否定的，因此這例句是否定式的隱喻。

4.選擇式：所謂選擇式的隱喻，是指在排除在兩個或兩個以上的喻依之後，再選擇最能闡明喻體的喻依的隱喻。如擇喻，是屬此類。像張抗抗〈在丘陵和湖畔，有一個人……〉：「大學——他仰慕渴望的聖壇，不能接近你，眞痛苦。但你畢竟不是人生的終極，不是奮鬥的航標。你只是路邊汲水解渴的一口井，是車行中途的加油站，是一輛小個輪子二百馬力的汽車，你載上人能使它加好行程，早日到達自己的目的地。」作者先提出「大學」，然後否定兩個喻依「人生的終極」和「奮鬥的航標」，最後選擇三個最能充分說明喻體的喻依「汲水解渴的井」、「加油站」和「汽車」。

5.迂迴式：所謂迂迴式的隱喻，是指先否定一個喻依，再提出一個喻依的隱喻。選擇式的隱喻是先排除兩個或兩個以上的喻依，再選一個或兩三個恰當的喻依來說明喻體的隱喻，和迂迴式的隱喻，昭然若指。迂迴式的隱喻，如徐志摩〈再別康橋〉：「那榆蔭下的一潭，不是清泉，是天上的虹。」以「天上的虹」譬喻「一潭（水）」，先否定「清泉」，再提出「天上的虹」，來闡明「一潭（水）」。

6.正反式：所謂正反式的隱喻，是指上下句的喻體是正反意義的隱喻。如古華《芙蓉鎭》：「如果說科學、民主是一對孿生姐妹，封建、愚昧則是在聖殿佛前的兩位金童玉女。」「科學、民主」、「封建、愚昧」，都是喻體，但前者是正面的意義，後者是反面意義，因此這例句是正反式的隱喻。

因為兩個「是」字，是為喻詞：「孿生姐妹」、「金童玉女」，都是喻依。

(三)略喻：義蘊內容的略喻，經過闡論，可以歸納為補充式、引證式、轉移式、引出式等四種。

1. 補充式：所謂補充式的略喻，是指先說喻體，再補上喻依的略喻。喻依既用來闡述喻體，又對喻體起補充強調作用。如補喻，是屬此類。像魯迅《而已集・革命文學》：「我認為根本問題是在作者可是個『革命人』，倘是的，則無論寫的是甚麼事件，用的是甚麼材料，即都是『革命文學』。從噴泉裡出來的都是水，從血管裡出來的都是血。」作者先說喻體「革命人」和「革命文學」的關係，這是立論，雖說得明白易懂，但為了加深印象，緊接著又舉出兩個事例打比方，既是對自己立論的形象化的解釋、闡發，又起了證明、補充、強調的作用。「從噴泉裡出來的都是水」、「從血管裡出來的都是血」，都是喻依。

2. 引證式：所謂引證式的略喻，是指在略喻中，是「喻依」，來證明「喻體」的理論，而「喻依」是引用古人或古書的言論。如《論記・學記》：「比年入學，中年考校，一年視離經辨志，三年視敬業樂群，五年視博習親師，七年視論學取右，謂之『小成』。九年知類通達，強立而不反，謂之『大成』。……記曰：『蛾子時術之。』其此之謂乎！」「一年視離經辨志」至「大成」，是喻體；「蛾子時術之」，是喻依。

3. 轉移式：所謂轉移式的略喻，是指喻體和喻依本不相似，但由於諧音雙關、語義雙關等轉義手法的運用，使不似轉移為相似的略喻。如《北京日報・短評》：「我們也不是樣樣都不行，小到民用產品，大到電子對撞機、衛星等高科技產品，我們也有不少『月亮』，跟不少發達國家產品一樣

『亮』，有些比他們的還『亮』」。作者將產品先比作「月亮」，後用其「亮」字，再比爲質量上的「亮」，轉了兩個彎，因此這例句是轉移式的略喻。

*4.*引出式：所謂引出式的略喻，是指由喻依或喻體中的一方引出另一方的略喻。如劉禹錫〈陋室銘〉：「山不在高，有仙則名；水不在深，有龍則靈。斯是陋室，唯吾德馨。」作者爲了避免行文呆板，末二句求變化，其意即爲：室不在雅，有德則馨。「山不在高」至「有龍則靈」，是喻依；「斯是陋室，唯吾德馨」，是喻體；這例句是由喻依引出喻體，又省略喻詞，所以這例句是引出式的略喻。

（四）借喻：義蘊內容的略喻，是指詮證，可以歸納爲因果式、正反式、反詰式等三種。

*1.*因果式：所謂因果式的借喻，是指喻依含有因果關係的借喻。如俗諺：「一人得道，雞犬升天。」「一人得道」是因，「雞犬升天」是果，整句借喻爲一個人做官，親近他的人，不論有沒有資格、能力，都可靠他去做官。因此這例句是因果式的借喻。

*2.*正反式：所謂正反式的借喻，是指喻依含有正反面意義的借喻。如俗語：「一隻碗不響，兩隻碗叮噹。」「不響」與「叮噹」，是正反面意義。整句借喻爲不和諧，而上下句含有正反面意義，因此這例句是正反式的借喻。

*3.*反詰式：所謂反詰式的借喻，是指喻依含有反問的借喻。如杜牧〈阿房宮賦〉：「長橋臥波，未雲何龍？複道行空，不霽何虹？」借「龍」喻「橋」，借「虹」喻「複道」，而「未雲何龍」、「不霽何虹」，又是反問，因此這例句是反詰式的借喻。

（五）合喻：又名混喻。義蘊內容的合喻，經過分析、比較，可以歸納爲相關式、同類式、正反式等三種。

*1.*相關式：所謂相關式的合喻，是指上下兩句內容相關，且是兩種譬喻的合喻。如李樂薇〈我的空中樓閣〉：「山如眉黛，小屋恰似眉梢的痣一點。」上下兩句都是明喻，且內容相關。所以，這例句是相關式的合喻。又如朱自清〈槳聲燈影裡的秦淮河〉：「黯淡的水光，像夢一般；那偶然閃爍的光芒，就是夢的眼睛了。」前句是明喻，後句是隱喻，內容是相關。因此，這例句也是相關式的合喻。

*2.*同類式：所謂同類式的合喻，是指喻體或喻依都是同類的合喻。如白居易〈長恨歌〉：「芙蓉如面柳如眉。」「芙蓉」、「柳」，是同類；「面」、「眉」，也是面類；且是兩個明喻組成；因此這例句是同類式的合喻。

*3.*正反式：所謂正反式的合喻，是指兩個喻體或喻依是正反意義的合喻。如傅東華〈甚麼是古典主義〉：「古典主義是低眉的菩薩，浪漫主義是怒目的金剛。」「古典主義」與「浪漫主義」、「低眉的菩薩」和「怒目的金剛」，都是正反相對，且上下兩句都是隱喻，所以這例句是正反式的合喻。

譬喻的分類，就結構的形式來說，明喻分為單一式、連續式、詳敘式等三種，隱喻分為單一式、連續式、屬相式、疑擬式、同位式等五種，略喻分為單一式、連續式、平列式、順敘式等五種，借喻分為單一式和連續式兩種，合喻分為互相式、頂針式、倒敘式、明隱式、雙明式、雙隱式、雙略式等七種，共計五大類，二十四種。就義蘊的內容來說，明喻分作說理式、反復式、相反式、聯想式、虛假式等五種，隱喻分作比較式、諧音式、否定式、選擇式、迂迴式、正反式等六種，略喻分作補充式、引證式、轉移式、引出式等四種，借喻分作因果式、正反式、反詰式等三種，合喻分作相關式、同類式、正反式等三種，共計五大類，二十一種。就形式和內容方面，譬喻的分類，總計十大類，四十五種。

四、結論

譬喻的分類，除潛喻、縮喻屬於比擬（又叫轉化）外，儘量把我國古今修辭學專家學者不同的分類，都歸入適當的分類中，但在分析、比較、歸納時，卻發現只有以大類包小類的分類方式，才可以使各家的說法，都能適當地融化在其中。此外，筆者在歸類時，亦有新發現，而增加若干小類，因此才有十大類四十五種。十大類的名稱，其實是五大類，祇是形式、內容之分，可用在教學上。至於四十五種既可用在研究上，又可用在寫作上。尤其是，在寫作上，可激發寫作的靈感，在創作時，可以運用各種小類來聯想寫作相關的材料，深信對創作必然有莫大的裨益。

【附註】

①參閱陳望道《修辭學發凡》，頁七七，上海教育出版社，六十八年九月新一版。

②參閱宋文翰《國文修辭學》，頁一五，新陸書局，六十年十一月出版。

③參閱黎運漢、張維耿《現代漢語修辭學》，頁一〇三至一〇四，商務印書館香港分館，七十五年八月第一版。

④見沈謙先生《修辭學》上冊，頁一六，國立空中大學印行，八十二年二月初版。

⑤詳見④書，頁七六至八六。

⑥ 見鄭業建《修辭學》，頁一五六，正中書局，三十五年二月滬一版。
⑦ 見陳騤《文則》，頁一三，莊嚴出版社，六十八年三月初版。
⑧ 見⑥書，見一六五。
⑨ 見⑥書，見一六六。
⑩ 同⑦。
⑪ 同⑦。
⑫ 同⑦。
⑬ 同⑦。
⑭ 同⑦。
⑮ 同⑦書，頁一四。
⑯ 同⑦。
⑰ 同⑦書，頁一一。
⑱ 參閱黃民裕《辭格匯編》，頁五至一六，湖南人民出版社，七十三年四月第一版。
⑲ 參閱唐松波、黃建霖主編《漢語修辭格大辭典》，頁一至四九，中國國際廣播出版社，七十八年十二月第一版。這本大辭典編委有八人：王少歐、王燕華、何賢景、時學緹、杜建國、康松波、黃建霖、魏威。顧問有張志公和張壽康。
⑳ 參閱陸稼祥、池太寧主編《修辭方式例解詞典》，頁九至二一，浙江教育山版社，七十九年九月第一版，顧問

是倪寶元，編寫人員有陳韜、池太寧、范井水、傅定華、傅惠鈞、黃靈紅、黃興團、姜麗珍、金仁奎、金慧萍、孔秀祥、賴瓊華、李浩、李小勇、劉振舉、陸春祥、陸稼祥、沈錫榮、舒洪祥、萬柏春、王獻花、魏國珍、吳建華、徐根松、徐國強、徐麗華、楊明秋、兪正貽、袁志宏、張漢民、張先亮、張學賢、鍾禮平、周虹、周奐、周一農、周雲等三十七位，責任編輯是潘曉東。

㉑ 這個「是」字，其實是「像」的意思，但用「是」要比「像」意義更強烈深刻。見④書，頁三〇。

論設問的分類

一、前　言

設問，又叫詰問格，也叫問答法，反意問語，問語。唐鉞《修辭格》稱「設問」爲「詰問格」①，陳介白《修辭學講話》。徐芹庭《修辭學發微》稱「設問」爲「問答法」②，傅師隸樸《修辭學》稱「設問」爲「反意問語」③，張弓《現代漢語修辭學》稱「設問」爲「問語」④。

所謂設問，是指在語文中，故意採用詢問語氣，藉以引起對方注意的一種修辭方法。設問的作用，吳正吉《活用修辭》認爲設問具有懸宕引人、提醒注意、醞釀餘韻、強調本意、提引下文、增強語勢等六項作用⑤，陸稼祥、池太寧主編《修辭方式例解詞典》則以設問具有五項作用：一是引人注意，發人思考，強調觀點，加深印象。二是承上啓下，過渡銜接。三是波瀾起伏，避免呆滯。四是提挈全篇，帶動全文。五是用於篇末，餘音不絕。⑥黃師慶萱《修辭學》認爲設問的原則有四項：一是用於篇首，以提起全篇主旨。二是用於篇末，以製造文意餘韻。三是首末均用，以構成前呼後應。四是連續設問，以加強語文氣勢。⑦

設問的分類，多半分爲提問、激問、疑問、懸問；其實，不第此也，尚有各種不同的分類。本文擬先闡析各家分類的優劣，再擇究如何分類比較理想。

二、各家的設問分類

民國以來論設問的分類，雖然衆說紛紜，見仁見智，莫衷一是，但經過分析、比較，可以歸納爲二分法、三分法、四分法、五分法、十一分法。茲分別闡析之。

㈠設問的二分法

所謂設問的二分法，是將設問分爲兩種類別來闡明修辭技巧的方法。最早運用設問的二分法，是唐鉞，他在《修辭格・根於曲折的修辭格》中，將設問分爲說明的詰問、申重的詰問兩種。所謂說明的詰問，是指說明一件事物，自己先發疑問，然後自己作答的一種設問。例如：

何以守位。曰仁。何以正人？曰義。（李康〈運命論〉）

這是「自問自答」的一種「設問」。仁可以守位，義可以正人，作者不以肯答方式敘述，而以設問方式闡述，使文章波瀾起伏，避免呆滯。所以申重的詰問，是指在申重語時，只發問而使讀者自己心中作答的一種設問。例如：

天涯何處無芳草？（蘇軾〈蝶戀花〉詞）

這是「問而不答」的一種「設問」。天涯處處有芳草，作者以設問方式敘述，不僅可以使文章產生波瀾，也可以引人注意，發心思考。

陳望道《修辭學發凡・設問》首先將設問分為提問和激問兩種。⑧所謂提問，是指為提醒下文而設問，這種設問必定有答案在它下文。例如：

客從遠方來，遺我雙鯉魚。呼童烹鯉魚，中有尺素書。長跪讀素書，書中竟何如？上有加餐食，下有長相憶？（無名氏〈飲馬長城窟行〉）

其中「書中竟何如？上有加餐食，下有長相憶」，就是「自問自答」的「提問」。所謂激問，是指為激發本意而設問，這種設問一定有答案在它反面。例如：

誰能思不歌？誰能飢不食？日冥當戶倚，惆悵底不憶！（〈子夜歌〉四十二首之二十三）

其中「誰能思不歌？誰能飢不食？」這是「問而不答」的「激問」，但答案卻在問題的反面，答案是「思必歌，飢必食」。

唐鉞《修辭格》所謂「說明的詰問」，就是陳望道《修辭學發凡》所說的「提問」；唐鉞所云「申重的詰問」，就是陳望道所稱的「激問」。尚有主張設問分為提問和激問兩種者，如宋文翰《國文修辭學》⑨、倪寶元《修辭》⑩、鄭遠漢《辭格辨異》⑪、季紹德《古漢語修辭》⑫、曾師忠華《作文津梁》⑬、沈謙《修辭學》⑭、程祥徽、田小琳《現代漢語》⑮。

張弓《現代漢語修辭》將設問分為正問和反問兩種。⑯所謂正問，是自問自答，明確答案，往往緊跟在問句的後面。例如：

鄂倫春人心裡少了什麼？

千年來的痛苦和淒涼；

鄂倫春人心裡多了什麼？
翻身的喜悅和歡暢。（〈鄂倫春族民歌〉）

這是「自問自答」的一種「設問」。鄂倫春人心裡少了痛苦、淒涼，多了喜悅、歡暢。作者不用直述，而用設問，使文章更鮮明、更生動。所謂反問，又叫激問，用反問的句式，表確定的意思，堅決的態度。說者或作者自己不作答，讓聽衆、讀者從問題中推出答案。實際上，答案是寄託在反問句的反面。表面上是否定的，實際上是肯定的；表面上是肯定的，實際上是否定的。例如：

歷史上沒有一個反人民的勢力不被人民毀滅的！希特勒、墨索里尼，不都在人民之前倒下去了嗎？（聞一多〈最後一次的講演〉）

這是「問而不答」的一種「設問」。作者用否定的設問，表達肯定之意，這也說明獨裁者必敗的下場。張弓所謂的「正問」，即陳望道所說的「提問」；張氏所稱的「反問」，即陳氏所言的「激問」。設問的二分法，一般分爲提問和激問兩種。

㈡設問的三分法

所謂設問的三分法，是將設問分爲三種類別來闡述修辭技巧的方法。最早運用設問的三分法，是譚正璧，他在《修辭新例》中，將設問分爲提問、激問、提問兼激問三種。⑰黃慶萱《修辭學》、蔣金龍《演講修辭學》都將設問分爲提問、激問、疑問三種。⑱董季堂《修辭析論》將設問分爲提問、激問、懸問三種。⑲吳正吉《活用修辭》將設問分爲懸問、問答（又叫提問）、反問（又叫激問）三

種。⑳程希嵐《修辭新論》將設問分爲提問、反詰、提問兼反詰三種。㉑

譚正璧、程希嵐的分類，名異實同：因爲反詰又叫激問。董季棠、吳正吉的分類，也是異實同：因爲問答又叫提問，反問叫激問。依內容分，當今一般修辭專家學者都採用設問分爲提問、激問、懸問三種；因爲疑問可分爲普育疑問和懸問兩種，而普通疑問屬於消極修辭，懸問才是積極修辭，設問也是積極修辭。

設問的三分法，除依內容分外，還有依問數分，如宋振華、吳士文、張國慶、王興林主編《現代漢語修辭學》將設問分爲一問一答、數問一答、連問連答三種㉒王德春主編《修辭學詞典》也有同樣主張㉓。又有成偉鈞、康仲揚、向宏業主編《修辭通鑒》依性質分，將設問分爲啓發性設問、強調性設問、抒性設問三種；依對象分，將設問分爲有作者設問、讓人物設問、借他人設問三種。㉔

設問的三分法，或以內容分，或以問數分，或以性質分，或以對象分，見仁見智，各有特色。

㈢設問的四分法

所謂設問的四分法，是將設問分爲四種類別來闡析修辭技巧的方法。最早運用設問的四分法，是黎運漢、張維耿《現代漢語修辭學》，黎、張二氏將設問分爲一問一答、多問一答、連問連答、問而不答四種。㉕陸稼祥、池太寧《修辭方式例解詞典》依形式分，將設問分爲一問一答式設問、一問兩答或數答式設問、兩問或數問一答式設問、連問連答式設問四種；又將反問分爲是非型、特指型、選擇型、正反型四種。㉖周靖《現代漢語語法修辭》將設問分爲一問一答式、多問多答式、多問一答式、連問連答式四種；又將反問分為用否定的反問，表示肯定之意；用肯定的反問，表示否定之意；用肯定、否定迭用的方式，表示肯定、否定之意；肯定反問、否定反問綜合運用。㉗

依設問的問數分，黎運漢、張維耿《現代漢語修辭學》及陸稼祥、池太寧《修辭方式例解詞典》與周靖《現代漢語語法修辭》都將設問分為四種，但內容有同有異。相同者，如一問一答和連問連答，三者都相同。多問一答，也是三者皆同，只是《修辭方式例解詞典》稱多問一答為兩問或數問一答。不同者《現代漢語修辭學》多一類「問而不答」，《修辭方式例解詞典》則多一類「一問兩答或數答」，《現代漢語語法修辭》卻多一類「多問一答」。其實，可以擷取各家精華，將設問分為一問一答、一問多答、一問不答、多問一答、多問多答、多問不答、連問連答七種。

設問的四分法，或以問數分，或以形式分，或以類型分，見仁見智，各有特點。

㈣設問的五分法

所謂設問的五分法，是將設問分為五種類別來闡論修辭技巧的方法。最早運用設問的五分法，是陳介白，他在《修辭學講話》將設問分為造出空想的人物使之能言語、假設歷史上的人物而對問、假借現代的人物而答問、以目前的人而答問、自問而自答五種。㉘劉煥輝《修辭學綱要》將設問分為一問一答、二問一答、三問一答、兩個一問一答、三個一問一答五種。㉙

陳介白的設問分類，是依對象來分，其實這五種可以濃縮為三種，即自我設問、對人設問、借他人設問。自問而自答，是自我設問。以目前的人而答問，是對人設問。造出空想的人物使之能言語、假設歷史上的人物而對問、假借現代的人物而答問，是借他人設問。

劉煥輝的設問分類，是依問數來分，其實這五種也可以濃縮爲三種，即一問一答、多問一答、連問連答。二問一答、三問一答，都是多問一答。兩個一問一答、三個一問一答，都是連問連答。

㈤設問的十一分法

所謂設問的十一分法，是將設問分爲十一種類別來詮證修辭技巧的方法。運用設問的十一分法，僅有成偉鈞、唐仲揚、向宏業《修辭通鑒》，該書將設問分爲啓發式設問、強調式設問、問答式設問、無回答式設問、單一設問、反復設問、篇首設問、篇末設問、直接設問、讓人物設問、借他人設問等十一種。㉚這種分法，表面上是很詳盡，但不完全。就性質分，設問可以分爲啓發式設問、強調式設問兩種，其實可以增加抒情式設問而成爲三種。就位置分，設問可以分爲篇首設問、篇末設問兩種，但缺少一種篇中設問。就對象分，設問可以分爲讓人物設問、借他人設問兩種，但少了一種自我設問。就內容分，設問可以分爲問答式設問、無回答式設問兩種，其實可以分爲提問、激問、懸問三種，比較明確。就問數分，設問可以分爲單一設問、反復設問兩種，其實可以分爲更具體、更翔實，將設問分爲一問一答、一問多答、一問不答、多問一答、多問多答、連問連答等七種。

三、理想的設問分類

民國以來修辭學專家學者對設問的分類，大異其趣，各有特點，唐鉞、陳望道、張弓三氏的二分法，譚正璧、黃師慶萱、蔣金龍、董季棠、吳正吉、程希嵐、宋振華、吳士文、張國慶、王興林、王德春的三分法，黎運漢、張維耿、陸稼祥、池太寧、周靖的四分法，陳介白、劉煥輝的五分法，成偉鈞、唐仲揚、向宏業的十一分法，雖然種類甚多，分法各異，但經過條分縷析後，發現從不同角度來分類，可以集各家之大成，並附以己見。茲擬就內容、問數、位置、性質、類型、對象、形式，加以分類。

㈠就內容而言

設問的分類，就內容而言，可以分爲提問、激問、懸問三種。

1.提　問

所謂提問，是指在語文中，先提出問題，引起聽衆、讀者的好奇、注意，再自行回答的一種修辭技巧。這是「自問自答」的一種「設問」。例如：

夫當今生民之患，果安在哉？在於知安而不知危，能逸而不能勞。（蘇軾〈教戰守策〉）

這是「自問自答」的「設問」。作者以爲當今生民之患，在於知安而不知危，能逸而不能勞。作者主張國家在太平時，也要居安思危，懷有憂患意識。運用提問，可以引人注意，引發好奇。又如：

我們想要去做一件正當的事，也要從今天起，便開始去做，莫存「今天過了還有明天」的心。為什麼呢？因為因循怠惰，是一條細住手腳的繩子，它能使我們的事業永遠不能成功。（甘績瑞〈從今天起〉）

這也是「自問自答」的「提問」。作者認爲該做的事，從今天起，立刻去做，不要等到明天才做，否則由於因循怠惰，無法完成該做的事業。文中若平直的敘述，則淡然無味，這裡運用「爲什麼呢」的「設問」，不僅使文章起了波瀾，也引起讀者的好奇和注意。

2. **激　問**

所謂激問，是指在語文中，爲了激發本意而問，但答案一定在問題的反面的一種修辭技巧。這是「問而不答」的「設問」，但答案在問題的反面。例如：

蓋不廉則無所不取，不恥則無所不為。人而如此，則禍敗亂亡，亦無所不至。況為大臣而無所不取，無所不為，則天下其有不亂，國家其有不亡者乎？（顧炎武〈廉恥〉）

這是「問而不答」的「激問」。作者認爲一般人不廉不恥，必定禍敗亂亡；更何況大臣不廉、不恥，天下一定紊亂，國家必然滅亡。又如：

他囑我路上小心，夜裡要警醒些，不要受涼；又囑託茶房好好照應我。我心裡暗笑他的迂，他們只認得錢，託他們直是白託；而且我這樣大年紀的人，難道還不能料理自己麼？（朱自清〈背影〉）

這也是「問而不答」的「激問」。作者認爲父親託茶房照顧他，是多餘的，自以爲年紀這麼大，應該可以料理自己、照顧自己，不必別人照顧，作者不用平鋪直敘，而運用「問而不答」的「激問」，使文章不致呆滯僵化，變得更輕鬆活潑，更警策有力。

3. **懸　問**

所謂懸問，是指在語文中，作者內心確有疑惑，而刻意將此疑惑或懸示出來詢問讀者的一種修辭技巧。這也是「問而不答」的「設問」，但無法找到正確的答案。例如：

葡萄美酒夜光盃，欲欲琵琶馬上催。
醉臥沙場君莫笑，古來征戰幾人回？（王翰〈涼州詞〉）

這是「問而不答」的「懸問」。這首詩表面上是豪情壯志，實際上是悲痛萬分，只能說古來征戰回來者不多。作者運用「懸問」比平直敘述，不止使文章更生動，也易於叩動讀者的心弦，以增進感染力。

又如：

年年聖誕，我驚聽彌賽亞的歌聲四起，風雪裡何處去找回父親？（段永瀾〈我的父親〉）

這也是「問而不答」的「懸問」。作者悼念父親的情思，利用「懸問」來表達，旣表現激情，又激起波瀾，使文章更動人、更感人。末句「風雪裡何處去找回父親」，也是找不到答案的「問而不答」，目的在吸引讀者的注意。

㈡就問數而言

設問的分類，就問數而言，可以爲一問一答、一問多答、一問不答、多問一答、多問多答、多問不答、連問連答等七種。

1.一問一答

所謂一問一答的設問，是指在語文中，以一問一答的方式來設問的一種修辭技巧。在「提問」中，有很多「一問一答」的情形。例如：

風俗之厚薄奚自乎？自乎一二人之心之所嚮而已。（曾國藩〈原才〉）

這是「一問一答」的「設問」，也是「自問自答」的「提問」。直敘則爲「風俗之厚薄，自乎一二人之心之所嚮而已」，如此則比較呆板，運用「一問一答」的「提問」，比較生活動潑。又如：

什麼事叫做大事呢？大概來說，無論那一件事，只要從頭至尾徹底做成功，便是大事？（孫文〈立志做大事〉）

這也是「一問一答」的「設問」，又是「自問自答」的「提問」。作者詮釋「大事」的眞諦，在於從頭到尾徹底做成功，並不在於事情的大小。

2. 一問多答

所謂一問多答的設問，是指在語文中，以一問多答的方式來設問的一種修辭技巧。在「提問」中，有「一問多答」的情形。例如：

嗟夫！予嘗求古仁之心，或異二者之為，何哉？不以物喜，不以己悲；居廟堂之高，則憂其民；處江湖之處，則憂其君。（范仲淹〈岳陽樓記〉）

這是「一問多答」的「設問」，也是「自問自答」的「提問」。一面設問，引起讀者的注意；三個答案，使文章生動，表現激情。又如：

他們所遇到的是怎樣一位先生呢？這位先生衣冠總是整齊而合宜的；他的視盼和藹中帶有嚴肅；他的舉止恭敬卻很自然。（張蔭麟〈孔子的人格〉）

這是「一問多答」的「設問」，又是「自問自答」的「提問」。作者介紹孔子的人格，從他的衣冠、視盼、舉止來描繪，不直敘而用一問三答的方式，來加強語氣，吸引注意力，使文章更有感染力。

3.一問不答

所謂一問不答的設問，是指在語文中，以一問不答的方式來設問的一種修辭技巧。在提「激問」、「懸問」中，有很多「一問不答」的「設問」。例如：

廉公之思趙將，吳子之泣西河，人之情也，將軍獨無情哉？（丘遲〈與陳伯之書〉）

這是「一問不答」的「設問」，也是「問而不答」的「激問」，但答案就在問題的反面。廉頗、吳起都是有感情之人，陳伯之將軍也應該有感情之人。丘遲規勸陳伯之早謀良策，自求多福。又如：

人生若能永遠像兩三歲小孩，本來沒有責任，那就本來沒有苦。到了長成，責任自然壓在你的肩頭上，如何能逃躲？（梁啓超〈最苦與最樂〉）

這也是「一問不答」的「設問」，又是「問而不答」的「激問」，但答案就在問題的反面。作者認爲兩三歲小孩沒有責任，就沒有苦，但長大之後，有了責任，就有苦了，無法逃躲。

4.多問一答

所謂多問一答的設問，是指在語文中，以多問一答的方式來設問的一種修辭技巧。在「提問」中，不乏其例。例如：

達巷黨人曰：「大哉孔子！博學而無所成名。」子聞之，謂門弟子曰：「吾何執？執御乎？執射乎？吾執御矣！」（《論語・子罕》）

這是「多問一答」的「設問」，也是「自問自答」的「提問」。孔子聽到有人讚美他博學，他連用三個設問來問自己，最後自己以專精駕車來回答。這是「三問一答」的「設問」。又如：

> 父親是什麼？代表支配，代表權益，代表責任？是一種負荷，還是一種福分？父親是另一尊神？這都不是我心中圖畫。在我的心目中，「父親」只是一個「人」。（林良〈現代爸爸序〉）

這也是「多問一答」的「設問」，又是「自問自答」的「提問」。作者連用三個設問，來闡述父親並不代表支配、權益、責任、負荷、福分、神明，而只是一個人。這是「三問不答」的「設問」。

5.多問多答

所謂多問多答的設問，是指在語文中，以多問多答的方式來設問的一種修辭技巧。在「提問」中，也有此例。例如：

> 學惡乎始？惡乎終？曰：其數則始乎誦經，終乎讀禮；其義則始乎為士，終乎為聖人。（《荀子·勸學》）

這是「多問多答」的「設問」，也是「自問自答」的「提問」。治學之道，以誦經爲始，以讀禮爲終；治學之義，以士爲始，以聖人爲終。這是「二問二答」的「設問」。又如：

> 你為考試或文憑而讀書呢？考試以後，文憑到了手，你將怎麼辦？我看見過多少焚膏繼晷為爭取第一名的學生，畢業以後，俗務使他連看報的習慣都沒有。」（揚宗珍〈智慧的累積〉）

這也是「多問多答」的「設問」，也是「自問自答」的「提問」。焚膏繼晷爲爭取第一名的學生，就是爲考試或文憑而讀書。畢業後連看報的習慣也沒有了，就是爲文憑而讀書的後果；文憑到了手，就不讀書了。這是「二問二答」的「設問」。

6.多問不答

所謂多問不答的設問，是指在語文中，以多問不答的方式來設問的一種修辭技巧。在「激問」、「懸問」中，「問而不答」的例子。例如：

曾子曰：「吾日三省吾身：為人謀，而不忠乎？與朋友交，而不信乎？傳不習乎？」（《論語・學而》）

這是「多問不答」的「設問」，也是「問而不答」的「激問」。曾參每天以作事、交友、讀書三件事，自我反省，但願每天做到爲人謀事必定忠心、與朋友往必定守信、老師所教導的必定溫習。這是「三問不答」的「設問」。又如：

聰明的，你告訴我，我們的日子為什麼一去不復返呢？——是有人偷了他們吧！那是誰？又藏在何處呢？是他們自己逃走了吧！現在又到了那裡呢？（朱自清〈匆匆〉）

這也是「多問不答」的「設問」，也是「問而不答」的「激問」。作者感慨時間一去不回頭，又以「懸問」的方式，懷疑時間是誰偷了它、時間藏在何處、時間是否自己逃走、時間到了何方。這是「六問不答」的「設問」。

7.連問連答

所謂連問連答的設問，是指在語文中，以兩個或兩個以上的一問一答的方式來設問，以加強語文氣勢的一種修辭技巧。例如：

天地果無初乎？吾不得而知之也。生人果有初乎？吾不得而知之也。然則孰為近？曰：有初為近？孰明之？由封建而明之。（柳宗元〈封建論〉）

這是「連問連答」的「設問」，也是兩個「一問一答」構成的「連問連答」。作者運用四個「自問自答」的「設問」，以引起讀者注意力集中，來闡述封建。又如：

桃花開，一片霞，新娶的媳婦走娘家。

穿啥哩？月白褲子花夾襖。

戴啥呢？鬢角戴白梨花。

誰送她？哥送她。

誰見啦？我見啦。（河南民歌〈新媳婦走娘家〉）

這也是「連問連答」的「設問」，也是四個「一問一答」構成的「連問連答」。作者運用四個「自問自答」的「設問」，來闡述新娶的媳婦所穿的褲子、夾襖，所戴的白梨花，並說明這些都是作者親眼看到哥送給新媳婦的。

㈢就位置而言

設問的分類，就位置而言，可以分為篇首、篇中、篇末三種。

1. 篇　首

所謂篇首的設問，是指在語文中，將設問用於篇首，以提起全篇主旨的一種修辭技巧。例如：

天下事有難易乎？為之，則難者亦易矣；不為，則易者亦難矣。（彭端淑〈為學一首示子姪〉）

這是「篇首」的「設問」，也是「自問自答」的「提問」。作者運用篇首的設問，使全文主旨能夠彰顯出來。天下事情，只要肯做，一定容易；如果不肯做，容易的事也變成難事。又如：

甚麼是臺灣精神？簡單明白地說，就是鄭成功的精神。我們都知道，鄭成功的一生，除了恢復中原以外，沒有別的目的。他之所以到臺灣來的雄圖，衹是為的要恢復中原。（范壽康〈發揚臺灣精神〉）

這也是「篇首」的「設問」，也是「自問自答」的「提問」。作者利用篇首的設問，闡明臺灣精神就是鄭成功的精神，而鄭成功的精神在於恢復中原。

2. 篇　中

所謂篇中的設問，是指在語文中，將設問用於篇中的一種修辭技巧。例如：

昔之天下，有如君之盛壯無疾者乎？愛天下者，有如君之愛身者乎？而可以為天下患者，豈特瘡痏之於指乎？君未嘗敢忽之；特以不早謀於醫，而幾至於甚病。（方孝孺〈指喻〉）

這是「篇中」的「設問」，也是運用三個「問而不答」的「激問」，目的在使文章生動活潑，全文僅此三個「設問」，否則呆滯僵化，平淡無奇。又如：

所謂「做人的道理」是什麼呢？簡單地講，就是我們的校訓——禮、義、廉、恥——四個字。（蔣中正〈我們的校訓〉）

這也是「篇中」的「設問」，又是「自問自答」的「提問」。全文僅此一句，運用「一問一答」的「設問」，使文章更有變化，而不呆板。所謂「做人道理」，就是禮、義、廉、恥。

3. **篇　末**

所謂篇末的設問，是指在語文中，將設問用於篇末，以製造文章餘韻的一種修辭技巧。例如：

座中泣下誰最多？江州司馬青衫溼。（白居易〈琵琶行〉）

這是「篇末」的「設問」，也是「自問自答」的「提問」。作者運用篇末的設問，使文章激起波瀾，表現激情，以增加感染力。又如：

你，聰明的，告訴我，我們的日子為什麼一去不復返呢？（朱自清〈匆匆〉）

這也是「篇末」的「設問」，又是「問而不答」的「懸問」。作者以時光一去不復返，來警惕我們要珍惜光陰。作者利用篇末的設問，使文章耐人尋味，餘韻無窮。

㈣就性質而言

設問的分類，就性質而言，可以分爲啓發性、強調性、抒情性三種。

1. **啟發性**

所謂啓發性設問，是指在語文中，以含有啓發性的方式來設問的一種修辭技巧。例如：

牠（指火鷓鴣鳥）的鳴聲並不嘹亮，卻是出乎意外地徐緩低沈，總是那麼迷離，那麼柔軟，彷彿多飲了青光，發為醺鳴，你分不清牠們究竟是唱出了快樂，還是唱出了哀愁？（吳延玫〈火鷓鴣鳥〉）㉛

作者描述火鷓鴣鳥的鳴聲，又運問而不答的設問，來啓發讀者去思考，去想像，以求得答案。鳴聲的描繪，是給探求正確答案的讀者的啓示。

2. **強調性**

所謂強調性設問，是指在語文中，以含有強調性的方式來設問的一種修辭技巧。例如：

繚綾繚綾何所似？不似羅綃與紈綺；應似天臺山上明月前，四十五尺瀑布泉。（白居易〈繚綾〉）

「繚綾」是一種精美的絲織品，用它做成舞衣，價値連城，連羅、綃、紈、綺都無與倫比。作者強調繚綾「應似天臺山上明月前，四十五尺瀑布泉」；因爲天臺是越的名山，繚綾是越的名產，加上繚綾的長度，只有「四十五尺瀑布泉」可以和它比較。如此強調，突顯繚綾之美。這是運用「自問自答」的「提問」，也是「一問一答」的「設問」。由於內容含有強調作用，因此屬於強調性設問。

3. **抒情性**

所謂抒情性設問，是指在語文中，以含有抒情性的方式來設問的一種修辭技巧。例如：

帶一卷書，走十里路，選一塊清靜地，看天，聽鳥，讀書；倦了時，和身在草緜緜處尋夢去——你能想像更適情、更適性的消遣嗎？（徐志摩〈我所知道的康橋〉）

末句「你能想像更適情、更適性的消遣嗎？」就設問來說，運用「問而不答」的「激問」；就內容來說，含有抒情，因此這句屬於「抒情性設問」。作者不用直敘，而用設問，表達「適性、適情」的情感。

設問的分類，就類型而言，可以分為是非型、特指型、選擇型、正反型四種。

㈤就類型而言

1. **是非型**

所謂是非型設問，是指在語文中，將一件事情全說出來，可作背定或否定回答的設問的一種修辭技巧。例如：

子曰：「吾有知乎哉？無知也。有鄙夫問於我，空空如也，我叩其兩端竭焉。」（《論語・子罕》）

孔子自謙無知，可是卻能眞誠教人。其中「吾有知乎哉？無知也。」既是「是非型設問」，又是「自問自答」的「提問」。

2. **特指型**

所謂特指型設問，是指在語文中，運用誰、幾何、什麼、何時、多少、爲什麼等一類設問的一種修辭技巧。例如：

對酒當歌，人生幾何？譬如朝露，去日苦多。（曹操〈短歌行〉）

這是運用「自問自答」的「提問」，也運用「特指型設問」。「譬如朝露」回答「人生幾何」，「人生如朝露」是形容人生的短暫。句中運用「幾何」二字，因此屬於「特指型設問」。

3. **選擇型**

所謂選擇型設問，是指在語文中，運用幾個項目，可供選擇的設問的一種修辭技巧。例如：

現在，獨坐窗前，我的故事，展現在回憶中的，乃是美麗的金色一片。美得像什麼呢？詩嗎？夢嗎？都不是。它的比詩、比夢更為迷人的。（歸人《月是故鄉明．故鄉》）

這是「多問一答」的「提問」。也是「選擇型設問」。作者描述故鄉的美，比詩、夢還要迷人。由於運用多項選擇，因此屬於「選擇型設問」。

4. **正反型**

所謂正反型設問，是指在語文中，運用肯定或否定的形式來設問的一種修辭技巧。例如：

一個國家能夠一天沒有法律麼？能夠一天沒有教育麼？（毛子水〈青年和科學家〉）

一個國家不能夠一天沒有法律，也不能夠一天沒有教育，因此這是兩句「問而不答」的「激問」。也是兩句「正反型設問」。一國家能必須有法律，也有教育，作者雖然運用「問而不答」的方式，但答案卻在問題的反面。

(六)就對象而言

設問的分類，就對象分類，可以分為自我設問、對人設問、借他人設問三種。

1. **自我設問**

所謂自我設問，是指在語文中，以自我為中心的設問的一種修辭技巧。例如：

蓮之愛，同予者何人？（周敦頤〈愛蓮說〉）

跟作者一樣喜愛蓮花的有那些人？這是「問而不答」的「懸問」，也是以作者爲中心的設問，因此屬於「自我設問」。

2. **對人設問**

所謂對人設問，是指在語文中，以別人爲中心的設問的一種修辭技巧。例如：

您可曾聽見過那些可愛的歌聲嗎？當那月明人靜的夜裡，「織，織，織，織呀！織，織，織，織，織呀！」如果您的門前有一個瓜架可以供給牠們休息。（陳醉雲〈鄉下人家〉）

這是以別人爲中心的設問，因此屬於「對人設問」。所謂可愛的歌聲，是指紡織娘的叫聲。如果瓜架下有紡織娘，一定可以聽到悅耳的鳴聲。

3. **借他人設問**

所謂借他人設問，是指在語文中，以借他人的口吻來設問的一種修辭技巧。例如：

醉能同其樂，醒能述以文，太守也。太守謂誰？廬陵歐陽脩也。（歐陽脩〈醉翁亭記〉）

作者〈醉翁亭記〉一文中，皆不提姓名，也不出現一個「我」字，都稱爲「太守」，一直到篇末，才借他人之口來設問：「太守謂誰？」然後自己回答：「廬陵歐陽脩也。」因此，這是「借他人設問」。這是以別人爲中心的設問，因此屬於「對人設問」。

(七)就形式而言

設問的分類，就形式分類，可以分爲以肯定形式表達否定之意、以否定形式表達肯定之意兩種。

1. **以肯定形式表達否定之意**

所謂以肯定形式表達否定之意的設問，是指在語文中，用肯定形式來設問，以表達否定之意的一種修辭技巧。例如：

五六月會飄雪花？太陽會從西邊出來嗎？（李季〈王貴與李香香〉）

這是以肯定形式表達否定之意的設問，也是「問而不答」的「激問」，但答案卻在問題的反面。五六月不會飄雪花，太陽不會從西邊出來，這裡是比喻革命不會成功。

2. **以否定形式表達肯定之意**

所謂以否定形式表達肯定之意的設問，是指在語文中，用否定形式來設問，以表達肯定之意的一種修辭技巧。例如：

方當繫頸蠻邸，懸首藁街；而將軍魚游於沸鼎之中，燕巢於飛幕之上，不亦惑乎？（丘遲〈與陳伯之書〉）

這是以否定形式表達肯定之意的設問，也是「問而不答」的「激問」，但答案卻在問題的反面。全文是作者規勸陳伯之將軍投降，這裡是說明陳伯之將軍處境十分危殆。

四、結　語

設問的分類，在內容上，可以分為提問、激問、懸問三種；在問數而言，可分為一問一答、一問多答、一問不答、多問一答、多問多答、多問不答、連問連答等七種；在位置上，可以分為篇首、篇中、篇末三種；在性質上，可以分爲啓發性、強調性、抒情性三種；在類型上言，可以分爲是非型、特指型、選擇型、正反型四種；在對象上，可以分爲自我設問、對人設問、借他人設問三種；在形式上，可以分爲以肯定形式表達否定之意、以否定形式表達肯定之意兩種。一般教學僅採用在內容上、在問數上的分類，至於研究、寫作可以多了解各方面的分類，尤其是寫作上很有裨益。

【附註】

① 參見唐鉞《修辭格》，頁六一，商務印書館，一九二九，上海。
② 參見陳介白《修辭學講話》，頁一四五，信誼書局，一九七九，臺北。又見徐芹庭《修辭學發微》，頁一〇五，臺灣中華書局，一九七一，臺北。
③ 參見傅師隸樸《修辭學》，頁一一一，正中書局，一九六九，臺北。
④ 參見張弓《現代漢語修辭學》，頁一四三，河北教育出版社，一九九三，河北。
⑤ 參見吳正吉《活用修辭》，頁六五至六九，復文圖書出版社，一九八四，高雄。
⑥ 參見陸稼祥、池太寧主編《修辭方式例解詞典》，頁二〇八至二〇九，浙江教育出版社，杭州。
⑦ 參見黃師慶萱《修辭學》，頁四四至四九，三民書局，一九七五，臺北。
⑧ 參見陳望道《修辭學發凡》，頁一四〇至一四三，上海出版社，一九七九，上海。
⑨ 參見宋文翰《國文修辭學》，頁二一至二三，新陸書局，一九七一，臺北。
⑩ 參見倪寶元《修辭》，頁一八五至一九二，浙江人民出版社，一九八〇，浙江。

⑪ 參見鄭遠漢《辭格辨異》，湖北人民出版社，頁七四至八三，一九八二，湖北。
⑫ 季紹德《古漢語修辭》，頁三七五至三八六，吉林文史出版社，一九八六，吉林。
⑬ 曾師忠華《作文津梁》，頁七五至七七，學人教育出版社，一九八五，臺北。
⑭ 沈謙《修辭學》，頁三六五至三八五，國立空中大學，一九九一，臺北。
⑮ 程祥徽、田小琳《現代漢語》，頁三九三至三九五，香港三聯書店，一九八九，香港。
⑯ 參見同註四，頁一四四至一四七。
⑰ 參見譚正璧《修辭新例》，頁一一一至一一七，棠棣出版社，一九九〇，北京。
⑱ 參見黃師慶萱《修辭學》，頁三五至四九；蔣金龍《演講修辭學》，頁一三七至一四二，黎明文化事業公司，一九八一，臺北。
⑲ 董季棠《修辭析論》，頁一〇七至一一七，文史哲出版社，一九九二，臺北。
⑳ 參見同註四，頁四八至五一。
㉑ 參見程希嵐《修辭學新論》，頁二九四至三〇〇，吉林人民出版社，一九八四，吉林。
㉒ 參見宋振華、吳士文、張國慶、王興林主編《現代漢語修辭學》，頁一三七至一四〇，吉林人民出版社，一九八四，吉林。
㉓ 參見王德春主編《修辭學詞典》，頁四六，浙江教育出版社，一九八七，杭州。
㉔ 參見成偉鈞、唐仲揚、向宏業《修辭學通鑒》，頁五二三，中國青年出版社，一九九一，北京。
㉕ 參見黎運漢、張維耿編著《現代漢語修辭學》，頁一五四至一五六，商務印書館香港分館，一九八六，香港。

㉖ 參見同註六，頁二〇九至二一〇及頁七四至七五。
㉗ 參見周靖《現代漢語語法修辭》，頁三二三至三二八，中國經濟出版社，一九九一，北京。
㉘ 參見同註二，頁一四五至一四七。
㉙ 參見劉煥輝《修辭學綱要》，頁三九一至三九二，百花洲文藝出版社，一九九一，江西。
㉚ 參見同註二十四，頁五二四至五二八。
㉛ 因限於篇幅，自此以下，僅舉一例詮證。

論引用的分類

一、前　言

引用，又叫重言①，也叫事類②、援引③、用典④、用事、用詞⑤、引語、引話、援⑥、引證、引經⑦。一般修辭學多半採用「引用」一詞。所謂引用，是指在語文中，明引暗用古今中外人物的言辭或俗語、諺語、俚語，及古今中外書籍裡的文辭或事件，以證驗意義，闡明事理的一種修辭技巧。

引用的作用，陸稼祥、池太寧主編《修辭方式例解詞典》認爲有三端：一是引用權威或經典著作或他人言論，使論據確鑿、充分，以增強說服力。二是能使表達含蓄深刻，富於啓發性。三是使語言簡煉，生動活潑，富於表現力⑧。成偉鈞、唐仲揚、向宏業主編《修辭通鑒》以爲引用的作用有四項：一是引用經過實踐檢驗的科學論斷，說明事理，闡明觀點，可以增曆文章的可信性和說服力。二是引用歷史故事、成語、寓言等，可使文章豐富充實而凝煉，言簡而意賅。三是引用格言、繁句，可以增強文章的哲理性，引起讀者更多的深思。四是引用諺語、歌謠、俚語，可以使說理、敘事，深入淺出，使說話、寫文章富有情趣⑨。引用的原則十大點：一是引用不可失其原意。二是引用不正確的意見，必須加案語。三是不可使用僻典。四是引用必須根據原文，不可輾轉抄襲。五是避免艱深賣弄的引證。六是引用文字不可破壞全文語調的統一性。七是必須訴之於合理的權威。八是提供一種簡潔而形象化的文字。九是儘可能使引用成爲一委婉含蓄的語言。十是儘可能在新舊融會中產生喜悅和滿足⑩。

引用的分類，多半分爲明引、暗用兩種；其實，不僅此也，尙有各種不同的分類。本文擬先闡述各家分類的概況，再擇研如何分類比較理想。

二、各家的引用分類

古今論引用的分類，雖然衆說紛紜，見仁見智，莫衷一是，但經過分析、比較，可以歸納爲二分法、三分法、四分法、五分法、六分法、十四分法，茲分別闡論之。

㈠引用的二分法

所謂引用的二分法，是將引用分爲兩種類別來闡析修辭技巧的方法。最早運用引用的二分法，是劉勰，他在《文心雕龍·事類》中，將引用分爲略舉人事以徵義、全引成辭以明理兩種。「略舉人事以徵義」，是用古事，援引古事以證今情；「全引成辭以明理」，是用成辭，援引彼語以明此義。「用成辭」，就是修辭學中的「引用」。

宋朝陳騤也運用引用的二分法，他在《文則·丙二》中，將引用分爲以斷行事、以證立言兩種，這是依引用的目的加以分類⑪。陳騤又依引用的方式，將「以斷行事」分爲「獨引《詩》以斷之」、「各引《詩》以合斷之」、「既引《詩》以斷之」，是指單獨引用《詩經》的詩句，本論證一件事情。所謂「各引《詩》以合斷之」，是指各自引用《詩經》的詩句，來論證各件事情。所謂「既引《詩》

文，又釋其義，以斷之」，是指一面引用《詩經》的文辭，一面加以詮釋，用來論證自己所敘述的事情。一言以蔽之，這三小類都是屬於「明引」。陳騤又依引用的方式，將「以證立言」分為「采總群言，以盡其義」、「言終引證」、「斷析本文，以成其語」三小類。所謂「采總群言，以盡其義」，是指廣泛地引用古語，來證明自己的理論。陳騤舉了《禮記・大學》的例子，來詮釋「采總群言，以盡其義」的體例。所謂「言終引證」，是指先發表自己的理論，再引用古書的文辭或古人的言辭來印證。陳騤舉了《禮記・緇衣》的例子，來論證「言終引證」的體例。所謂「斷析本文，以成其言」，是指將引用的文辭或言辭，作進一步地闡析、論斷。陳騤舉了《左傳・宣公十五》的例子，來闡明「斷析本文，以成其言」的體例。總而言之，這三小類也是「明引」。

民國以來，第一位運用引用的二分法，是陳望道。他在《修辭學發凡》中，將引用分為明引、暗用兩種；同樣的主張，尚有譚正璧《修辭新例》⑫、黃師慶萱《修辭學》⑬、錢覺民、李延祐《修辭知識十八講》⑭、程希嵐《修辭學新編》⑮、沈謙《修辭學》⑯、董季棠《修辭析論》⑰。又有將引用分為明引、暗引兩種，如張嚴《修辭論說與方法》⑱、黃民裕《辭格滙編》⑲、吳正吉《活用修辭》⑳、季紹德《古漢語修辭》㉑、王德春主編《修辭學詞典》㉒、陸稼祥、池太寧主編《修辭方式例解詞典》㉓、鄭文貞《篇章修辭學》㉔。黃師慶萱又將明引、暗用各分為兩小類。明引又分為全引、略引兩小類，暗用又分為全用、略用兩小類。吳正吉又依引用的內容，分為全引、略引兩類。陸稼祥、池太寧又依引用的來源，分為直接引用、間接引用兩種；依引用的內容，分為正引、反引兩種。引用的二分法，或依形式分，或依內容分，或依來源分，或依大小類分，見仁見智，各有特色。

㈡引用的三分法

所謂引用的三分法，是將引用分爲三種類別來闡論修辭技巧的方法。最早運用引用的三分法，是張仁青，他在《駢文學》中，將引用分爲用事、用詞、事詞合用三種㉕。尚有路燈照、成九田《古詩文修辭例話》將引用分爲明用典、暗用典、傳聞用典三種㉖，唐松波、黃建霖主編《漢語修辭格大辭典》將引用分爲明引、暗引、意引三種㉗，成偉鈞、唐仲揚、向宏業主編《修辭通鑒》將引用分爲明引、暗引、化引三種㉘，引用的三分法，多半就形式分類，僅張仁青的類，則是依內容分類。

㈢引用的四分法

所謂引用的四分法，是將引用分爲四種類別來闡述修辭技巧的方法。最早運用引用的四分法，是黃永武。他在《字句鍛鍊法》中，將引用分爲明典、暗典、活典、翻典四種；又依引用的方法，分爲直用、反用、活用、借用四種㉙。尚有張嚴《修辭論說與方法》依引用的方法，分爲取意不取句、取意亦取句、增損原文、取其意而變其文四種㉚，徐芹庭《修辭學發微》將引用分爲明用、暗用、活用、反用四種㉛，王希杰《漢語修辭學》將引用分爲明引、暗引、正引、反引四種㉜，宋振華、吳士文、張國慶、王興林主編《現代漢語修辭學》將引用分爲用來點明論題、用來作高度概括或結論、用來作批駁的靶子四種㉝，王德春主編《修辭學詞典》將引用分爲引經、稽古、出新、反用四種㉞；周靖《現代漢語修辭學》將引用分爲明引、暗引、正引、反引四種㉟。引用的四分法，或依方法分，或依形式分，或依內容分，各有特色。

㈣引用的五分法

所謂引用的五分法，是將引用分為五種類別來闡述修辭技巧的方法。最早運用引用的五分法，是倪寶元，他在《修辭》中，將引用分為正引、意引、暗用、出新、反用五種㊱，這是依引用的內容來分類。張仁青《駢文學》依引用的方法，分為明用、暗用、反用、借用、活用五種㊲；趙克勤《古漢語修辭簡編》將引用分為明用、暗用、反用、借用、化用五種㊳。倪、張、趙三家的分類，倪、張二氏的暗用、反用兩項相同，張、趙二氏僅活用、化用各一項不同，其餘皆同。

㈤引用的六分法

所謂引用的六分法，是將引用分為六種類別來闡述修辭技巧的方法。運用引用的六分法，僅有成偉鈞、唐仲揚、向宏業主編《修辭通鑒》，將引用分為正引、反引、意引、引經、稽古、出新六種㊴。這是依引用的內容來分類。依引用的內容加以分類，以六分法為最詳盡。

㈥引用的十四分法

所謂引用的十四分法，是將引用分為十四種類別來詮解修辭技巧的方法。明朝高琦《文章一貫》將引用分為正用、歷用、列用、衍用、援用、評用、反用、活用、設用、借用、假用、藏用、暗用、逐段引證等十四種㊵。除了「逐段引證」一項有舉例之外，其餘十三種僅有釋義，卻無例證。引用的分類，以高氏爲最詳細，最其特色。若能將十四種，再歸納爲若干大類，又舉例詮證，可以說是十全十美。

三、理想的引用分類

古今論引用的分類，或依形式分，或依內容分，或依方法分，或依作用分，或依來源分，或依大類分，或依小類分，皆各照隅隙，鮮觀衢路。茲彙集合家的意見，並附芻見，將引用的分類，按照不同角度來闡論，比較理想。

㈠就引用的來源分

引用的分類，依引用的來源，可以分爲直接引用、間接引用兩種。

1.直接引用

所謂直接引用，是指在語文中，直接摘自他原著或文章的引用的一種修辭技巧。例如歐陽脩〈五代史伶官序〉：

《書》曰：「滿招損，謙受益。」憂勞可以興國，逸豫可以亡身，自然之理也。

這是直接引用《書經》的文辭，來闡述謙虛的益處、驕傲的害處，並說明憂勞興國，逸豫亡身的道理。

又如胡適〈論短篇小說〉：

形容「經濟」二字，最好借用宋玉的話：「增之一分則太長，減之一分則太短；傅粉則太白，施朱則太赤。」

作者直接引用宋玉的話，來闡論短篇小說的「經濟」，必須該省才省，該用就用的恰到好處，才是眞正的「經濟」，並非節省字句，以致文詞不通。因此，「經濟」二字，應該做到言簡意賅。

2. **間接引用**

所謂間接引用，是指在語文中，用自己的文辭、言辭轉述別人的大意或原文的引用的一種修辭技巧。例如王安石〈讀孟嘗君傳〉：

世皆稱孟嘗君能得士，士以故歸之，而卒賴其力，以脫虎豹之秦。嗟乎！孟嘗君特雞鳴狗盜之雄耳，豈足以言得士？

其中「孟嘗君能得士」，出自《史記．孟嘗君列傳》：「孟嘗君在薛，招致諸侯賓客，及亡人有罪者，皆歸孟嘗君。孟嘗君舍之，厚遇之，以故傾天下之士，食客數千人。」「虎豹之秦」，源於《史記．蘇秦列傳》：「夫秦，虎狼之國也。」由於《史記》內容多，篇幅長，因此作者採用間接引用，十分精鍊含蓄。引如周瘦鵑〈蘇州游蹤〉：

我想三五月明之夜，疏影橫斜，暗香浮動，梅花映月，月籠梅花，漫山遍野都是晶瑩朗澈，真可謂玉山照夜哩。

其中「三五月明之夜」，是間接引用歸有光〈項脊軒志〉：「三五之夜，明月半牆。」「疏影橫斜，暗香浮動」，是間接引用林逋〈山園小梅〉：「疏影橫斜水溝淺，暗香浮動月黃昏。」

㈡就引用的形式分

引用的分類，依引用的形式，可以分爲明引、暗用、借用、借用四種。

1. 明　引

所謂明引，是指在語文中，明白指出所引的文辭、言辭，出自何人何書何處的一種修辭技巧。例如《荀子・天論》：

天不為人之惡寒也輟冬，地不為人之惡遼遠也輟廣，君子不為小人之匈匈也輟行。天有常道矣，地有常數矣，君子有常體矣，君子道其常，而小人計其功。《詩》曰：「禮義之不愆，何恤人之言兮？」此之謂也。

荀子明白引用《詩經》的文辭，闡明天有常道，地有常數，君子有常體的道理，如此，可以加強文章的說服力、可信度。又如梁實秋〈女人〉：

女人善變，……因為變得急速，所以容易給人以「脆弱」的印象。莎士比亞有一名句：「脆弱呀，你的名字叫做女人！」但這脆弱，並不永遠使女人吃虧。

作者明白引用莎士比亞的名句，詮證女人善變、脆弱，並加以申論。如此，可以增強文章的可信性和說服力。

2. 暗　用

所謂暗用，是指在語文中，不明白指出所引的文辭、言辭，出自何人何書何處的一種修辭技巧。

例如曹雪芹《紅樓夢》第十五回：

令郎真乃龍駒鳳雛，非小王在世翁前唐突，將來「雛鳳清於老鳳聲」，未可量也。

「雛鳳清於老鳳聲」，源自李義山〈寄韓冬郎兼呈畏之員外〉詩：「十歲裁詩走馬成，冷灰殘燭動離情。桐花萬里丹山路，雛鳳清於老鳳聲。」這是曹雪芹暗用李義山的詩句。又如謝師冰瑩〈關於女兵自傳〉：

後來年齡一天天增加，讀的書也一天天多起來，所謂「學然後知不足」，真是一點也不錯。

「學然後知不足」，出自《禮記・學記》，這是謝師冰瑩暗用《禮記・學記》的文句，闡述學無止境。

3. **借用**

所謂借用，是指在語文中，僅用古書的文辭、古人的言辭，但不用其文意的一種修辭技巧。借用又叫改用。這是唐朝劉知幾《史通・模擬》所說的「貌同心異」，即形式相同而內容卻不同。例如王國維《人間詞話》：

古今之成大事業、大學問者，必經過三種之境界。「昨夜西風凋碧樹，獨上高樓，望盡天涯路」，此第一境也。「衣帶漸寬終不悔，為伊消得人憔悴」，此第二境也。「眾裡尋他千百度，回頭驀見，那人正在燈火闌珊處」，此第三境也。（王國維《人間詞話》）

作者所引用的第一境界：「昨夜西風凋碧樹，獨上高樓，望盡天涯路」，借用晏殊〈蝶戀花〉。原意敘述秋天的悵望，作者卻用來描繪追求理想的嚮往之情。第二境界：「衣帶漸寬終不悔，爲伊消得人憔悴」，借用柳永〈鳳棲梧〉。原意敘述離別後的相思之苦，作者卻用來描述追求理想的艱辛歷程。

第三境界：「衆裡尋他千百度，回頭驀見，那人正在燈火闌珊處」，借用辛棄疾〈青玉案〉。原意敘述忽然看見的驚喜，作者卻用來描繪理想實現後的歡悅。又如霍達〈國殤〉：

「牆裡開花牆外香」，王振泰的藝術之花、生命之花開得燦爛奪目，香遠益清，卻又開得太遲、太短、太難……等到「牆外」的清香反饋到「牆裡」，中國已經沒有王振泰了！零落成泥碾作塵，只有香如故。

「香遠益清」，借用周敦頤〈愛蓮說〉：「香遠益清，亭亭淨植，可遠觀而不可褻玩焉。」原意描繪蓮花的芳香，作者卻用來敘述王振泰的才華，名聞遐邇。

4.活　用

所謂活用，是指在語文中，將故事的內涵和自己的立意所在，融爲一體，靈活運用，不見痕跡的一種修辭技巧。這是劉知幾《史通・模擬》所謂「貌異心同」，即形式不同而內容卻相同。例如袁枚〈上尹制府乞病啓〉：

指隨心痛，目與雲飛。

「指隨心痛」，源於郭居業《二十四孝・嚙指痛心》：「周曾參，字子輿，事母至孝。參嘗採薪山中，家有客至，母無措，望參不還，乃嚙其指。參忽心痛，負薪以歸，跪問其故，母曰：『有遠客至，吾嚙指以悟汝耳。』」這是袁枚活用曾母嚙指，曾參心痛的故事，來表達思親情切之意。「目與雲飛」，出自《唐書・狄仁傑傳》：「仁傑薦授拜州法曹參軍，親在河陽，仁傑登太行山，反顧，見白雲孤飛，謂左右曰：『吾親舍在其下。』瞻悵久之，雲移乃得去。」這是袁枚活用狄仁傑見白雲孤飛的故事，來表達思鄉情切之意。又如汪中〈自序〉：

國門可懸，都人爭寫。

「國門可懸」，出自《史記・呂不韋傳》：「不韋使其客人著所聞，集論以爲八覽、六論、十二紀，二十餘萬書。以爲備天地萬物古今之事，號曰《呂氏春秋》。布咸陽市門，懸千金其上，延諸侯游士賓客有能增損一字者予千金。」作者活用一字千金的故事，來表達文章極爲貴重之意。「都人爭寫」源於《晉書・文苑傳》：「左思欲賦〈三都〉，移家京師，構思十年，賦成，皇謐甫爲賦序，張載爲注〈魏都〉，劉逵注〈吳蜀〉而序之。張華見而歎曰：『班、張之流也。』於是豪貴之家，競相傳寫，洛陽爲之紙貴。」作者活用洛陽紙貴的故事，來表達著作風行一時之意。

㈢就引用的內容分

引用的分類，依引用的內容，可以分爲正引、反引、意引、引經、稽古、出新六種。

1. 正　引

所謂正引，是指在語文中，作者所引用的材料，其觀點、方向和作者所持的觀點、方向基本一致的一種修辭技巧。例如韓愈〈師說〉：

聖人無常師，孔子師郯子、萇弘、師襄、老聃。郯子之徒，其賢不及孔子。孔子曰：「三人行，則必有我師。」是故弟子不必不如師，師不必賢於弟子。聞道有先後，術業有專攻，如是而已。

韓愈引用孔子的文獻，闡明聖人無常師，其觀點與孔子的「三人行，則必有我師」，是毫無二致的，因此屬於正引。又如楊朔〈荔枝蜜〉：

荔枝也許是世界上最鮮最美的水果。蘇東坡寫過這樣的詩句：「日啖荔枝三百顆，不辭長作嶺南人。」可見荔枝的妙處。

作者引用蘇東坡的詩句，來闡明荔枝的妙處，與作者的觀點是一致的。

2.反　引

反引，又叫翻引。所謂反引，是指在語文中，作者所引用的材料，其觀點、方向和作者所持的觀點、方向基本相反的一種修辭技巧。例如王維〈山居秋暝〉：

竹喧歸浣女，蓮動下漁舟。隨意春芳歇，王孫自可留。

「王孫自可留」，源於《楚辭・招隱士》：「王孫游兮不歸，春草生兮萋萋。」是「王孫兮歸來，山中兮不可以久留」的反用。又如魯迅〈諺語〉：

被壓制時，信奉著「各人自掃門前雪，莫管他家瓦上霜」的格言的人物，一旦得勢，足以凌人的時候，他的行為就截然不同，變為「各人不掃門前雪，卻管他家瓦上霜」了。

作用引用「各人自掃門前雪，卻管他家瓦上霜」，目的在揭露統治者橫行霸道及社會上紛亂狀態。這也是反用。

3.意　引

所謂意引，是指在語文中，作者不直接引用原文，只間接引述原意，或注目出處，或不注明出處的一種修辭技巧。例如魯彥周〈彩虹坪〉：

不到一學期，吳仲曦對學校生活就感到厭倦了。一種彷徨的無以自主的情緒又重新控制住他，雖然不像以前遛馬路的那種精神狀態，但也只是五十多步和百步之差。

「五十多步和百步之差」，引用《孟子‧梁惠王上》：「塡然鼓之，兵刃既接，棄甲兵而走，或百步而後止，或五十步後止，以五十步笑百步，則何如？」的文意，這也是意引。

4.引　經

所謂引經，是指在語文中，引用經文，來印證自己的觀點，使自己的立論更加堅實的一種修辭技巧。例如《孟子‧公孫丑上》：

以力服人者，非心服也，力不贍也。以德服人者，中心悅而誠服也，如七十子之服孔子也。《詩》云：「自西自東，自南自北，無思不服。」此之謂也。

孟子引用《詩經‧大雅‧文王有聲》的經文，詮釋以德服人，天下人民莫不心服。這是引經的例證。又如《禮記‧學記》：

玉不琢，不成器；人不學，不知道。是故古之王者，建國君民，教學為先。〈兌命〉曰：「念終始典於學。」其此之謂乎！

這是引用《尚書‧說命》的經文，闡論學的重要。學不止可以懂得做人的道理，也可以建立邦國，治理人民，可見學的重要性。這也是引證的明證。

5.稽　古

所謂稽古，是指在語文中，用古人的事跡、故事而不用原文的一種修辭技巧。稽古又叫稽引、徵古。稽古的作用，在於借用古人的事跡、故事來說明某種道理，抒發自己的感情，增加說服力和感染力㊶。例如司馬遷〈報任少卿書〉：

蓋文王拘而演《周易》；仲尼厄而作《春秋》；屈原放逐，乃賦《離騷》；左丘失明，厥有《國語》；孫子臏腳，《兵法》脩列；不韋遷蜀，世傳《呂覽》；韓非囚秦，〈說難〉、〈孤憤〉；《詩》三百篇，大抵聖賢發憤之所為作也。

司馬遷引用古人遭遇不幸而發憤著書的事跡，來詮釋自己撰《史記》的動機，但並未引用古人的原文，這是稽古的例證。又如陸機〈齊謳行〉：

鄙哉牛山嘆，未及至人情。爽鳩苟已徂，吾子安得停？

陸機引用《晏子春秋》中齊景公的故事。齊景公遊於牛山，北臨其國境，想到自己將去世，不禁潸然涕下。晏子笑景公，並告訴他：以前國君已逝世，景公才能統治齊國，景公怎麼可以長生不死呢？陸機只引用齊景公的故事，但並未引用古人的原文。

6. 出　新

所謂出新，是指在語文中，作者化古出新的一種修辭技巧。例如曹操〈短歌行〉：

青青子衿，悠悠我心。但為君故，沈吟至今。

「青青子衿，悠悠我心。」出自《詩經・鄭風・子衿》。原意是追慕心中的男子，曹操用來表達求賢若渴的心情。這是化古出新的修辭手法。

㈣就引用的方法分

引用的分類，依引用的方法，可以分爲取意不取句、取意亦取句、增損原文，取其意而變其文四種。

1. **取意不取句**

所謂取意不取句，是指在語文中，作者用古人意而加以點化，使語句更巧妙的一種修辭技巧。黃庭堅說：「此法如靈丹一粒，有點鐵成金之妙。」例如劉禹錫詩：

遙望洞庭湖面水，白銀盤裡一青螺。

黃庭堅點化以後，而成爲「可惜不當湖水面，銀山堆裡看青山」。又如孔稚圭〈白苧歌〉：

山虛鐘響徹。

黃庭堅點化以後，而成爲「山空響筦絃」。黃庭堅善用此法，他又將盧仝詩：「草石是親情」，點化以後，而成爲「小山作友朋，香草當姬妾。」

2. **取意亦取句**

所謂取意亦取句，是指在語文中，引用成詞成句的一種修辭技巧。例如《大學》：

〈康誥〉曰：「克明德。」〈大甲〉曰：「顧諟天之明命。」〈堯典〉曰：「克明峻德。」皆自明也。

這是引用《尙書》的〈康誥〉、〈大甲〉、〈堯典〉三篇經文，來闡述明明德的眞諦，在於自己彰明本身的德性。這是取意亦取句的修辭手法。又如《荀子・勸學》：

詩曰：「尸鳩在桑，其子七兮。淑人君子，其儀一兮。其儀一兮，心如結兮。」故君子結於一也。

這是引用《詩經》的文句，來說明「君子結於一」的道理。這也是取意亦取句的修辭方式。

3. **增損原文**

所謂增損原文，是指在語文中，引用原文時增減文字，但文意不變的一種修辭技巧。例如劉向《說苑・君道》：

夫上之化下，猶風靡草。東風，則草靡而西；西風，則草靡而東；在風之所由，則草為之靡。

這是增損《論語・顏淵》：「君子之德風，小人之德草，草上之風必偃。」《論語》此文句，又增損《尚書・君陳》：「爾惟風，下民惟草。」這些都是增損原文的例證。又如：《禮記・大學》：

如切如磋者，道學也；如琢如磨者，自修也；瑟兮僩兮，恂慄也；赫兮喧兮者，威儀也；有斐君子，終不可諠兮者，道盛至善，民之不能忘也。

這是增損《爾雅》原文。《爾雅・釋訓》：「如切如磋，道學也。如琢如磨，自脩也。瑟兮僩兮，恂慄也。赫兮烜兮，威儀也。有斐君子，終不可諼兮，道盛至善，民之不能忘也。」這也是增損原文的明證。

4. **取其意而變其文**

所謂取其意而變其文，是指在語文中，採取文意而變化語句的一種修辭技巧。例如李白〈朝辭白帝城〉：

朝辭白帝彩雲間，千里江陵一日還；兩岸猿聲啼不住，輕舟已過萬重山。

李白採用酈道元〈水經江水注〉的文意，而變化語句，其原文是「或王命急宣，有時朝發白帝，暮到江陵，其間千二百里，雖乘奔御風不以疾也。……每至晴初霜旦，林寒澗肅，常有高猿長嘯，屬引淒異，空谷傳響，哀轉久絕。」又如辛棄疾〈賀新郎〉詞：

我看青山多嫵媚，料青山見我應如是。

辛棄疾採用李白〈獨坐敬亭山〉詩的文意，而變化詞句，原文是：「相看兩不厭，只有敬亭山。」辛、李二氏意境相似，但文句迥異。

四、結　論

古今論引用的分類，有二分法、三分法、四分法、五分法、六分法、十四分法，見仁見智。理想的分類，以不同角度來細分，比較妥善。本文依引用的來源、形式、內容、方法加以分類，雖非盡善盡美，但比較翔實、比較理想。

【附　註】

① 黃師慶萱說：「所謂『重言』，就是重複地位重要者之言論，以期受人重視的意思，也就是本文所稱之『引用』。」（詳見黃師《修辭學》，頁一〇〇，三民書局，一九七五年一月，臺北。

② 劉勰《文心雕龍．事類》：「事類者，蓋文章之外，據事以類義，援古以證今者也。」所謂「事類」，即引事比類，亦即舊時所謂「用典」，今世所謂「引用」。（參閱張仁青《駢文學》，頁一三八，文史哲出版社，一九八四年三月，臺北。）

③ 李金苓〈宋代修辭理論的特點〉：「援引，相當於引用。」（詳見中國華東修辭學會編《修辭學研究》，頁一四三，語文出版社，一九八四年十月，北京。

④ 古代所謂「用典」，現代所謂「引用」。

⑤ 張仁青《駢文學》：「夫典，事也。所謂典故，古之事也，亦即歷史之事也，是以典之定義，凡引證歷史中事實及前人言語入於文者，皆曰典故，前者謂之『用事』，後者謂之『用詞』。」（見該書頁一三七）所謂「用事」、「用詞」，都是「引用」。

⑥ 參閱唐松波、黃建霖主編《漢語修辭格大辭典》，頁一八七，中國國際廣播出版社，一九八九年十二月，北京。

⑦ 參閱陸稼祥、池太寧主編《修辭方式例解詞典》，頁二八三，浙江教育出版社，一九八〇年九月，杭州。

⑧ 詳見同⑦，頁二八四。

⑨ 參閱成偉鈞、唐仲揚、向宏業主編《修辭通鑒》，頁四二九，中國青年出版社，一九九一年六月，北京。

⑩ 詳見黃師慶萱《修辭學》，頁一一四至一一八。

⑪ 參閱拙作《陳騤文則新論》，頁二五一至二六〇，文哲出版社，一九九三年三月，臺北。

⑫ 參閱譚正璧《修辭新例》，頁五三至五六，棠棣出版社，一九五四年三月，北京。

⑬ 參閱⑩，頁一五九至一七五。

⑭ 參閱錢覺民、李延祐《修辭知識十八講》，頁一二八至一三二，甘肅少年兒童出版社，一九八四年一月，蘭州。
⑮ 參閱程希嵐《修辭學新編》，頁三〇〇至三〇八，吉林人民出版社，一九八四年七月，吉林。
⑯ 參閱沈謙《修辭學》，頁四七九至五〇四，國立空中大學，一九九九年二月，臺北。
⑰ 參閱董季棠《修辭析論》，頁一八五至一九五，文史哲出版社，一九九二年六月，臺北。
⑱ 參閱張嚴《修辭論說與方法》，頁一七七至一八一，臺灣商務印書館，一九七五年十月，臺北。
⑲ 參閱黃民裕《辭格匯編》，頁四五至四七，湖南人民出版社，一九八四年四月，長沙。
⑳ 參閱吳正吉《活用修辭》，頁九七至一三五，復文圖書出版社，一九八四年六月，高雄。
㉑ 參閱季紹德《古漢語修辭》，頁三二〇至三四五，吉林文史出版社，一九八六年五月，吉林。
㉒ 參閱王德春主編《修辭學詞典》，頁一九五至一九六，浙江教育出版社，一九八七年五月，杭州。
㉓ 參閱同⑦，頁二八三至二八七。
㉔ 參閱鄭文貞《篇章修辭學》，頁四〇五至四〇六，廈門大學出版社，一九九一年六月，福建。
㉕ 參閱張仁青《駢文學》，頁一三七至一七八。
㉖ 參閱路燈照、成九田《古詩文修辭例話》，頁一二七至一三六，臺灣商務印書館，一九八七年十月，臺北。
㉗ 參閱同⑥，頁一八七至一九六。
㉘ 參閱同⑨，頁四二八至四三六。
㉙ 參閱黃永武《字句鍛鍊法》，頁八二至八八，洪範書店，一九八六年一月，臺北。
㉚ 同⑱。

㉛ 參閱徐芹庭《修辭學發微》，頁一四一至一四四，臺灣中華書局，一九七一年三月，臺北。
㉜ 參閱王希杰《漢語修辭學》，頁三一三至三一五，北京出版社，一九八三年十二月，北京。
㉝ 參閱宋振華、吳士文、張國慶、王興林主編《現代漢語修辭學》，頁一一二至一一六，吉林人民出版社，一九八四年九月，吉林。
㉞ 同㉒。
㉟ 參閱參閱周靖《現代漢語語法修辭》，頁三三九至三四三，中國經濟出版社，一九九一年六月，北京。
㊱ 參閱倪寶元《修辭》，頁二八五至二九五，浙江人民出版社，一九八〇年六月，杭州。
㊲ 同㉕。
㊳ 參閱趙克勤《古漢語修辭簡編》，頁六三至七三，北京商務印書館，一九八三年三月，北京臺北。
㊴ 參閱⑨，頁四二九至四三六。
㊵ 參閱高琦《文章一貫，見鄭奠、譚全基編《古漢語修辭學資料彙編》，頁三八九至三九〇引，明文書局，一九八四年九月，臺北。
㊶ 參閱汪國勝、吳振國、李宇明《漢語辭格大全》，頁五七五至五七六，廣西教育出版社，一九九三年二月，南寧。

論對偶的分類

一、前言

在語文中，凡是同一句中的上下兩個短語以及上下兩個、四個、六個或六個以上短句中的奇句與偶句，字數相等，句法相似，詞性相同，平仄相對的一種修辭技巧，叫做對偶。對偶又叫對仗，也稱爲駢麗、麗辭，也叫對子①，又稱爲儷辭②。對偶的產生，睽其主因，不外乎有六端：一是受自然界事物奇偶相對的啓發，二是觀念聯合的作用，三是社會及時代的需要，四是文章本身的需要，五是人類愛美的心理，六是中國語文的恩賜。③對偶的分類，以劉勰《文心雕龍》爲最早。本文擬先簡述各家論對偶分類的梗概，再析論何種比較理想。

二、各家的對偶分類

我國古今論對偶的分類，雖然衆說紛紜，見仁見智，莫衷一是，但經過條分縷析，比較、歸納，可分爲四分法、六分法、八分法、十二分法、二十六分法、二十八分法、二十九分法、三十分法，茲分別闡論之。

㈠對偶的四分法

所謂對偶的四分法，是將對偶分爲四種類別，來闡析修辭技巧的方法。最早運用對偶的四分法，是劉勰，他在《文心雕龍．麗辭》說：

故麗辭之體，凡有四對：言對為易，事對為難；反對為優，正對為劣。言對者，雙比空辭者也；事對者，並舉人驗者也；反對者，理殊趣合者也；正對者，事異義同者也。長卿〈上林賦〉云：「修容乎禮園，翱翔乎書圃。」此言對之類也；宋玉〈神女賦〉云：「毛嬙鄣袂，不是程式；西施掩面，比之無色。」此事對之類也；仲宣〈登樓賦〉云：「鍾儀幽而楚奏，莊舃顯而越吟。」此反對之類；孟陽〈七哀〉云：「漢祖想枌榆，光武思白水。」此正對之類也。凡偶辭胸臆，言對所以為易也；徵人資學，事對所以為難也；幽顯同志，反對所以為優也；並貴共心，正對所以為劣也。又以言對事對，各有反正，指類而求，萬條自照然矣。④

劉氏闡述對偶的種類，並舉例加以印證說明：㈠言對，是指上下句的比擬，純粹是空辭，不用典故，並沒有例證，所以比較容易。㈡事對：上下句並列對舉，都有人地事物，可供證驗，所以比較困難。㈢反對，事理雖然不同，但旨趣卻彼此暗合，所以比較優異。㈣正對，材料雖然有別，但意義卻完全相同，所以比較拙劣。這四種對偶，也可以合併爲言對和事對，然後在二者之中，又分作正對與反對。這四對對偶，是就意義上分類。就結構上分類，將對偶分作四種，有黃師慶萱《修辭學》，他分對偶爲句中對、單句對、隔句對、長對四種⑤，還有徐芹庭教授《修辭學發微》將對偶分爲當句對、單對、偶對、長偶對四種⑥，又有沈謙教授《修辭學》把對偶分作當句對、單句對、隔句對、長偶對四種⑦。黃氏、徐氏、沈氏分法相同，名異實同，都是依照結構分類。句中對又叫當句對。單句對，又稱爲單對。隔句對，又叫偶對，也稱爲扇對。長偶對，又叫長對。因此，名異實同。對偶的四分法，只有董季棠教授《修辭析論》的分法，與衆不同，他對對偶分爲正名對、隔句對、長句對、當句對。⑧正名對屬於意義上的對偶，隔句對、長句對、當句對屬於結構上的對偶。

㈡對偶的六分法

所謂對偶的六分法，是將對偶分作六種類別，來闡述修辭技巧的方法。使用對偶的六分法，是唐初上官儀。據魏慶之《詩人玉屑》引《詩苑類格》說：

唐上官儀曰：「詩有六對：一曰正名對，天地日月是也。二曰同類對，花葉草芽是也。三曰連珠對，蕭蕭赫赫是也。四曰雙聲對，黃槐綠柳是也。五曰疊韻對，彷徨放曠是也。六曰雙擬對，春樹次池是也。」⑨

上官儀將對偶分爲正名對、同類對、連珠對、雙聲對、疊韻對、雙擬對六種。正名對、同類對都是屬於意義上的對偶，連珠對、雙聲對、疊韻對、雙擬對都是屬於結構上的對偶。

㈢對偶的八分法

所謂對偶的八分法，是將對偶分爲八種類別，來闡論修辭技巧的方法。應用對偶的八分法，有上官儀、黃永武、張嚴、張先亮。上官儀除了主張對偶分六種以外，還有主張八對之說。據《詩人玉屑》引《詩苑類格》說：

> 詩有八對：一曰的名對，「送酒東南去，迎琴西北來」是也。二曰異類對，「風織池間樹，蟲穿草上文」是也。三曰雙聲對，「秋露香佳菊，春風馥麗蘭」是也。四曰疊韻對，「放蕩千般意，遷延一介心」是也。五曰聯綿對，「殘河若帶，初月如眉」是也。六曰雙擬對，「議月眉欺月，論花頰勝花」是也。七曰回文對，「情新因意得，意遂情新」是也。八曰隔句對，「相思復相憶，夜夜淚沾衣；空歎復空泣，朝朝君未歸」是也。⑩

上官儀把對偶又分作八種：的名對、異類對、雙聲對、疊韻對、聯綿對、雙擬對、回文對、隔句對。吾人將上官儀六對、八對的說法，重新整理，去其重複，只剩下九種：的名對（又叫正名對）、同類對、異類對、雙聲對、疊韻對、聯綿對（又叫連珠對）、雙擬對、回文對、隔句對。原來上官儀八對的說法，的名對、異類對都是屬於意義上的對偶，雙聲對、疊韻對、聯綿對、雙擬對、回文對、隔句對都是屬於結構上的對偶。黃永武教授《字句鍛鍊法》將對偶的分為兩部分：㈠從句型上分類，不外乎當句對、單對、偶對、長偶對四種。㈡從句意上分類，不外乎相背、相向、相聯、相偶四種。⑪黃氏把對偶分為八種：當句對、單句對、偶對、長偶對、相背對、相向對、相聯對、相偶對。前四者是結構上的對偶，後四者是意義上的對偶。張嚴教授《修辭論說與方法》將對偶分作正名對（亦稱正對、名對）、隔句對、雙擬對、聯綿對、互成對、雙聲對、疊韻對、回文對八種。⑫正名對是結構上的對偶，其餘七種都是意義上的對偶。大陸學者張先亮先生從形式上分對偶為嚴對、寬對兩種。從內容上分對偶作正對、反對、串對、借對、當句對、隔句對六種。⑬張氏將當句對、隔句對列入意義上的對偶，其實，也是結構上的對偶。

(四)對偶的十二分法

所謂對偶的十二分法，是將對偶分作十二種類別，來闡明修辭技巧的方法。運用對偶的十二分法，是唐松波、黃建霖主編的《漢語修辭格大辭典》，從結構上分類，對偶分爲嚴式和寬式兩種。從意義上分類，對偶分作正對、反對、串對三種。此外，古詩文還有一些特殊形式的對偶，如自對、互對、側對、扇對、借對、蹉對、鼎對。⑭《漢語修辭格大辭典》將對偶分爲十二種：嚴式對偶、寬式對偶、正對、反對、串對、自對、互對、側對、扇對、借對、蹉對、鼎對。除正對、反對、串對（又叫流水對、走馬對）是意義上的對偶外，其他如嚴式對偶、寬式對偶都是屬於依照限制分類的結構上對偶，自對（又叫當句對、就句對、句中對、四柱對）、扇對（又叫隔句對）、借對（又叫假對、假借對）、蹉對（又叫錯對、錯綜對、交股對、犄角對）、鼎對（又叫鼎足對、三鐺對）都是屬於依照句型分類的結構上對偶。

(五)對偶的二十六分法

所謂對偶的二十六分法，是將對偶分分二十六種類別，來闡析修辭技巧的方法。使用對偶的二十六分法，是李白剛教授，他在《文心雕龍斠詮》把對偶分作二十六種：正名對（又叫的名對）、異類對（又叫異名對）、隔句對（又叫偶句對）、長偶對、假借對、離合對、巧對、蹉對、倒裝對、流水對、當句對、懸橋對、虛詞對、數目對、雙擬對、聯綿對（又叫連珠對）、互成對、回文對、重言對、複字對、詩鐘對、雙聲對、疊韻對、雙聲對疊韻、疊韻對雙聲。⑮除了正名對、異類對、假借對、虛詞對、數目對、互成對都是屬於意義上的對偶之外，其餘二十種都是屬於結構上的對偶。

(六)對偶的二十八分法

所謂對偶的二十八分法，是將對偶分爲二十八種類別，來詮釋修辭技巧的方法。運用對偶的二十八分法，是王了一他在《中國詩律研究》將對偶分作十一類二十八種：第一類：甲天文門、乙時令門，第二類：甲地理門、乙宮室門，第三類：甲器物門、乙衣飾門、丙飲食門，第四類：甲文具門（包括文人用品）、乙文學門，第五類：甲草木花果門、乙鳥獸蟲魚門，第六類：甲形體門、乙事人門（一部分由動詞轉成），第七類：甲人倫門（人品包括在內）、乙代名對，第八類：甲方位對、乙數目對、丙顏色對、丁干支對，第九類：甲人名對、乙地名對，第十類：甲同義連用字（大致相似之義亦包括在內）、乙反義連用字、丙連綿字、丁重疊字，第十一類：甲副詞（其由形容詞轉成者不列）、乙連介詞、丙助詞。除連綿字、重疊字外，王氏依照內容分類，是第一至十類，依照詞性分類，是第十一類。⑯

(七)對偶的二十九分法

所謂對偶的二十九分法，是將對偶分爲二十九種類別，來詮譯修辭技巧的方法。應用對偶的二十九分法，是日本遍照金剛，他在《文鏡秘府論》，把對偶分作二十九種：的名對（又叫正名對、正對）、隔句對、雙擬對、聯綿對、互成對、異類對、賦體對、雙聲對、疊韻對、回文對、意對、平對、奇對、同對、字對、聲對、側對、鄰近對、交絡對、當句對、含境對、背體對、偏對、雙虛實對、假對、切側對、雙聲側對、疊韻側對、總不對。⑰除了的名對、異類對、意對、奇對、同對、字對、側對、交絡對、含境對、背體對、偏對、雙虛實對、總不對、假對都是意義上的對偶，其餘都是結構上的對偶。

(八)對偶的三十分法

所謂對偶的三十分法，是將對偶分爲三十種類別，來詮釋修辭技巧的方法。運用對偶的三十分法，有張仁青教授和大陸學者成偉鈞、唐仲揚、向宏業主編的《修辭通鑒》。張仁青教授《駢文學》把對偶分作三十種：單句對（又叫單對）、偶句對（又叫雙句對、隔句對、偶對）、長偶對、異類對（又叫異名對、平頭對、普通平對），同類對（又叫正名對、的名對、正對、切對、合璧對），方位對、當句對（又叫本句對、連環對）、虛字對（又叫虛詞對），實字對、有無對、疊字對（又叫連珠對），數字對（又叫數目對），渾括對、彩色對、成語對、聯綿對（又叫聯綿對、連綿對），雙聲對、疊韻對、雙聲疊韻對、疊韻雙聲對、流水對、回文對、巧對、雙擬對、懸橋對、借對、假對、虛實對、蹉對（又叫顚倒對、錯綜對、交股對）、互文對。⑱張氏以爲前十六種是對偶的正格，後十四種是對偶的變格。除了異類對、同類對、方位對、虛字對、實字對、有無對、數字對、渾括對、彩色對、成語對、流水對、巧對、借對、假對、虛實對都是屬於意義上的對偶以外，其他都是結構上的對偶。

成偉鈞、唐仲揚、向宏業主編《修辭通鑒》，將對偶分爲三十類：駢文中運用對偶、古體詩中運用對偶，近體詩中運用對偶、詞中運用對偶、曲中運用對偶、文言散文中運用對偶、小說中運用對偶、白話散文中運用對偶、新詩中運用對偶、正對、反對、串對、互文對、禽獸對、設問對、反問對、情景對、合掌對、工對、寬對、當句對、隔句對、倒裝對、回文對、疊字對、數字對、鼎足對、排比對、嵌字對、諧音對。⑲前九種是依照文體分類，工對、寬對是依照原則分類的結構上對偶，正對、反對、串對、互文對、禽獸對、情景對、合掌對、數字對是依照意義上分類，其他都是依照句型分類的結構上對偶。

三、理想的對偶分類

我國古今修辭學專家學者論對偶分類，有簡有繁，或以限制分、或以意義分、或以句型分、或以文體分、或以結構分、或以形式分、或以內容分、或以詞性分，有些名實異同，但一言以蔽之，不外乎分爲三大類：㈠就文體分類，㈡就結構分類，㈢就意義分類。茲詮證之。

㈠就文體分類

對偶就文體分類，分爲性質和作法。依性質分類，成偉鈞、唐仲揚、向宏業主編《修辭通鑒》，將對偶分爲九種：一是駢文中運用對偶，如王勃〈滕王閣序〉：「落霞與孤鶩齊飛，秋水共長天一色。」是單句對。又如駱賓王〈爲武后臨朝移諸郡縣檄〉：「宋微子之興悲，良有以也；袁君山之流涕，豈徒然哉？」既是隔句對，又是虛字對。（「也」對「哉」，「也」、「哉」是虛字）二是古體詩中運用對偶，如張九齡〈感遇〉：「美服患人指，高明逼神惡。」是單句對。又如杜甫〈贈衛八處士〉：「夜雨翦春韭，新炊間黃粱。」也是單句對。三是近體詩中運用對，如李白〈送友人〉：「浮雲遊子意，落日故人情。」是單句對。又如崔顥〈黃鶴樓〉：「晴川歷歷漢陽樹，芳草萋萋鸚鵡洲。」也是單句對。四是詞中運用對偶，如白居易〈憶江南〉：「日出江花紅勝火，春來江綠如藍。」是單句。又如柳永〈雨霖鈴〉：「此去經年，應是良辰好景虛設。」「良辰好景」是當句對。五是曲中運用對偶，如白樸〈仙呂點絳唇．金鳳釵分〉：「枯荷宿鷺，遠樹棲鴉。」是單句對。又如馬致遠〈秋思〉：「莫太奢，沒多時好天良夜。」「好」對「良」，「天」對「夜」，「好天良夜」是當句對。六是文言散文中運用對偶，如歐陽脩〈醉翁亭記〉：「野芳發而幽香，佳木秀而繁陰。」是單句對。又如范仲淹〈岳陽樓記〉：「浮光躍金，靜影沈璧。」也是單句對。七是小說中運用對，如李汝珍《鏡花緣》：「牡丹芍藥，佳號極繁；秋菊春蘭，芳名更夥。」是隔句對。又如曹雪芹《紅樓夢．十九回》：「情切切良宵花解語，意綿綿靜日玉生香。」是單句對。八是白話散文中運用對偶，如梁實秋〈駱駝〉：「蕉風椰雨，晨夕對泣，心裡多麼凄涼！」「蕉風」對「椰雨」，這句是當句對，又叫句中對。又如古蒙仁〈一個沒有鼾聲的鼻子〉：「流過了千山萬水。」「千山」對「萬水」，這句也是當句對。九是新詩中運用對偶，如崔合美〈釆珠〉：「船，蕩開閃耀的金星；槳，撥動五彩的雲影。」

是隔句對。又如王蓉芷〈只要我們有根〉：「只要我們有根，明春，明春來時，我們又會枝繁葉茂，宛如新生。」「枝繁」對「葉茂」，這句是當句對。

對偶依作法分類，可分為記敘、抒情、論說三種。記敘文的對偶，如歐陽脩〈醉翁亭記〉：「峰回路轉，有亭翼然臨於泉上者，醉翁亭也。」「峰回」對「路轉」，這句是當句對。又如袁宏道〈西湖雜記〉：「才一舉頭，已不目酣神醉。」「目酣」對「神醉」，這句也是當句對。抒情文的對偶，如關漢卿的〈四塊玉・閒適〉：「舊酒沒，新醅潑。」是單句對。又如朱自清〈春〉：「鳥兒將窠安在繁花嫩葉當中。」「繁花」對「嫩葉」，這句是當句對。論說文的對偶，如《韓非子・定法》：「逐敵危而不卻，故其國富而兵強。」「國富」對「兵強」，這句是當句對。又如黃宗羲〈原君〉：「攝緘縢，固扃鐍。」是單句對。

㈡就結構分類

對偶的分類，依結構來分，可分為限制和句型。依限制分類，對偶又分為嚴對和寬對。嚴對，又叫嚴式對偶，也稱為工對，筆者稱它為嚴格式對偶，必須上下短語或文句字數相等，結構相同，詞性一致，平仄相對，不能重複用字，如王勃〈送杜少府之任蜀州〉：「海內存知己，天涯若比鄰。」上句是「仄仄平平仄」，下句是「平平仄仄平」，「海內」對「天涯」，「存」對「比」，「知己」對「比鄰」，這例句是嚴對。又如錢起〈谷口書齋寄楊補闕〉：「竹憐新雨後，山愛夕陽時。」上句是「仄平平仄仄」，下句是「平仄仄平平」，「竹」對「山」，「憐」對「愛」，「新雨」對「夕陽」，

「後」對「時」，這例句是嚴對。寬對，又叫寬式對偶，筆者稱爲放寬式對偶，在形式上，不需要嚴對那樣嚴格，只要語法結構大致相似即可，不必講究平仄和詞性，字面上也可以重複出現相同的字詞。又如吳均〈與宋元思書〉：「蟬則千轉不窮，猿則百叫無絕。」重複使用「則」字，所以屬於寬對。又如蘇軾〈水調歌頭〉：「人有悲歡離合，月有陰晴圓缺。」重複運用「有」字，所以屬於寬對。又如余光中〈贈何凡．林海音〉：「四十年的文章，透明如玻璃；五十年的婚姻，穩固如金石。」上下兩個長句，字數相等，結構相同，意義相關，但有重複用字，所以屬於寬對。

依句型分類，對偶又分作當句對、單句對、隔句對、長偶對四種。當句對如《禮記．禮運》：「講信修睦。」「講信」對「修睦」。王勃〈滕王閣序〉：「人傑地靈。」「人傑」對「地靈」。單句對如杜甫〈登高〉：「無邊落木蕭蕭下，不盡長江滾滾來。」「無邊」對「不盡」，「落木」對「長江」，「蕭蕭」對「滾滾」，「下」對「來」。董其昌〈題杭州西湖冷泉亭〉：「泉自幾時冷起，峰從何處飛來。」「泉」對「峰」，「自」對「從」，「幾時」對「何處」，「冷起」對「飛來」。隔句對如「昨夜越溪難，含悲赴上蘭；今朝逾嶺易，抱笑入長安。」⑳「昨夜」對「今朝」，「越溪難」對「逾嶺易」，「含悲」對「抱笑」，「赴上蘭」對「入長安」。「大肚能容，了卻人間多少事；滿腔歡喜，笑開天下古今愁。」㉑「大肚能容」對「滿腔歡喜」，「了卻人間多少事」對「笑開天下古今愁」。長偶對如顧憲成〈無錫東林書院楹聯〉：「風聲、雨聲、讀書聲，聲聲入耳；家事、國事、天下事，事事關心。」「風聲」對「家事」，「雨聲」對「國事」，「讀書聲」對「天下事」，「聲聲入耳」對「事事關心」。阮元〈題揚州平山堂〉：「坐，請坐，請上坐；茶，泡茶，泡好茶。」

「坐」對「茶」，「請坐」對「泡茶」，「請上坐」對「泡好茶」。

㈢就意義分類

對偶的分類，就意義而言，可分爲正對、反對、串對三種。正對如民歌：「家鄉一片綠，祖國萬年青。」㉒王勃〈滕王閣序〉：「時維九日，序屬三秋。」

反對的分類，以張夢機教授《古典詩的形式結構‧對偶的體與用》敘述最詳盡，張教授將反對分爲十小類：一是剛柔，如「溪雲初起月沈閣，山雨欲來風滿樓。」（許渾）「水聲粗悍如驕將，山色凄涼似病夫。」（王國維）二是大小，如「松排山面千重翠，月點波心一顆珠。」（白居易）三是有無，如「縱使有花兼有月，可堪無酒又無人。」（李商隱）「詞客有靈應識我，霸才無主始憐居。」（溫庭筠）四是晦明，如「野徑雲俱黑，江船火燭明。」（杜甫）「瘴雨欲來楓葉黑，火雲初起荔枝紅。」（許暉）五是人我，如「我已無家尋弟妹，君今何處訪庭闈。」（杜甫）「顧我無衣收盡篋，泥他沽酒拔金釵。」（元稹）六是遮表，如「復有樓臺銜暮景，不勞鐘鼓報曉晴。」（杜甫）「幸不折來傷歲暮，若爲看去亂鄉愁。」（杜甫）七是高下，如「魚行潭樹下，猿挂鳥藤間。」（孟浩然）「近淚無乾土，低空有斷雲。」（杜甫）八是正反，如「到門不敢題凡鳥，看竹何須問主人。」（王維）「花徑不曾緣客掃，蓬門今始爲君開。」（杜甫）九是抑揚，如「白髮悲花，落青雲羨鳥飛。」（岑參）「得相能開國，生兒不象賢。」（劉禹錫）十是今昔，如「昔記山川是，今傷人代非。」（張說）「人世幾回傷心事，山形依舊枕寒流。」（劉禹錫）

串對又叫流水對，如李白〈送友人〉詩：「此地一爲別，孤蓬萬里征。」歐陽脩〈謝賜漢書表〉：「惟漢室上繼三代之盛，而班史自成一家之書。」

四、結論

古今論對偶的分類，可以歸納爲四分法、六分法、八分法、十二分法、二十八分法、二十九分法、三十分法，但理想的對偶分類，應從不同角度去探析，比較恰當。因此，筆者首先就文體來分，可分爲性質與作法。依性質分類，對偶分爲駢文中運用對偶、古體詩中運用對偶、近體詩中運用對偶、詞中運用對偶、曲中運用對偶、文言散文中運用對偶、小說中運用對偶、白話散文中運用對偶、新詩中運用對偶九種。依作法來分，可分爲記敘文的對偶、抒情文的對偶、論說文的對偶。其次就結構來分，可分爲限制和句型。依限制分類，可分爲嚴對和寬對兩種。依句型分類，可分爲當句對、單句對、隔句對、長偶對四種。最後就意義分類，可分爲正對、反對、串對三種。

【附註】

①成偉鈞、唐仲揚、向宏業主編的《修辭通鑒》說：「古代宮廷護衛列隊持仗（仗）相對而立，在形式上跟對偶一樣對偶，故對偶又叫對仗。漢語中的『駢』字有並列對偶的意思，『麗』字也有成對之意，加之漢、魏、南北朝的駢文中對偶句極多，故對偶稱爲駢麗、麗辭，民間則俗稱爲對子。」（見該書頁五九八，中國青年出版社，民國八十年六月北京初版。）

② 對偶又稱爲儷辭，見於宋文翰《國文修辭學》：「對偶也叫儷辭。」（見該書頁二九，新陸書局，民國六十年十一月出版。）徐芹庭《修辭學發微》：「對偶或稱儷辭。」（見該書頁一二一，臺灣中華書局，民國六十三年八月二版。）

③ 詳見張仁青教授《駢文學》，頁五七至八四，文史哲出版社，民國七十三年三月初版。

④ 見王師更生《文心雕龍讀本》下篇，頁一三三至一三四，文史哲出版社，民國七十二年十一月初版。

⑤ 詳見黃師慶萱《修辭學》，頁四五七至四六三，三民書局，民國六十四年一月初版。

⑥ 詳見徐芹庭教授《修辭學發微》，頁一二三。

⑦ 詳見沈謙教授《修辭學》下册，頁六三。國立空中大學，民國八十年十二月再版。

⑧ 詳見董季棠教授《修辭析論》，頁三三三至三三四，文史哲出版社，民國八十一年六月。

⑨ 見魏慶之《詩人玉屑》，頁一六五，九思出版有限公司，民國六十七年十一月臺一版。

⑩ 見註九書，頁一六五至一六六。

⑪ 詳見黃永武教授《字句鍛鍊法》，頁六五至六六，洪範書局，民國七十五年一月初版。

⑫ 詳見張嚴教授《修辭論蕘P方法》，頁一一九至一二一，臺灣商務印書館，民國六十四年十月初版。

⑬ 詳見浙江省修辭研究會編著《修辭方式例解詞典》，頁六二至六五，民國七十九年九月第一版。

⑭ 詳見唐松波、黃建霖主編《漢語修辭格大辭典》，頁二二九至二四六，民國七十八年十二月北京第一版。

⑮ 詳見李曰剛教授《文心雕龍斠詮》下編，頁一六一三至一六一七，國立編譯館中華叢書編審委員會，民國七十一年五月初版。

⑯詳見王了一《中國詩律研究》，頁一五三至一六六，文津出版社，民國五十九年九月初版。
⑰詳見遍照金剛《文鏡秘府論》，頁一〇八至一四四，蘭臺書局，民國五十八年七月初版。
⑱詳見註三書，頁九八至一一五。
⑲詳見註一書，頁六〇〇至六〇八。
⑳見同註一七書，頁一一五引。
㉑見同註七書，頁六五九引。
㉒見陸稼祥《辭格的運用》，頁一六五引，遼寧人民出版社，民國七十八年六月初版。

海峽兩岸修辭學研究的比較

一、前　言

海峽兩岸相隔四十多寒暑，文化交流一開放，兩岸學者互通信訊，彼此切磋，還帶動學術發展。尤其是兩岸舉行的各種學術會議，可使兩岸的專家學者歡聚一堂，研討學術。去（一九九二）年十二月二十日至二十四日，筆者應邀赴廣州珠島賓館參加中國修辭學學術研討會①，與來自各省代表的大陸地區一百多位修辭學專家學者會晤，互相研討，彼此交談，洞悉大陸修辭學研究的概況。當時曾在研討會中，口頭報告「海峽兩岸修辭學研究的比較」。由於時間有限，僅能簡要陳述，不克詳述，因此擬返臺後，撰寫成文章。適逢世界華文教育協進會董鵬程先生邀筆者撰寫有關修辭學方面的文章，筆者藉此良機，草擬此文。

海峽兩岸修辭學研究的比較，從不同角度探討，有很多迥異。茲舉其犖犖大者，擬分為修辭學會、修辭專家、修辭專著、研究方向等四項，逐一闡論兩岸的異同。

二、修辭學會

大陸地區於一九八〇年十二月月成立中國修辭學會，迄今已十三年了，但臺灣地區猶未成立修辭學會，這是有待努力。大陸在十三年中，每隔兩年舉辦一次中國修辭學國際學術研討會，已辦了六屆，在這六屆中，僅第六屆有臺灣學者參加②，其餘五屆由於兩岸阻隔，文化尚未交流。第七屆擬於一九九四年十一月在海南島召開，屆時再以再次學術交流。大陸地區的中國修辭學會有六個分會：華東、華北、東北、西北、中南、西南。會員有六百多位，會員著作一千部以上專著，單篇論文近一萬篇。③目前中國修辭學會編《修辭學論文集》六集，前四集由福建人民出版社印行，後二集由河南大學出版社印行。又編《修辭和修辭教學》，由上海教育出版社印行；《修辭的理論和實踐》，由語文出版社印行。中國修辭學會東北分會編《修辭學論文集》，由吉林大學社會科學學報編輯部印行；《中國語文修辭分析》第一、二卷，由東北分會語文教材研究組印行。中國修辭學會華北分會編《修辭古今談》，由山西人民出版社印行。中國修辭學會華東分會編《修辭學研究》第一輯，由華東師範大學出版社印行；《修辭學研究》第二輯，由安徽教育出版社印行；《修辭學研究》第三輯，由語文出版社印行；《修辭學研究》第四輯，由廈門大學出版社印行；《修辭學研究》第五輯，由江西教育出版社印行；《語體論》，由安徽教育出版社印行；《修辭學叢書》十三部，分別由安徽教育出版社、福建教育出版社、福建人民出版社、山東教育出版社印行；《修辭學習》雜誌（迄一九九三年第四期，共五十八期），由江西教育出版社、上海復旦大學出版社印行。中國修辭學會西南分會編《修辭學論文集》，由雲南教育出版社印行。④此外，還有浙江省修辭研究會編《修辭方式例解詞典》，由浙江教育出版社印行。臺灣地區成立「中國修辭學研究會」，是刻不容緩的題課。筆者擬邀請修辭學同好，一起籌劃，在臺灣成立「中國修辭學研究會」，以便與大陸的「中國修辭學會」，有對等的學術機構，互相交流，猶如海基會與海協會，但不知何時才能實現宏願，需視將來的努力。

三、修辭專家

海峽兩岸若以修辭學專家學者來比較，大陸地區的數量一定比臺灣地區多，但以比率而言，未必高於臺灣，大陸有十二億人口，臺灣僅二千一百萬而已。大陸修辭學會的專家學者能夠發揮團隊精神，編撰專著，例如：一九九一年六月，由中國青年出版社印行的《修辭通鑒》，係成偉鈞、唐仲揚、向宏業主編，雲景魁、甘久生、朱麗雲、劉光裕、向宏業、成克莉、成偉鈞、陸稼祥、陳爲良、季澤昆、張繼定、唐仲揚、徐汝淙、涂建軍、龔繼華等十五位學者撰稿。又如：一九八九年十二月，由中國國際廣播出版社印行的《漢語修辭格大辭典》，係唐松波、黃建霖主編，編輯委員有八位：王少歐、王燕華、何賢景、時學緹、杜建國、唐松波、黃建霖、魏威。又如一九九〇年九月，由浙江教育出版社印行的《修辭方式例解詞典》，係陸稼祥、池太寧主編，陳韜、池太寧、範井水、傅定華、傅惠鈞、黃靈紅、黃興團、姜轉珍、金仁奎、金慧萍、孔祥秀、賴瓊華、李浩、李小勇、劉振舉、陸春祥、陸稼祥、沈錫榮、舒洪祥、萬柏春、王獻花、魏國珍、吳建華、徐根松、徐國強、楊明秋、俞正貽、袁志宏、張漢民、張先亮、張學賢、鐘禮平、周虹、周奐、周一農、周雲等三十七位學者撰稿。又如一九八九年七月，由廣西教育出版社印行的《現代漢語語體修辭學》，係現任中國修辭學會秘書長、暨南大學中文系教授黎運漢主編，黎運漢、顧興義、劉才秀、劉鳳玲、謝紅華、宗世海等六位學者編寫。

又如一九九〇年十月，係河北省修辭學會會員武占坤主編，李濟中、步梅新、郝榮齋、劉桂芝、段惠杰、馬瑞超、姚錫遠、陳功煥、武占坤、馬舜等十位學者撰稿。又如一九八九年十二月，由河南教育出版社、香港文化教育出版社印行的《修辭學教程》，係現任中國修辭學會會長、河南廣播電視大學校長張靜及現任中國修辭學會副會長、武漢大學教授鄭遠漢主編，張靜、鄭遠漢、吳啓主、柴春華、黃漢生、濮侃等六位學者編寫。又如一九八九年七，由中共中央黨校出版社印行的《語法修辭新編》係吳桂海、鮑慶林主編，張明發、吳桂海、鮑慶林、夏春秋、陳曉岑、姚永奎、侯超英、劉玉英、王奎杰、韓華、劉玉君等十一位學者撰稿。又如一九八八年十月，由江蘇教育出版社印行的《修辭文薈》，係王希杰、季世昌主編，王希杰、林興仁、黃浩森、李晉荃、季世昌、吳繼光、徐炳昌、黃岳洲、蔣文野、蔡鏡浩、蔣蔭楠、張桁、劉劍儀、徐振禮、沈孟瓔、陸文蔚、費枝美、張履祥、繆詠禾、朱泳燚等二十位學者撰寫。又如一九八九年十月，由書目文獻出版社印行的《現代漢語語法修辭》，係黃漢生主編，楊淑璋、楊從潔、潘維桂、王漫宇等四位學者撰稿。又如一九八四年九月，由吉林人民出版社印行的《現代漢語修辭學》，係宋振華、吳士文、張國慶、王興林主編，王興林、石雲孫、馮憑、劉煥輝、江天、權樹威、吳士文、吳家珍、邸巨、陳堅、陳宗明、宋振華、張國慶、張維耿、張德明、時煜華、陸稼祥、鄭文貞、宗廷虎、郝萬全、趙德琳、秦旭卿、高繼平、倪祥和等二十四位學者撰寫。又如一九八七年十月，由鷺江出版社印行的《新編修辭學》，係鄭頤壽、林承璋主編，劉煥輝、林承璋、鄭頤壽、胡國慶、黎運漢、潘曉東等六學者撰稿。以上是既有主編，又有撰稿人。此外，還有無主編而僅有撰稿人合作的，例如：宗廷虎、鄭明以、李熙宗、李金苓等四位學者合著的《修辭新論》，於一九八八年三月，由上海教育出版社印行，此書雖無主編，但全書由宗廷虎總體設計和統稿。又如李維奇、王大年、王玉唐、李運富合著的《古漢語同義修辭》，於一九八九年十二月，由湖南師範大學出版社印行。又如譚學純、唐躍、朱玲合著的《接受修辭學》，於一九九二年十二月，由上海教育出版社印行。上述是三人以上合作者，二人合作者甚多，例如：姚殿芳、潘兆民合著的《實用漢語修辭》，於一九八七年六月，由北京大學出版社印行。又如王德春、陳晨合著的《現代修辭學》，於一九八九年三月，由江西教育出版社印行。又如宗廷虎、李金苓合著的《漢語修辭學史綱》，於一九八九年五月，由吉林教育出版社印行。又如錢覺民、李廷祐合著的《修辭知識十八講》，於一九八四年一月，由甘肅少年兒童出版社印行。又如呂淑湘、朱德熙合著的《語法修辭講話》，於一九五五年十二月，由中國青年出版社印行。臺灣地區學者合著的，僅是路燈照、成九田《古詩文修辭例話》，於一九八七年十月，由臺灣商務印書館印行。

綜觀所述，大陸修辭學的專家學者從事集體創作甚多，而臺灣修辭學的專家學者多半是單打獨鬥，各掃門前雪，僅路燈照、成九田二人合著而已。至於個人著述者，大陸地區也很多，並非只重集體創作；而臺灣學者僅注重個人著作，很少從事集體創作，不但修辭學如此，其他學科也大部分如此，可能由於人少的緣故吧！

四、修辭專著

大陸修辭學的專家學者除了集體創作的修辭學專著以外，還有甚多個人著作。茲將大陸修辭學的著作分爲下列若干類，與臺灣地區出版修辭學的專著，加以比較。

㈠修辭學史

大陸地區出版有關修辭學史的專著有四本：一是一九八九年五月，宗廷虎、李金苓合著的《漢語修辭學史綱》，是吉林教育出版社印行。二是一九九〇年二月，宗廷虎的《中國現代修辭學史》，由浙江教育出版社印行。三是一九九〇年十月，由袁暉、宗廷虎主編，袁暉、譚全基、宗廷虎、戴婉瑩、李金苓等五位學者合撰的《漢語修辭學史》，係安徽教育出版社印行。四是一九九一年一月，周振甫的《中國修辭學史》，由（北京）商務印書館印行。臺灣地區雖然僅出版一本修辭學史的專著，但其內容豐茂，卻超越大陸地區出版的四本書，這本專著是鄭子瑜的《中國修辭學史》，於一九九〇年二月，由臺北文史哲出版社印行。鄭氏《中國修辭學史》是最早書名的《中國修辭學的變遷》，此書由日本早稻田大學語學教育研究所印行，於一九六五年一月出版。後來鄭氏又修訂而改書名爲《中國修辭學史初稿》，由上海教育出版社印行，於一九八四年五月出版。最後再增訂而改書名爲《中國修辭學史》，在臺北文史哲出版社出版，這是一本後出轉精的著作。鄭氏現在任教於香港中文大學，以前曾在新加坡、上海復旦大學、日本早稻田大學講學，教學經驗豐富，其著作亦漸入佳境。

㈡修辭格

以修格或辭格命名者，有唐鉞《修辭格》，於一九二九年十月，由上海商務印書館印行，此書在臺灣地區不易查閱，僅有國立臺灣師範大學圖書館典藏，一般目錄不列，只列在善本書目內，因此一般人找不到，以爲無此書。大陸地區以修辭格或辭格命名者，有黃民裕《辭格匯編》，於一九八四年四月，由湖南人民出版社印行；吳士文《修辭格論析》，於一九八六年九月，由上海教育出版社印行；陸稼祥《辭格的運用》，於一九八九年六月，由遼寧人民出版社印行；武占坤主編《常用辭格通論》，於一九九〇年十月，由河北教育出版社印行。目前臺灣地區學者以修辭格或辭格命名的專著，尚未出爐。

㈢實用修辭

以實用修辭或活用修辭命名者，在大陸有李裕德《新編實用修辭》，於一九八五年九月，由北京出版社印行；駱小所《實用修辭》，於一九八六年四月，由雲南教育出版社印行；姚殿芳、潘兆明《實用漢語修辭》，於一九八七年六月，由北京大學出版社印行；胡性初《實用修辭》，於一九九二年十二月，由華南理工大學出版社印行。在臺灣地區則有吳正吉《活用修辭》，於一九八四年六月，由高雄復文圖書出版社印行；鄭發明《用修辭學造句》，於一九八〇年四月，由青少年出版社印行；關紹箕《實用修辭學》，於一九九三年二月，由臺北遠流出版社印行。以內容而言，胡性初《實用修辭》可以說是最翔實，有益於教學。以論述而言，吳正吉《活用修辭》可以說是最鞭辟入裡。

㈣修辭詞典

修辭詞典的專著，大陸有王德春主編《修辭學詞典》，於一九八七年五月，由浙江教育出版社印行；唐松波、黃建霖主編《漢語修辭格大辭典》，於一九八九年十二月，由中國國際廣播出版社印行；陸稼祥、池太寧主編《修辭方式例解詞典》，於一九九〇年九月，由浙江教育出版社印行。臺灣迄今，未見有關修辭詞典。

㈤語法修辭

有關語法修辭的專著，在大陸有呂淑湘、朱德熙《語法修辭講話》，於一九五二年十二月，由中國青年出版社印行；北京大學中文系現代漢語教研室編《語法修辭》，於一九七三年十月，由（北京）商務印書館印行；高葆泰《語法修辭六講》，於一九八一年四月，由寧夏人民出版社印行；全國外語院系《語法與修辭》編寫組《語法與修辭》，於一九八七年三月，由廣西教育出版社印行；吳桂海、鮑慶林《語法修辭新編》，於一九八九年七月，由中共央黨校出版社印行；周靖《現代漢語語法修辭》，於一九九一年二月，由中國經濟出版社印行；吳新華《語法修辭闡微》，於一九九一年八月，由江蘇教育出版社印行；復旦大學語法修辭研究研究室編《語法修辭方法論》，於一九九一年八月，由（上海）復旦大學出版社印行。有關語法修辭的專著，臺灣則有黃師慶萱《文法與修辭教師手册》，於一九八七年一月，由國立編譯館印行；方師鐸《詳析〈匆匆〉的語法與修辭》，於一九八三年四月，由臺北學生書局印行。

㈥比較修辭

以比較修辭、辭格比較爲書名者，有鄭頤壽《比較修辭》，於一九八二年十二月，由福建人民出版社印行；濮侃《辭格比較》，於一九八三年九月，由安徽出版社印行。將易於混淆的辭格作比較，如借代與借喻、對偶與排比、象徵與譬喻作比較，以免混淆不清。臺灣地區尚缺乏有關辭格比較的專書，有待拓荒。

五、研究方向

大陸研究修辭學大部分是多元化，臺灣研究修辭大部分是單元化。大陸研究修辭學多元化的專著，例如：一九八九年七月，廣西教育出版社印行，黎運漢主編的《現代漢語語體修辭學》；一九八九年十二，湖南師範大學出版社印行，李維奇、王大年、王玉堂、李運富編著的《古漢語同義修辭》；一九九一年六月，光明日報出版社印行，蔣有經的《模糊修辭淺說》；一九九一年六月，廈門大學出版社印行，鄭文貞的《篇章修辭學》；一九九二年一月，馮廣藝的《變異修辭學》；一九九二年六月，陝西人民出版社印行，馬鳴春的《稱謂修辭學》；一九九二年十二月，上海教育出版社印行，譚學純、唐躍、朱玲合著的《接受修辭學》；一九九二年十二月，北京語言學院出版社印行，譚永祥的《漢語修辭美學》。有的談語體修辭，有的論同義修辭，有的說模糊修辭，有的談篇章修辭，有的論變異修辭，有的說稱謂修辭，有的談接受修辭，有的論修辭美學，各有特點。

臺灣研究修辭學單元化的專著，例如：一九七五年一月，臺北三民出版社印行，黃師慶萱的《修辭學》；一九八一年，臺北益智書局印行，董季棠的《修辭析論》（此書一九九二年六月增訂，改由臺北文史哲出版社印行）；一九九一年二月，國立空中大學印行，沈謙的《修辭學》。此三本書，目前在臺灣都非常盛行，列入暢銷書；但都是僅論修辭格。雖然僅論修辭格，但內容頗豐，並有創見。黃師析論三十個辭格，董氏也闡述三十個辭格，沈氏闡析僅闡析三十四個辭格。只有一九八一年六月，臺北黎明文化事業股份有限公司印行，蔣金龍的《演講修辭學》，係以演講修辭為特色，其他各類修辭，幾乎很少看到，這是臺灣學者在修辭學方面，有待開發的空間，還非常遼闊。

大陸研究修辭學雖然大部分是多元化，但多半側重現代漢語，古代漢語的論述例證比較罕見；臺灣研究修辭學雖然大部分是單元化，但舉例詮證，多半古今作品兼容並包，發揮通古變今，繼往開來的精神，這是臺灣最珍貴的地方，也是最有價值的部份。

六、結　論

海峽兩岸修辭學研究的比較，若以數量而論，臺灣比不上大陸；但以內容而論，臺灣卻能以質取勝。正如沈謙《文心雕龍與現代修辭學》說：「綜觀海峽兩岸的學者有關修辭學研究的成果，以數量而言，大陸學者較多；以質而言，則黃永武之《字句鍛鍊法》與黃慶萱之《修辭學》，與大陸學者的著作相比，毫不遜色。」⑤更何況臺灣學者研究修辭學比較有深度，除了黃永武《字句鍛鍊法》、黃師慶萱《修辭學》之外，還有董季棠《修辭析論》、沈謙《修辭方法析論》、《修辭學》、《文心雕龍與現代修辭學》，都是上乘之作。大陸學者研究修辭學多半比較不深入，尤其是現代漢語修辭學，有深度的專著比較罕見；像宗廷虎《中國現代修辭學史》，不但材料翔實，分析周密，而且論述頗有新意，這類專著不多。倒是古代漢語修辭學的專著比較深入，例如：宗廷虎、李金苓合著的《漢語修辭學史綱》，確實是既有深度，又有廣度，誠如鄭子瑜在該書序中所說：「勾勒出總的脈絡」、「突出重點」、「觀點和材料相合」、「有自己見解」、「多角度與多側面」。又如劉明華《杜詩修辭藝術》，把方法論和認識論、傳統方法和現代方法結合起來，從對仗、互文、擬人、誇張、對比、句法、構辭、疊字等多角度，多側面，並藉用美學、心理學，深入探研杜詩修辭藝術，提出許多新穎獨特的見解。正如曹慕樊在該書序中所說：「不僅是談修辭，實是為讀者提供一種既是古典的精神，同時又融會於現代精神的高度美的享受，屬中文段有的是冷靜的考證與剖析，有的是激情的高唱；文字則有時淵渟獄峙，有時行雲流水。」但很可惜的是，當今大陸學者研究古代漢語修辭學的不多，多半側重現代漢語修辭學的研究。

海峽兩岸研究修辭學，各有所長，各有所短。若能摒棄成見，截長補短，集思廣益，兩岸學者大家一起來開拓修辭學這塊園地，深信修辭學的水準必然不斷提高，修辭學的成果越來越豐碩，我們何樂而不為？

【附　註】

①　一九九二年十二月二十至二十四日在廣州珠島賓館舉行第六屆中國修辭學國際研討會，係由衷骨修辭學會主辦，

暨南大學中文系承辦。

②參加第六屆中國修辭學國際延會的臺灣學者，有國立臺灣師範大學國文系方祖桑、黃麗貞、蔡宗陽三位教授，國立臺灣大學中文系主任、中文研究所所長周學武教授，國立嘉義師範學院語文教育系退休教授董季棠伉儷，國立空中大學人文學系教授沈謙夫婦，國立高雄師範大學何淑貞教授，中華語文研習所所長何景賢博士，共有十位。

③參閱中國修辭學會秘書處編《中國修辭學會會員論著目錄》前言。一九九二年十二月十日出版，中國修辭學會印行。

④參閱同註三，頁二至三。

⑤參閱沈謙《文心雕龍與現代修辭學》，一九九〇年六月出版，臺北益智書局印行，頁一〇。

（原載自華文世界第七十期，一九九三年十二月出版。）

海峽兩岸對偶的名稱與分類之比較

一、前言

八十九學年度筆者向國科會申請專題研究，題目係海峽兩岸修辭格的名稱與分類之比較研究，本文是此專題研究之一。海峽兩岸修辭方面專書甚夥，筆者一面蒐集資料，一面整理資料，並分析、比較、歸納。本文以對偶的名稱與分類作比較，先敘述其流變，再闡析其名稱與分類的異同。茲以當今蒐集資料，析論海峽兩岸對偶的異稱與分類，並作比較。本文分為比較對偶異稱與流變、比對對偶分類的異同兩項，逐項闡論。

二、比較對偶異稱與流變

對偶的異稱，有麗辭、對、儷辭、對仗、對耦、對子、駢麗。最早言及「對偶」者，係劉勰《文心雕龍．麗辭》：

麗辭之體，凡有四對。①

王師更生《文心雕龍讀本》云：

麗辭就是對偶的辭句。②

劉勰所謂「麗辭」，指「對偶」。「四對」之「對」，亦指「對偶」。其實，「對偶」一詞，見於宋朝陳騤《文則・甲七》：

凡文之對偶者，若此則工矣。③

「儷辭」一詞，見於民國唐鉞《修辭格》：

凡語文中遇兩個相似或相對的意思，而以字數相同、語法相同的兩句表他，叫做儷辭格。（《文心雕龍》有〈麗辭〉（麗即儷））④

唐鉞所謂「儷辭」，即「對偶」。「對仗」一詞，見於王了一《漢語詩律學》：

對仗的範疇越小，就越工整。⑤

王了一所謂「對仗」，即「對偶」。「對耦」一詞，見於張嚴《修辭論說與方法》：

凡兩個句態相同，字數相等，意義、聲調、輕重悉稱者，謂之對耦。⑥

張嚴所謂「對耦」，即「對偶」。「對子」一詞，見於張志公《修辭概要》：

所謂對子，……修辭學上叫作「對偶」。⑦

彭氏、楊氏所謂「對子」，即「對偶」。「駢麗」一詞，見於成偉鈞、唐仲揚、向宏業《修辭通鑒》：

對偶又稱為駢麗。⑧

所謂「駢麗」，即「對偶」。

對偶的流變，最早採用「麗辭」者，係梁朝劉勰《文心雕龍・麗辭》。黃師麗貞《實用修辭學》

也曾云：

對偶也叫做「駢麗」、「麗辭」。⑨

最明採用「對（指對偶）」者，也是梁朝劉勰《文心雕龍・麗辭》，其次是魏慶之《詩人玉屑・卷七》引《詩苑類格》有關唐朝上官儀論對偶的分類：對有六對、有八對，再其次是唐朝元兢《詩髓腦》論詩有六種對，崔融《唐朝新定詩格》論詩有三種對，皎然《詩議》論詩有八種對⑩。洎乎宋朝陳騤《文則・甲七》始採用「對偶」，其次元朝王構《修辭鑑衡》亦採用「對偶」，迨及民國二十年八月上海開明書店印行的大陸學者陳介白《修辭學講話》、二十一年四月上海開明書店印行的陳望道《修辭學發凡》、二十四年六月下海中華書局印行的宋文翰《國語文修辭法》、三十三年五月上海正中書局印行的鄭業建《修辭學》、四十二年三月棠棣出版社印行的譚正璧《修辭新例》、四十二年十一月中國青年出版社印行的張志公《修辭概要》、五十二年二月天津人民出版社印行的張弓《現代漢語修辭學》、七十年四月寧夏人民出版社印行的高葆泰《語法修辭六講》、七十二年九月安徽教育出版社印行的濮侃《辭格比較》、七十二年十月福建人民出版社印行的鄭頤壽《比較修辭》、七十二年十二月北京出版社印行的王希杰《漢語修辭學》、七十三年一月甘肅少年兒童出版社印行的錢覺民、李延裕《修辭知識十八講》；七十三年四月湖南人民出版社印行的黃裕民《辭格匯編》、七十三年七月吉林人民出版社印行的程希嵐《修辭學新編》、七十三年九月吉林人民出版社印行的宋振華、吳士文、張國慶、王興林《現代漢語修辭學》、七十五年四月雲南教育出版社印行的駱小所《實用修辭》、七十五年五月吉林文史出版社印行的季紹德《古漢語修辭》、七十五年八月商務印書館香港分館的黎運漢、張維耿《現代漢語修辭學》、七十五年九月安徽教育出版社印行的彭嘉強、楊達英《實用修辭》、七十五年十月湖南人民出版社印行的李維琦《修辭學》、七十六年十月鷺江出版社印行的鄭頤壽、林承璋《新編修辭學》、七十八年二月上海復旦出版社印行的葉子雄《語法修辭》、七十八年六月遼寧人民出版社印行的陸稼祥《辭格的運用》、七十八年六月百花洲文藝出版社印行的傅惠鈞、張學賢、應守岩《古漢語比較修辭學》、七十八年七月中共中央黨校出版社印行的吳桂海、鮑慶林《語法修辭新編》、七十九年十月河北教育出版社印行的武占坤《常用辭格通論》、八十年二日中國經濟出版社印行的周靖《現代漢語語法修辭》、八十年二月百花洲文藝出版社印行的劉煥輝《修辭學綱要》、八十年六月中國青年出版社印行的成偉鈞、唐仲揚、向宏業《修辭通鑒》、八十年六月廈門大學出版社印行的鄭文貞《篇章修辭學》、八十年十月貴州民族出版社印行的要銀忠《涼山彝語修辭學基礎》、八十一年六月陝西人民出版社印行的馬鳴春《稱謂修辭學》、八十一年十一月華南理工大學出版社印行的胡性初《實用修辭》、八十二年六月中國世界出版社印行的楊鴻儒《當代中國修辭學》、八十二年六月安徽教育出版社印行的於根元、蘇培實、徐樞、饒長溶《實用語法修辭》、八十七年八月武漢出版社印行的周建民《廣告修辭》，皆採用「對偶」。

臺灣學者採用「對偶」者，有民國六十年三月臺灣中華書局的徐芹庭《修辭學發微》、六十四年四月三民書局印行的黃師慶萱《修辭學》、七十年六月黎明文化事業公司印行的蔣金龍《演講修辭學》、七十年十月益智書局印行的董季棠《修辭析論》、八十年二月國立空中大學印行的沈謙《修辭學》、八十二年二月遠流出版事業公司印行的關紹箕《實用修辭》、八十九年四月國家出版社印行的黃師麗貞《實用修辭學》，皆採用「對偶」。最早採用「儷辭」者，係民國唐鉞《修辭格》；其次是黃永武《字句鍛鍊法》：

把二個相似、相反、或相對的意思，用字數相等，語法相似的形式，來構成華美的對句，叫做「儷辭」。⑪

最早採用「對仗」者，係王了一《漢語詩律學》；其次是大陸學者彭嘉強、楊達英《實用修辭》：

對偶也稱「對子」，或曰「對仗」。⑫

對偶也叫對仗、再其次也是大陸學者於根元、蘇培實、徐樞、饒長溶《實用語法修辭》：

對偶也叫對仗。⑬

又其次是臺灣學者黃師麗貞《實用修辭學》：

對偶也叫「駢麗」、「麗辭」、「對仗」。⑭

最早採用「對耦」者，僅臺灣學者張嚴《修辭論說與方法》。最早採用「對子」者，係張志公《修辭概要》；其次係彭嘉強、楊達英《實用修辭》，再次是於根元、蘇培實、徐樞、饒長溶《實用語法修辭》：

對偶也叫對仗或對子。⑮

再其次係黃師麗貞《實用修辭學》：

對偶也叫「駢麗」、「麗辭」、「對仗」，民間俗稱為「對子」。⑯

最早採用「駢麗」者，係成偉鈞、唐仲揚、向宏業《修辭通鑒》，其次黃師麗貞《實用修辭學》。

通觀對偶異稱的流變，首先係梁朝劉勰《文心雕龍》的「麗辭」、「對」，其次宋朝陳騤《文則》的「對偶」，再其次係民國唐鉞《修辭格》的「儷辭」，又其次係王了一《漢語詩律學》的「對仗」，張嚴《修辭論說與方法》的「對耦」，張志公《修辭概要》的「對子」，最後才是成偉鈞、唐仲揚、向宏業《修辭通鑒》的「駢麗」。

三、比較對偶分類的異同

海峽兩岸修辭學專家學者對於對偶的分類，衆說紛紜，莫衷一是。茲經過分析、比較，對對偶的分類，歸納爲下列數類，並加以闡析。

㈠不分類

僅闡述對偶的意義，並舉例詮證，然而不分類者，皆大陸學者，如唐鉞《修辭格》⑰、陳介白《修辭學講話》⑱、陳望道《修辭學發凡》⑲、張志公《修辭概要》⑳、鄭文貞《篇章修辭學》㉑、馬鳴春《稱謂修辭學》㉒、胡性初《實用修辭》㉓。而臺灣則無「不分類」云。

㈡二分法

最早將對偶分爲兩種，民國以前，有宋朝陳騤《文則》分爲意相屬而對偶、事相類而對偶兩種，《文則・甲七》云：

文有意相屬對偶者，如「發彼小豝，殪此大兕」，「誨爾諄諄，聽我藐藐，故謀用是作，而兵由此起」。有事相類而對偶者，如「威侮五行，怠棄三正」，「佑賢輔德，顯由忠遂良。」㉔

尚有元朝王構《修辭鑑衡》分爲蹉對和假對兩種，《修辭鑑衡》卷一「詩」條云：

如九歌「蕙殽蒸兮蘭藉，奠桂酒兮椒漿」，當曰「蒸蕙殽」、「奠桂酒」，今倒用之，謂之蹉對。（《古今總類詩話》）

「蹉對」又名「顛倒對」、「錯綜對」、「交股對」，即對仗之不規律者也。㉕《修辭鑑衡》同條亦云：

又有「廚人具雞黍，稚子摘楊梅」、「當時物議朱雲小，後代聲名白日長」，以「雞」對「楊」、以「朱雲」對「白日」，如此之類，又為假對。（《古今總類詩話》）

「假對」係不得已而爲之，以常例言，名詞對名詞，動詞對動詞，爲正常之對法。㉖民國以後，大陸學者有宋文翰《國語文修辭法》分爲正對、反對兩種，宋文翰云：

其（指對偶）中因內容關係，分正對和反對兩種。㉗

宋文翰的對偶分類，係就內容而言。鄭業建《修辭學》分爲自然對偶和矯揉對偶兩種，鄭業建云：

凡「意在筆先，筆隨意下」，自然成偶，不假雕琢者，即為自然對偶。凡意由詞遷，詞不主意，「遺理存異，尋虛逐微」者，即為矯揉對偶。㉘

鄭業建的對偶分類，係就意、筆與意、詞而言。張弓《現代漢語修辭學》分爲正對、反對兩種，張弓云：

可按兩對標準區分，按性質區分，有正對、反對兩種。㉙

張弓的對偶分類，係就性質而言。濮侃《辭格比較》分爲嚴式和寬式兩種，濮侃云：

從結構上考慮，對偶可以分為嚴式和寬式兩種。㉚

濮侃的對偶分類，係就結構而言。鄭頤壽《比較修辭》分爲寬對和工對兩種，鄭頤壽云：

要求寬的叫做「寬對」，要求嚴的叫做「工對」。對偶的錘鍊，從形式講，就是要恰當地、巧妙地處理好寬、嚴的程度。㉛

鄭頤壽的對偶分類，係就形式而言。王希杰《漢語修辭學》分爲正對和反對兩種，王希杰云：

對偶從內容上看，可以分為正對和反對。㉜

王希杰的對偶分類，係就內容而言。

臺灣學者有蔣金龍《演講修辭學》分爲相似對句、相反對句兩種，蔣金龍云：

對偶又可為相似對句和相反對句。㉝

蔣金龍的對偶分類，係就意義的相似、相反而言。關紹箕《實用修辭學》分爲兩大類、兩小類，關紹箕云：

句中對和單句對又可分為「寬式對偶」和「嚴式對偶」兩小類。㉞

關紹箕就句型而言，對對偶分爲句中對和單句對兩大類，又就結構而言，將對偶又分爲寬式對偶和嚴式對偶兩小類。黃師麗貞《實用修辭學》分爲嚴對、寬對兩種，黃師麗貞云：

從結構上分，有嚴對、寬對二種。㉟

黃師麗貞的對偶分類，係就結構而言。大陸學者將對偶分爲兩種，係就內容或意、筆與意、詞或性質、結構、形式而言；臺灣學者將對偶分爲兩種，係就意義的相似與相反或句型、結構而言。

㈢三分法

最早將對偶分爲三種者，有唐朝崔融《唐朝新定詩格》分爲切側對、雙聲側對、疊韻側對三種。㊱將對偶分爲正對、反對、串對三種，大陸學者有高葆泰《語法修辭六講》云：

根據上下聯意義關係的不同，對偶可分為正對、反對和串對三種。㊲

高葆泰的對偶分類，係就意義而言。濮侃《辭格比較》云：

對，如從起句和對句的意念關係看，又可分為正對、反對和串對。㊳

濮氏的對偶分類，係就意念而言。黃民裕《辭格匯編》云：

對偶按上句和下句在意思上的聯繫，大致有三種類型：正對、反對、串對。㊴

黃氏的對偶分類，係就意義而言。鄭頤壽《比較修辭》云：

從內容分，對偶有三種：正對、反對和串對。㊵

鄭氏的對偶分類，係就內容而言。錢覺民、李延祐《修辭知識十八講》云：

從上聯和下聯在意義的聯繫上來看，對偶可以大致分為正對、反對、串對三種。㊶

錢氏、李氏的對偶分類，係就意義而言。宋振華、吳士文、張國慶、王興林《現代漢語修辭學》云：

對偶的分類：㈠正對，㈡反對，㈢串對，也叫「連對」或「流水對」。㊷

宋氏、吳氏、張氏、王氏的對偶分類，係就內容而言。駱小所《實用修辭》云：

從內容上分，對偶可分以下幾種：㈠正對，㈡反對，㈢串對。㊸

駱氏的對偶分類，係就意義而言。黎運漢、張維耿《現代漢語修辭學》云：

從對偶的句法來看，最普通的有如下三種：㈠正對，㈡反對，㈢串對。㊹

黎氏、張氏的對偶分類，係就句法而言。彭嘉強、楊達英《實用修辭》云：

如果從意義關係來看，對偶又可分為「正對」、「反對」和「串對」三種。㊺

彭氏、楊氏的對偶分類，係就意義而言。李維琦《修辭學》云：

就上下聯的相互關係說，對偶可分正對、反對和串對三種。㊻

李氏的對偶分類，係就意義而言。全國外院系《語法與修辭》編寫組《語法與修辭》云：

根上聯和下聯間的意義關係，對偶可分為正對、反對、串對三種。㊼

此組的對偶分類，係就意義而言。葉子雄《語法修辭》云：

根據上下兩句內容的相互關係看，對偶可分成正對、反對、串對三種。㊽

葉氏的對偶分類，係就內容而言。陸稼祥《辭格的運用》云：

傳統修辭學根據內容分為正對、反對、串對三小類。㊾

陸氏的對偶分類，係就內容而言。傅惠鈞、張學賢、應守岩《古漢語比較修辭學》云：

對偶從相對兩部分的意義關係看，可分為正對、反對和串對三種。㊿

傅氏、張氏、應氏的對偶分類，係就意義而言。吳桂海、鮑慶林《語法修辭新編》云：

從上下句的語義關係上分，對偶主要可分為正對、反對和串對三種。㉛

吳氏、鮑氏的對偶分類，係就語義而言。馬瑞超〈對偶〉云：

從語義的角度，對偶可分為反對、正對和串對。㊷

馬氏的對偶分類，係就語義而言。劉煥輝《修辭學綱要》云：

對偶的起句和對句，在意義上的聯繫是多種多樣的。概括起來，可分為正對、反對、串對三種。

㊸

劉氏的對偶分類，係就意義而言。周靖《現代漢語語法修辭》云：

從意義上看，可以把對偶分成三種類型：正對、反對、串對。㊹

周氏的對偶分類，係就意義而言。張斌《漢語語法修辭常識》云：

按對偶的內容分，有正對、反對、串對三種。㊺

張氏的對偶分類，係就內容而言。賈銀忠《涼山彝語修辭學基礎》云：

彝語對偶的分類：正對、反對、串對。㊻

賈氏的對偶分類，係就意義而言。布裕民、陳漢森《寫作語法修辭手册》云：

對偶句可以從兩個句子的內容，分正對偶句、串對偶句、反對偶句三種。㊼

布氏、陳氏的對偶分類，係就內容而言。楊鴻儒《當代中國修辭學》云：

對對偶的內容上看，可分為正對、反對和連對（又叫串對、流水對）三種類型。㊽

楊氏的對偶分類，係就內容而言。於根元、蘇培實、徐樞、饒長溶《實用語法修辭》云：

對偶句從起句和對句所表達內容的關係來看，有三種類型：正對、反對和串對。㊾

於氏、蘇氏、徐氏、饒氏的對偶分類，係就內容而言。周建民《廣告修辭》云：

按照上下聯的語意關係，可將對偶主要分為正對、反對、串對三類。㊿

周氏的對偶分類，係就語意而言。

臺灣學者有黃師麗貞《實用修辭學》云：

從文句的意義來看，有正對、反對、串對三種。61

黃師的對偶分類，係就文句的意義而言。

此外，大陸學者馬瑞超〈對偶〉將對偶分爲語對、句對和章對三種，馬瑞超云：

從結構的角度，對偶可以分為語對、句對和章對。62

馬氏的對偶分類，係就結構而言。季紹德《古漢語修辭》將對偶分爲正對、反對、借對三種，季紹德云：

對偶從意義上分，可分為正對（正對句包括平對和串對）、反對、借對。63

季氏的對偶分類，係就意義而言。王了一《漢語詩律學》將對偶分爲工對、寬對、鄰對三種，王了一云：

對仗（又叫對偶）可分為三類：第一類是工對，例如以天文對天文，以人倫對人倫，等等；第二類是鄰對，例如以天文對時令，以器物對衣服，等等；第三對是寬對，就是以名詞對名詞，動詞對動詞（甚或形容詞對形容詞），等等。64

王氏的對偶分類，係就內容與詞性而言。海峽兩岸修辭學專家學者多半把對偶分爲正對、反對、串對三種，至於其他各家不同的三分法，可供卓參。

㈣四分法

最早將對偶分爲四種者，有劉勰《文心雕龍．麗辭》云：

麗辭之體，凡有四對：言對為易，事對為難；反對為優，正對為劣。㊴

劉氏將對偶分爲言對、事對、正對、反對四種，這就是意義上分類。就意義上分類，臺灣學者有黃永武，他在《字句鍛鍊法》云：

從句意上分類，不外乎相背、相向、相聯、相偶四種。㊵

黃氏將對偶分爲相背、相向、相聯、相偶四種，係就句意而言。就結構上類，臺灣學者有黃永武，他在《字句鍛鍊法》云：

對仗的名目雖多，但從句型上分類，不外乎當句對、單對、偶對、長偶對四種。㊶

黃氏將對偶分爲當句對、單對、偶對、長偶對四種，這是就句型而言。當句對，又叫句中對。單對，又叫單句對。偶對，又叫隔句對、複句對。長偶對，又叫長對。尚有黃師慶萱，他在《修辭學》云：

對仗的名目雖多，但從句型上分類，不外乎「句中對」、「單句對」、「複句對」、「長對」四種。㊷

黃師將對偶分爲句中對、單句對、複句對（又叫隔句對）、長對四種，這就是句型而言。又有徐芹庭，他在《修辭學發微》云：

實則依句型分類，可歸納為四類：㈠當句對，㈡單對，㈢偶對，㈣長偶對。⑲

徐氏將對偶分爲當句對、單對、偶對、長偶對四種，這是就句型而言。徐氏的分類與黃永武相同。再有沈謙，他在《修辭學》云：

若從修辭學的角度著眼，則依句型分類，約可歸納為「當句對」、「單句對」、「隔句對」、「長偶對」四種。⑳

沈氏將對偶分爲當句對、單句對、隔句對、長偶對四種，這是就句型上分類。黃氏、黃師、徐氏、沈氏分法，皆是依結構分類，唯名異實同耳。大陸學者就結構上分類，有李維琦、傅惠鈞、張學賢、應守岩，李維琦在《修辭學》云：

我們以為形式上說，可分為當句對、單句對、偶句對和多句對。㉑

李氏將對偶分爲當句對、單句對、偶句對和多句對四種，這是就結構上的分類。偶句對，即隔句對。多心對，即長偶對，又叫長對。尙有傅惠鈞、張學賢、應守岩《古漢語比較修辭學》：

對偶從形式上看，可以分為當句對、單句對、偶句對、多句對。㉒

傅氏、張氏、應氏將對偶分爲當句對、單句對、偶句對、多句對四種，這是就結構上的分類，與李維琦的分類完全相同。海峽兩岸學者的四分法相同，唯名異實同耳。

對偶的四分法，臺灣學者唯有董季棠的分法，與衆迥異，他在《修辭析論》云：

從形式上說，主要的大致可分為下列四種：㈠正名對，㈡隔句對，㈢長句對，㈣當句對。㉓

董氏將對偶分爲正名對、隔句對、長句對、當句對四種。正名對，又叫正名，這是意義上的對偶。隔句對、長句對（又叫長偶對、長對）、當句對（又叫句中對），這是結構上的對偶。

㈤六分法

最早將對偶分爲六種者，係唐朝上官儀。魏慶之《詩人玉屑》卷七引《詩苑類格》云：

唐上官儀曰：詩有六對：一曰正名對，天地日月是也；二曰同類對，花葉草芽是也；三曰連株對，蕭蕭赫赫是也；四曰雙聲對，黃槐綠柳是也；五曰疊韻對，彷徨放曠是也；六曰雙擬對，春樹次池是也。⑭

上官儀將對偶分爲正名對、同類對、連珠對、雙聲對、疊韻對、雙擬對六種。正名對、同類對，係就意義上分類。連株對、雙聲對、疊韻對、雙擬對，係就形式上分類。其次元兢《詩髓腦》將詩分爲平對、奇對、同對、字對、聲對、側對六種。⑮平對、同對，係就意義上分類。奇對、字對、聲對、側對，係就結構上分類。對偶的六分法，大陸學者有張先亮，他在〈對偶〉云：

從內容上又可分為：㈠正對，㈡反對，㈢串對，㈣借對，㈤當句對，㈥隔句對。⑯

張氏將對偶分爲正對、反對、串對、借對、當句對、隔句對六種。正對、反對，係就意義上分類。借對、當句對、隔句對，係就形式上分類。而臺灣學者則無六分法。

㈥七分法

將對偶分爲七種者，有大陸學者唐松波、黃建霖，唐氏、黃氏在《漢語修辭格大辭典》云：

古文中還有一些特殊形式的對偶，如自對、互對、倒對、扇對、借對、蹉對、鼎對等。㊆

唐氏、黃氏將對偶分爲自對、互對、倒對、扇對、借對、蹉對、鼎對七種，這是就形式上分類。自對，又叫當句對、就句對、句中對、四柱對。互對，又叫互文對。倒對，又叫倒裝對。扇對，又叫隔句對、複句對。借對，又叫假對、假借對。蹉對，又叫錯對、錯綜對、交股對、犄角對。鼎對，又叫鼎足對。

而臺灣學者則無七分法。

㈦八分法

最早將對偶分爲八種者，有唐朝上官儀。魏慶之《詩人玉屑》卷七引《詩苑類格》云：

詩有八對：一曰的名對，送酒東南去，迎琴西北來是也；二曰異類對，風織池間樹，蟲穿草上文是也；三曰雙聲對，秋露香佳菊，春風馥麗蘭是也；四曰疊韻對，放蕩千般意，遷延一介心是也；五曰聯綿對，殘河若帶，初月如眉是也；六曰雙擬對，議月眉欺月，論花頰勝花是也；七曰回文對，情新因意得，意得逐情新是也；八曰隔句對，相思復相憶，夜夜淚沾衣；空歎復空泣，朝朝君未歸是也。㊇

上官儀將對偶分爲的名對、異類對、雙聲對、疊韻對、聯綿對、雙擬對、回文對、隔句對八種。名對、異類對，係就意義上分類。雙聲對、疊韻對、聯綿對、雙擬對，係就形式上分類。其次係皎然《詩議》將詩分爲鄰近對、交絡對、當句對、含境對、背體對、偏對、雙虛實對、假對八種。㊈含境對、背體對、雙虛實對，係意義上的分類；其餘五種是形式上的分類。對偶的八分法，臺灣學者有張嚴《修辭論說與方法》將對偶分為正名對、隔句對、雙擬對、聯綿對、互成對、雙聲對、疊韻對、迴文對八種。⑧⑩正名對，是意義上的分類；其餘七種係形式上的分類。大學陸者有王德春《修辭學詞典》，他接上句和下的語義關係，將對偶分為正對、反對、串對、當句對、互文對、倒裝對、借對、合掌對八種。⑧①正對、反對、串對、合掌對，係意義上的分類；其餘四種則是形式上的分類。張氏、王氏的對偶分類，除張氏正名對即正對外，其餘七種分法皆迥異。

(八)十分法

將對偶分為十種者，臺灣學者有黃師麗貞，黃師《實用修辭學》云：

從形式分，有當句對、隔句對、倒裝對、回文對、疊字對、數字對、鼎足對、排比對、蹉對、借對。⑧②

黃師將對偶分為當句對、隔句對、倒裝對、回文對、疊字對、數字對、鼎足對、排比對、蹉對、借對十種，係就形式上分類。而大陸學者則無十分法。

(九)二十八分法

將對偶分為二十八種者，大陸學者有王了一《漢語詩律學》把對仗分作十一類二十八種：第一類甲天文門、乙時令門，第二類甲地理門、乙宮室門，第三類甲器物門、乙衣飾門、丙飲食門，第四類甲文具門、乙文學門，第五類甲草木花果門、乙鳥獸魚門，第六類甲形體門、乙事人門，第七類甲人倫門、乙代名對，第八類甲方位對、乙數目對、丙顏色對、丁干支對，第九類甲人名對、乙地名對，第十類甲同義連用字、乙反義連用字、丙連綿字、丁重疊字，第十一類甲副詞、乙連介詞、丙助詞。⑧第一至第九類都是就內容而分類，第十、十一類，乃就文法而分類。而臺灣學者則無二十八分法。

(十)三十分法

將對偶分爲三十種者，大陸學者有成偉鈞、唐仲揚、向宏業主編《修辭通鑒》。認爲特殊形式的對偶有三十種：駢文中運用對偶、古體詩中運用對偶、近體詩中運用對偶、詞中運用對偶、曲中運用對偶、文言散文中運用對偶、小說中運用對偶、白話散文中運用對偶、新詩中運用對偶、正對、反對、串對、互文對、禽獸對、設問對、反問對、情景對、合掌對、工對、寬對、當句對、隔句對、倒裝對、回文對、疊字對、數字對、鼎足對、排比對、嵌字對、諧音對。⑭前九種，就文體來分類。其他二十一種或就內容分類，或就形式分類。臺灣學者有張仁青教授《駢文學》提出駢體文三十種對偶法：單句對、偶句對、長偶對、異類對、同類對、方位對、當句對、虛字對、實字對、有無對、疊字對、數字對、渾括對、彩色對、成語對、聯綿對、雙聲對、疊韻對、雙聲疊韻對、疊韻雙聲對、流水對、回文對、巧對、雙擬對、懸橋對、借對、假對、虛實對、蹉對、互文對。⑮張氏每類都有舉例，並加以說明，前十六種是對仗的正格，也是一般常用、常見的對偶；後十四種是對仗的變格，一般比較少用，也比較罕見。

四、結語

綜觀各家論對偶的分類，或以形式分，或以內容分，或以文體分，見仁見智，各有特色。茲會通各家說，融合淺見，筆者認爲理想的對偶分類，應該就不同角度來分。就文體與作法分類，除成偉鈞、唐仲揚、向宏業主編《修辭通鑒》依文體的性質，分爲九種外，還可以依文章作法，分爲記敘、抒情、論說三種。⑯就形式的結構分類，又分爲限制和句型。以限制分，可分爲嚴對（又叫嚴式對偶）、寬對（又叫寬式對偶）兩種。以句型分，可分爲當句對（又叫句中對）、單句對（又叫單對）、隔句對（又叫對偶、扇對、扇面對）、長偶對（又叫長對）四種。就內涵的意義分，一般分爲正對、反對、串對三種，可以再細分若干類，如人名對、地名對、方位對、顏色對、干支對、數目對等等。至於「對偶」的名稱，海峽兩岸學者多用之，鮮用其他異稱。

【附註】

① 見王師更生《文心雕龍讀本》下篇，頁一三三，臺北：文史哲出版社印行，民國七十四年三月初版。
② 同註一，頁一三二。
③ 見陳騤《文則》，頁八，北京：人民文學出版社印行，民國四十九年四月初版。
④ 見唐鉞《修辭格》，頁七十一，上海：商務印書館印行，民國十八年十月初版。
⑤ 王了一《漢語詩律學》，臺北：文津出版社改爲《中國詩律研究》，見該書頁一五三，民國五十九年九月初版。

⑥ 見張嚴《修辭論說與方法》，頁一一八，臺北：臺灣商務印書館印行，民國六十四年十月初版。
⑦ 見張志公《修辭概要》，頁九十一，中國青年出版社印行，民國四十二年十一月初版。
⑧ 見成偉鈞、唐仲揚、向宏業《修辭通鑒》，頁五九八，中國青年出版社印行，民國八十年六月北京初版。
⑨ 見黃師麗貞《實用修辭學》，頁二九，臺北：國家出版社印行，民國八十九年四月初版。
⑩ 詳見拙作《陳騤文則新論》，頁三〇九，臺北：文史哲出版社印行，民國八十二年三月初版。
⑪ 見黃永武《字句鍛鍊法》，頁二十八，臺北：臺灣商務印書館印行，民國五十八年八月初版。又見增訂本《句鍛鍊法》，頁六十三，臺北：洪範書店印行，民國七十五年一月初版。
⑫ 見彭嘉強、楊達英《實用修辭》，頁一二七，安徽教育出版社印行，民國七十五年九月初版。
⑬ 見該書頁二〇三。
⑭ 同註九。
⑮ 同註十三。
⑯ 同註九。
⑰ 同註九，頁七十一至七十二。
⑱ 見陳介白《修辭學講話》，頁一六四至一六五，上海：開明書店印行，民國二十年八月初版。
⑲ 陳望道《修辭學發凡》，頁三〇五至三〇七，上海：開明書店印行，民國二十一年四月初版。
⑳ 見註七，頁九十一至九十二。
㉑ 見鄭文貞《篇章修辭學》，頁三一三至三一四，廈門大學出版社印行，民國八十年六月初版。

㉒見馬鳴春《稱謂修辭學》，頁四三五至四三六，陝西人民出版社印行，民國八十一年六月初版。
㉓見胡性初《實用修辭》，頁二六七至二六八，華南理工大學出版社印行，民國八十一年十一初版。
㉔同註一〇。
㉕參閱魏王妙櫻《王構修辭鑑衡研究》，頁六十三，民國七十六年四月東吳大學中國文學研究所碩士論文。
㉖同註二十五。
㉗見宋文翰《國語文修辭法》，頁一七五，上海：中華書局印行，民國二十四年六月初版。
㉘見鄭業建《修辭學》，頁一三六，上海：正中書局印行，民國三十三年五月初版。
㉙見張弓《現代漢語修辭學》，頁一四〇，天津人民出版社印行，民國五十二年二月初版。
㉚見濮況《辭格比較》，頁一二四，安徽教育出版社印行，民國七十二年九月初版。
㉛見鄭頤壽《比較修辭》，頁一九二，福建人民出版社印行，民國七十二年十月初版。
㉜見王希杰《漢語修辭學》，頁一九八，北京出版社印行，民國七十二年十二月初版。
㉝見蔣金龍《演講修辭學》，頁一六三，臺北：黎明文化事業公司印行，民國七十年六月初版。
㉞見關紹箕《實用修辭學》，頁二〇〇，臺北：遠流出版事業股份有限公司印行，民國八十二年二月初版。
㉟同註九，頁三〇五。
㊱見日僧空海《文鏡祕府論》，臺北：蘭臺書局印行，民國五十八年七月初版，頁一〇九至一一〇。
㊲見高葆泰《語法修辭六講》，頁二三七，寧夏人民出版社印行，民國七十年四月初版。
㊳同註三十，頁一二六。

㊴見黃民裕《辭格匯編》，頁一六九至一七一，湖南人民出版社印行，民國七十三年四月初版。
㊵同註二十，頁一八九。
㊶見錢覺民、李延祐《修辭知識十八講》，頁六十四，甘肅少年兒童出版社印行，民國七十三年一月初版。
㊷見宋振華、吳士文、張國慶、王興林《現代漢語修辭學》，頁一四七至一四八，吉林人民出版社印行，民國七十三年九月初版。
㊸見駱小所《實用修辭》，頁一九八至一九九，雲南教育出版社印行，民國七十五年四月初版。
㊹見黎運漢、張維耿《現代漢語修辭學》，頁一四五至一四六，商務印書館香港分館印行，民國七十五年八月初版。
㊺見註十二。
㊻見李維琦《修辭學》，頁二四八，湖南人民出版社印行，民國七十五年十月初版。
㊼見全國外語院系《語法與修辭》編寫組《語法與修辭》，頁三四九，陝西教育出版社印行，民國七十六年八月初版。
㊽見葉子雄《語法修辭》，頁二一九，上海：復旦大學出版社印行，民國七十八年二月初版。
㊾見陸稼祥《辭格的運用》，頁一六三，遼寧人民出版社印行，民國七十八年六月初版。
㊿見傅惠鈞、張學賢、應守岩《古漢語比較修辭學》，頁一一五，百花洲文藝出版社印行，民國七十八年六月初版。
(51)見吳桂海、鮑慶林《語法修辭新編》，頁二六九，北京：中共中央黨校出版社印行，民國七十八年七月初版。

⑫ 見武占坤《常用辭格通論》，頁一六四，河北教育出版社印行，民國七十九年十月初版。
⑬ 見劉煥輝《修辭學綱要》，頁三六九，江西：百花洲文藝出版社印行，民國八十年二月初版。
⑭ 見周靖《現代漢語語法修辭》，頁三一二至三一三，北京：中國經濟出版社印行，民國八十年二月初版。
⑮ 見張斌《漢語語法修辭常識》，頁一七九，香港教育圖書公司印行，民國八十年四月初版。
⑯ 見賈銀忠《涼山彝語修辭學基礎》，頁九十六至九十八，貴州民族出版社印行，民國八十年十月初版。
⑰ 見布裕民、陳漢森《寫作語法修辭手冊》，頁一一一，香港：中華書局印行，民國八十一年二月。
⑱ 見楊鴻儒《當代中國修辭學》，頁四〇〇，中國世界出版社印行，民國八十二年六月初版。
⑲ 見於根元、蘇培實、徐樞、饒長溶《實用語法修辭》，頁二〇四，安徽教育出版社印行，民國八十二年六月初版。
⑳ 見周建民《廣告修辭》，頁三二五，武漢出版社印行，民國八十七年八月初版。
㉑ 同註九，頁二九二。
㉒ 同註五十一，頁一六七。
㉓ 見季紹德《古漢語修辭》，頁一五五，吉林文史出版社印行，民國七十五年五月初版。
㉔ 同註五，頁一六六。
㉕ 同註一。
㉖ 同註十一，商務版頁二十九，洪範版頁六十五。
㉗ 見註六十六。

⑥⑧見黃師慶萱《修辭學》，頁四五七，臺北：三民書局印行，民國六十四年一月。
⑥⑨見徐芹庭《修辭發微》，頁一二三，臺北：臺灣中華書局印行，民國六十年三月初版。
⑦⓪見沈謙《修辭學》，下册，頁十四，國立空中大學印行，民國八十年五月初版。
⑦①同註四十六，頁二四六。
⑦②同註五十。
⑦③見董季棠《修辭析論》，頁三三三至三三四，臺北文史哲出版社印行，民國八十一年六月增訂初版。
⑦④同註四十四，頁一四五引。
⑦⑤詳見王晉江《文鏡秘府論探源》，頁一一四至一一五，香港天地圖書有限公司印行，民國六十九年十二月初版。
⑦⑥見池太寧、陸稼祥《修辭方式例解詞典》，頁六十二，浙江教育出版社印行，民國七十九年九月初版。
⑦⑦見唐松波、黃建霖《漢語修辭格大辭典》，頁二三二，北京：中國國際廣播出版社印行，民國七十八年十二月初版。
⑦⑧同註七十四。
⑦⑨見日僧空海《文鏡秘府》，頁一〇九及一三七至一四〇，臺北：蘭臺書局印行，民國五十八年七月初版。
⑧⓪詳見張嚴《修辭論說與方法》，頁一一九至一二一，臺灣商務印書館印行，民國六十四年十月初版。
⑧①見王德春《修辭學詞典》，頁四十一至四十二，浙江教育出版社印行，民國七十六年五月初版。
⑧②同註九，頁二九六。
⑧③同註五，頁一五三至一六六。

⑭ 見成偉鈞、唐仲揚、向宏業《修辭學通鑒》，頁六〇〇至六〇八，中國青年出版社印行，民國八十年六月北京初版。

⑮ 見張仁青《駢文學》，頁九十八至一一六，臺北：文史哲出版社印行，民國七十三年三月初版。

⑯ 見偶依文章作法分類，可分爲記敘、抒情、論說三種。記敘文的對偶，如歐陽脩〈醉翁亭記〉：「蒼顏白髮，頹然乎其間者，太守醉也。」「蒼」對「白」，「顏」對「髮」，不止詞性相對，平仄也協調。又如歸有光〈項脊軒志〉：「余區區處敗屋中，方揚眉瞬目，謂有奇景。」「揚」對「瞬」，「眉」對「目」，不僅詞性相對，平尺也協調。因此，這兩個例句都是當句對。抒情文的對偶，如孟浩然〈宿建德江〉：「野曠天低樹，江清月近人。」「野曠」對「江清」，「天」對「月」，「低樹」對「近人」，不但詞性相對，平仄也協調。這例句是單句對。又如朱自清的〈春〉：「呼朋引伴地賣弄清脆的喉嚨。」「呼」對「引」，「朋」對「伴」，不止詞性相對，平仄也協調。這例句是當句對。論說文的對偶，如蘇洵〈六國論〉：「古人云：『以地事秦，猶抱薪救火，薪不盡，火不滅。』此言得之。」「抱」對「救」，「薪」對「火」，是詞性相對，因此「抱薪救火」是當句對。又如黃宗羲〈原君〉：「好逸惡勞，亦猶夫人之情也。」「好」對「惡」，「逸」對「勞」，都是詞性相對，所以「好逸惡勞」也是當句對。

從修辭論中國文學的雅與俗

一、前言

中國文學作品運用修辭技巧綦多，不論詩歌、散文、小說都運用很多修辭技巧。本文擬以修辭技巧角度，作分析、比較、歸納，旨在呈現中國文學作品的雅與俗。全文以修辭技巧爲經，中國文學作品爲緯，再以比較法，來論析中國文學的雅與俗，探究其雅與俗的癥結所在。由於篇幅所囿，僅列舉若干修辭技巧，闡析中國文學的雅與俗。

二、譬喻

譬喻是一種「借彼喻此」的修辭法①，這是最簡單的定義。但一般學者常用喻體、喻詞、喻依、喻旨②四個部分，來闡述詳喻、明喻、隱喻、略喻、借喻五個譬喻類型③。詳喻，一般修辭學書籍比較罕見，這是黃師慶萱的創見④。中國文學作品運用譬喻的修辭技巧甚多，形容人生，如蘇東坡〈念奴嬌．赤壁懷古〉：「人生如夢。」又〈和子由澠池懷舊〉：「人生到處知何似？應似飛鴻踏雪泥？」杜甫〈贈衛八處士〉：「人生不相見，動如參與商。」此三例皆是明喻，詳喻如陳之蕃〈失根的蘭花〉

古人說，人生如萍，在水上亂流，那是因為古人未出國門，沒有感覺離國之苦，萍總還有水流可藉以我看，人生如絮，飄零在此萬紫千紅的春天。

云：

「人生如萍，在水上亂流。」是詳喻。古人以「萍」形容人生飄泊不定，用「在水上亂流」說明「萍」的東飄西蕩。一般人不是說「人生飄泊不定」，就是說「人生東飄西蕩」。「人生飄泊不定」、「人生東飄西蕩」，比較通俗。「人生如萍，在水上亂流」，比較典雅。「人生如絮，飄零在萬紫千紅的春天。」也是詳喻。作者認為「人生如萍，在水上亂流」，「萍總是還有水流可藉」，但「沒有感覺離國之苦」，由於作者「感覺離國之苦」，苦在「沒有國的人，是沒有根的草，不待風雨折磨，即行枯萎了」，作者雖然飄零在異邦，但心卻懷念祖國，因此說「人生如絮，飄零在萬紫千紅的春天。」作者以「絮」形容人生好像沒有根的草，其實是說明作者飄零在異邦，覺得自己是沒有國的人。「飄零在萬紫千紅的春天」，是說明異邦雖美，但非自己的國家，不宜久留，作者最後回國，到成功大學任教。一般人說：「人生飄零在異邦」，比較通俗，作者說：「人生如絮，飄零在萬紫千紅的春天」，比較典雅。又如錢鍾書《圍城》云：

一個人的缺點，正像猴子的尾巴，蹲在地上的時候，尾巴是看不見的，直到他向樹上爬，就把後部給大家看了。

全句是詳喻。作者把「缺點」比喻作「猴子的尾巴」，以「（猴子）蹲在地上的時候，尾巴是看不見的」說明「缺點暫時看不見」，以「（猴子）直到他向樹上爬，就把後部給大家看了」說明「缺點總會出現」。一般人說：「一個人的缺點，雖然暫時掩藏，但最後還是會顯露出來。」比較通俗，作者說：「一個人的缺點，正像猴子的尾巴，蹲在地上的時候，尾巴是看不見的，直到他向樹上爬，就把後部給大家看了」。比較典雅。又如李煜〈清平樂〉云：

離恨恰如春草，更行更遠還生。

全句也是詳喻。作者用「春草」，來形容憂愁離恨，不但逐漸增加，也逐漸擴大。「更行更遠還生」，形容離恨即使人離開了，但怨恨仍然存在。一般人說：「離恨不斷增加。」比較通俗。作者說：「離恨恰如春草，更行更遠還生。」比較典雅。詳喻甚多，如蘇洵〈六國論〉：「古人云：『以地事秦，猶抱薪救火，薪不盡，火不滅。』此言得之。」又如朱自清〈春〉：「春天，像剛落地的娃娃，從頭到腳都是新的，它生長著。」黃師麗貞《歲月的眼睛．舊情綿綿》：「友情就像一潭醇酒，越陳越芬郁醉人。」不勝枚舉。此外，尚有明喻比較典雅者，如劉鶚《老殘遊記》云：

（白妞）方抬頭來，向台下一盼。那雙眼睛，如秋水，如寒星，如寶珠，如白水銀裡養著兩丸黑水銀。

作者運用四個喻依，從不同角度來形容眼睛。用「秋水」，形容眼睛的澄澈亮麗；用「寒星」，形容眼睛的晶瑩剔透；用「寶珠」，形容眼睛的炯炯有神；用「白水銀裡頭養著兩丸黑水銀」，形容眼睛的靈活流轉；眞是刻畫得十分傳神，十分動人，美極了。一般人說：「那雙眼睛，十分清澈、十分明亮、炯炯有神、靈活流盼。」比較通俗。

三、拈　連

凡是在語文中，敘述甲、乙兩件事物時，將用在甲事物詞語順勢拈來連在乙事物上的一種修辭技巧，叫做拈連。一般修辭學書籍，言及拈連，比較罕見。陸稼祥把拈連分為全式拈連、略式拈連、倒裝拈連三種⑤，茲闡析之。中國文學作品運用全式拈連者，如張先〈天仙子〉云：

水調數聲，持酒聽，午醉醒來愁未醒，送春春去幾時回？

「午醉醒來愁未醒」，是全式拈連，比較典雅。拈連特點有二：一是同用一詞語，二是先敘述具體，後敘述抽象。「午醉醒來」，是具體的；「愁未醒」，是抽象的「愁」，本來是抽象的，但用「醒」字使感情形象化，使詞句更典雅。一般人說：「午醉醒來愁尚在」，比較通俗。又如阮章童〈送別〉云：

天寒熱淚也凍成冰，凍不住心頭的愛和恨。

全句也是全式拈連，比較典雅。一般人說：「熱淚很多，愛和恨也很多」。比較通俗。作者運用物象夸飾，闡述熱淚很多也凍成冰的情況。「愛和恨」是抽象的，運用「凍不住心頭的愛和恨」，使「愛和恨」更形象化。全式拈連，又如魯迅《阿Q正傳》：「他說不出的新鮮而且高興，燭火像元夜似的閃閃的跳，他的思想也迸跳起來了。」又如簡媜〈險灘之二十九〉：「橄欖我撿過，也漬過，那滋味還在舌尖。昔日我打橄欖的孩童們，應該都長了，不知日子漬成如何？」又如楊沫〈堅強的戰士〉：「憑它怎麼樣虐待，熱血依舊在沸騰，鐵窗和鐵銬，堅壁和重門，鎖得住自由的身，鎖不住革命的精神。」這些例句皆是全式拈連。又有運用略式拈連者，如曾允元〈點絳唇〉云：

一夜東風，枕邊吹散愁多少？

全句省略「吹」字，因此是略式拈連，比較典雅。一般人說：「一夜東風吹到枕邊，愁能消失多少？」比較通俗。「一夜東風（吹）枕邊」，是具體的。「愁」，本來是抽象的；「吹散愁多少」，變成是形象化的。又如李煜〈相見歡〉云：

無言獨上西樓，月如鉤，寂寞梧桐深院鎖清秋。

「寂寞梧桐深院（鎖）清秋」，省略「鎖」字，全句當作「寂寞梧桐鎖深院，鎖清秋」，是略式拈連，比較典雅。一般人說：「深院鎖住梧桐，似乎沒有秋天的景象。」比較通俗。「寂寞梧桐（鎖）深院」是具象的，呈現一片秋意；「清秋」，本來是抽象的，但「鎖清秋」，卻變成是具體的，作者似乎沒有秋意的感覺。又如魯迅《阿Q正傳》：「那船便將大不安載給了未莊，不到正午，全村人心就很搖動。」又如席慕容〈海棠與花的世界〉：「要買下來的，包括那盆花裡的青春，那盆花的良辰美景，那盆花裡的古老而芬芳的中國。」又如李清照〈武陵春〉：「聞道雙溪春尚好，也擬泛輕舟；只恐雙溪舴艋舟，載不動許多愁。」又如朱庭玉〈女怨．啼〉：「月不砧，風前鐵，敲碎人腸，幾曾寧帖？」這些例句皆是略句拈連。又有倒裝拈連者，如辛棄疾〈滿江紅〉云：

敲碎離愁，紗窗外風搖翠竹。人去後，吹簫聲斷，倚樓人獨。

「敲碎離愁，紗窗外風搖翠竹」，是倒裝拈連，當作「風搖翠竹，（風敲）紗窗，敲碎離愁」。「敲」字，又有省略，全句應該是倒裝兼略式拈連，比較典雅。一般人說：「紗窗外風搖翠竹，減少離別愁緒。」比較通俗。「紗窗外風搖翠竹」，是具象的；「離愁」，本來是抽象的，但作者卻用「敲碎離愁」，把感情形象化，使文句更生動、更雅麗。又甘李瑛〈歌一名機槍手〉云：

多麼純潔的血，純潔的火焰。誰說他射出的不是熱血，而是子彈！

「射出的不是熱血，而是子彈。」是倒裝拈連，比較典雅。全句當作「射出的是子彈，而不是射出熱血。」一般人說：「射出了子彈，也流出了熱血。」比較通俗。「熱血」，是指感情，本來是抽象的，但把「熱血」改為「射出熱血」，變成具體的形象化。依拈連表達方式，先具體，後抽象；這裡是先抽象，後具體，因此是倒裝拈連。

四、互文

凡是在語文中，於一句中或上下文中，互相省略、互相隱含的詞語，藉互相呼應、互相補充，參互成文，合而見義的一種修辭技巧，叫做互文，也稱為互音，互辭、互義、參互、互言、互見，誠如賈公諺《儀禮・疏》云：「凡言互文者，是兩物各舉一邊而省文，故曰互文。」互文的類型，分為連續型互文（也叫做當句互文）、對稱型互文（也叫做偶句互文）、多層型互文（也叫做多句互文）三種⑥。運用連續型互文者，如王昌齡〈出塞〉云：

秦時明月漢時關，萬里長征人未還。

「秦時明月漢時關」，是連續型互文，文義含蓄，詞句精煉，因此比較典雅。全句當作「秦（漢）時明月（秦）漢關」，道出懷念愛人所在的地方。一般人說：「秦漢的明月和關塞。」比較通俗。又如杜牧〈泊秦淮〉云：

煙籠寒水月籠沙，夜泊秦淮近酒家。商女不知亡國恨，隔江猶唱〈後庭花〉

「煙籠寒水月籠沙」，也是連續型互文，聲律和諧，節奏整齊，因此比較典雅。全句當作「煙（月）籠寒水（煙）月籠沙」，這是七言絕句的首句，描述夜晚秦淮河的景象。「煙」和「月」、「水」和「沙」，平仄協調，詞性相對；一個「籠」字貫串全句，形成聲律和諧，句末「沙」字奠定全句的韻腳。又如白居易〈琵琶行〉：「主人下馬客在船」，當作「主人（客）下馬（主人）客在船」。又如陸龜〈懷宛陵舊遊〉：「陵陽佳地昔年遊，謝（李白）（謝）李白樓」。又如李白〈下終南山過斛斯山人宿置酒〉：「我醉君復樂」，當作「我（君）醉（我）君復樂」。又如韋莊〈江山別李秀才〉：「千山紅樹萬山雲」，當作「千山（萬山）紅樹（千山）萬山雲」。又有對稱互文者，如漢樂府〈木蘭詩〉云：

雄兔腳撲朔，雌兔眼迷離，兩兔傍地走，安能辨我是雌雄？

「雄兔腳撲朔，雌兔眼迷離」，是對稱型互文，比較簡潔，比較典雅。全句當作「雄兔（雌雄）腳撲朔，（雄兔）雌兔眼迷離」。一般人說：「雄兔雌兔撲朔迷離。」比較通俗。又如柳宗元〈捕蛇者說〉云：

悍吏之來吾鄉，叫囂乎東西，隳突乎南北，嘩然而駭者，雖雞狗不得寧焉。

此言悍吏在家鄉到處吵鬧，四處騷亂。「叫囂乎東西，隳突乎南北」，是對稱型互文，比較精簡，比較典雅。全句當作「叫囂乎東西（南北），隳突乎（東西）南北」。一般人說：「到處吵鬧、騷亂。」

比較通俗。又如《詩經・小雅・蓼莪》：「父兮生我，母兮鞠我。」當作「父（母）兮生我，（父）母兮鞠我。」又如杜甫〈恨別〉：「思家步月清宵立，憶弟看雲白日眠。」當作「思家步月清宵立，（看雲白日眠）；憶弟（步月清宵立，）看雲白日眠。」又如晏殊〈無題〉：「梨花院落溶溶月，柳絮池塘淡淡風。」當作「梨花院落溶溶月（淡淡風），柳絮池塘（溶溶月）淡淡風。」又如馬致遠〈四塊玉・嘆世〉：「帶月行，披星走。」當作「帶月（披星）行，（帶月）披星走。」又如古詩十九首〈迢迢牽牛星〉：「迢迢牽牛星，皎皎河漢女。」當作「迢迢牽牛星（河漢女），皎皎河漢女（牽牛星）。」這些例句皆是對稱型互文，比較典雅。又如多層型互文者，如漢樂府〈木蘭詩〉云：

東市買駿馬，西市買鞍韉，南市買轡頭，北市買長鞭。

此言花木蘭到各地市場買從軍用品。全句當作「東市（西市、南市、北市）買駿馬，（東市）西市（南市、北市）買鞍韉，（東市、西市）南市（北市）買轡頭，（東市、西市、南市）北市買長鞭。」比較簡煉，比較典雅，文義豐贍。一般人說：「到各地市場買從軍用品。」比較通俗。又如杜甫〈客至〉：

花徑不曾緣客掃，蓬門今始為君開。

此言杜甫隱居草堂，淡漠交往的情形，對客人崔明府來訪，表示十分喜樂。全句是多層型互文，當作「花徑不曾緣客掃，（今始爲君開；）蓬門（不曾緣客掃，）今始爲君開。」比較簡潔，比較典雅，呈現多層次的意涵。一般人說：「平常花徑不掃，蓬門不開，客人來時才掃、才開。」比較通俗，又如歐陽修〈醉翁亭記〉：「負者歌於途，行者休於樹，前者呼，後者應。」當作「負者（行者）歌於途，(負者)行者休於樹，前者(後者)呼，(前)後者應」。「前者呼，後者應」，可分解為「前者呼，後者應；後者呼，前者應」。又如劉良翁〈柳梢青・春感〉：「輦下風光，山中歲月，海上心情。」當作「輦下風光(歲月、心情)，山中(風光)歲月(心情)，海上(風光、歲月)心情。」又如杜牧〈阿房宮賦〉：「燕趙之收藏，韓魏之經營，齊楚之精英。」當作「燕趙(韓魏、齊楚)之收藏，(燕趙)韓魏(齊楚)之經營，(燕趙、魏魏)齊楚之精英。」這些例句比較精煉，文義豐贍，比較典雅。

五、誇飾

凡是在語文中，誇張超過事實，使表達的意象，更加鮮明，便加凸顯，以增強印象的一種修辭技巧，叫做夸飾，又稱爲誇張、鋪張、甚言、倍寫、激昂之語。夸飾的分類，依表達方式分爲放大和縮小兩種；依題材對象分爲時間夸飾、空間夸飾、物象夸飾、人情夸飾、數量夸飾、速度夸飾六種⑦。中國文學作品運用時間夸飾時，如《莊子・知北遊》云：

> 人生天地間，若白駒之過隙，忽然而已。

此言時間過得很快。全句是放大的時間夸飾兼譬喻中的詳喻，比較典雅。「人生天地間」，是喻體；「若」，是喻詞；「白駒之過隙」，是喻依；「忽然而已」，是喻旨。「白駒之過隙」，形容時間的快速，也說明人生的短暫。一般人說：「人生很短暫。」比較通俗。又如《詩經・王風・采葛》云：

> 一日不見，如三秋兮。

此言時間過得很慢。「一日不見，如三秋兮」，是縮小的時間夸飾，比較典雅。「三秋」，是形容很長的時間。一般人說：「一天沒有見面，好像很久沒有相見。」又如李白〈將進酒〉：「朝如青絲暮成雪。」這是放大的時間夸飾。早上黑頭髮，晚上白頭髮，表面上形容頭髮很快變白，實際上說明時間過得很快。又如張曉風〈風之調〉：「風仍落，似乎已這樣無奈地落了許多世紀。」，比較典雅，一般人說：「雨落了很久。」比較通俗。又如洛夫〈煙之外〉：「左邊的鞋印才下午，右邊的鞋印已黃昏了。」這是說明時間過得很快，屬於放大的時間夸飾，比較典雅，一般人說：「左右邊各踩了一個腳印。」比較通俗。以上這些例句皆是時間夸飾，比較典雅。中國文學作品運用空間夸飾者，如《詩經・大雅・崧高》云：

崧高維嶽，駿極於天。

這是形容崇山峻嶺，高到雲端，屬於放大的空間夸飾，比較典雅。一般人說：「山很高。」這是比較通俗。又如《詩經・鄘風・河廣》云：

誰謂河廣？曾不容刀。

這是形容河水狹小，連小船也浮不起來，屬於縮小的空間夸飾，比較典雅，一般人說：「河水很狹小。」這是比較通俗。又如錢鍾書《圍城》：「腰身纖細得小粒奎寧丸吞到肚子裡就像懷孕。」這是縮小的空間夸飾兼譬喻中的明喻，比較典雅。一般人說：「腰身很細。」比較通俗。又如柳宗元〈陵文通墓表〉：「其為書，處則充棟宇，則汗牛馬。」這是放大的空間夸飾，比較典雅。一般人說：「書很多。」這是比較通俗。又有運用物象夸飾者，如鍾梅音《生活與生存》云：

義大利的麵包倒不黑，可是硬得像鞋底。

這是形容義大利的麵包很硬，屬於放大的物象夸飾兼譬喻中的明喻，比較典雅。一般人說：「義大利的麵包很硬」，這是比較通俗。作者把義大利麵包的硬，用「鞋底」來比喻，使抽象的觀念具體化，易於了解，而且比較雅麗。又如趙雲〈沒有故鄉的人〉云：

熱帶的陽光像火燄那樣焚燒著西貢廣場。

這是形容熱帶地方的天氣很炎熱，屬於放大的物象夸飾兼譬喻中的明喻，比較典雅。一般人說：「熱帶地方的天氣十分炎熱。」，這是比較通俗。把物象的炎熱天氣，比方作具體的「焚燒著西貢廣場」，使人感受深刻，也比較雅麗。又有運用人情夸飾者，如余光中〈情人的血特別紅〉云：

情人的血特別紅，可以染冰島成玻瑰。

這是形容情人的血非常沸騰，屬於放大的人情夸飾，比較典雅。一般人說：「情人的血，十分沸騰。」這是比較通俗。「沸騰」，是抽象的。用「染冰島成玻瑰」，來形容「沸騰」，這是形象化。又如吳望堯〈與永恒做一次拔〉云：

小喇叭的尖音劃破我的皮膚。

這是形容小喇叭的聲音十分尖銳，屬於放大的人情夸飾，比較典雅，一般人說：「小喇叭的聲音非常尖銳。」比較通俗。用具體的「劃破我的皮膚。」來形容抽象的尖音，使事物形象化，比較生動，比較雅麗。又有運用數量夸飾者，如白居易〈琵琶行〉云：

千呼萬喚始出來，猶抱琵琶半遮面。

「千呼萬喚始出來」，這是放大的數量夸飾者，比較典雅。一般人說：「叫很多次才出來。」這是比較通俗。「千呼萬喚」，形容呼喚很多次，比較具體，比較明確，比較雅麗。又如李延壽《北史・文苑傳》云：

學者如牛毛，成者麟角。

此言學者很多，成者很少。「學者如牛毛」，是放大的數量夸飾兼譬喻中的明喻，「成者麟角」，則是縮小的數量夸飾兼譬喻中的明喻。作者用具體的「牛毛」，來形容抽象的「很多」；用具體的「麟角」，來形容抽象的「很少」。一般人說：「學者很多，成者很少。」這是比較通俗。又有運用速度夸飾者，如王實甫《西廂記・第三本第三析》云：

暖溶溶玉醅，白冷冷似水，多半是相思淚。未飲心先醉，眼中流血，心裡成灰。

這是描述鶯鶯送別張生，十分悲傷。「未飲心先醉」，這是放大的速度夸飾。作者用「未飲心先醉」，來形容抽象的「悲情」。一般人說：「他非常悲傷。」這是比較通俗。又如鄭直〈激戰無名川〉云：

他酒沒沾唇，心早就熱了。

這是放大的速度夸飾。酒熱心腸，這是人之情常；但「酒沒沾唇，心就熱了」，這是誇張酒力之強，情意之深，予人很深刻而鮮明的印象，比較典雅。一般人說：「酒熱心腸」，這是比較通俗。

六、映襯

凡是在語文中，將兩種相關、相對、相反的事物或觀念，互相比較，以加強語氣，凸顯意義的一種修辭技巧，叫做映襯。映襯分為反襯、對襯、雙襯三種⑧。所謂反襯，是指在語文中，對於一件事物，用與此事物的本質或現象正好相反的詞語，加以描述的一種修辭技巧。中國文學作品運用反襯者，如王維〈入若耶溪〉云：

> 蟬噪林逾靜，
> 鳥鳴山更幽。

此言山林非常幽靜。「蟬噪」與「林靜」，正好是正反對比。屬於反襯。「蟬噪」才能顯現「林靜」，「鳥鳴」才能顯現「山幽」，因此「蟬噪林逾靜，鳥鳴山更幽」，比較典雅。一般人說：「山林十分幽靜」，這是比較通俗。又如鄭愁予〈錯誤〉云：

> 我達達的馬蹄是美麗的錯誤
> 我不是歸人　是個過客

「美麗的錯誤」，是反襯。「美麗」與「錯誤」，是正反對比。「錯誤」本來是不美麗的，但作者用「美麗的」來描述，看似無理，卻是美妙無比，因此「美麗的錯誤」，比較典雅。一般人說：「這是錯誤的。」比較通俗。又如蘇軾〈與蘇轍書〉：「其（指陶淵明）詩質而實綺，癯而實腴。」「質」與「綺」、「癯」與「腴」，是正反對比，比較典雅，因此屬於反襯。一般人說：「陶淵明的詩十分樸質。」比較通俗。又如《儒林外史‧二十九回》：「小弟看來，覺得雅的這樣俗。」「雅」與「俗」，是正反對比，因此「雅的這樣俗」屬於反襯，比較典雅。一般人說：「很低俗。」比較通俗。又如《紅樓夢‧三十七回》：「寶玉道：『我呢？你們也替我想一個。』寶釵笑道：『你的號早有了，

「無事忙」三字恰當得很。』」「無事忙」，是反襯，比較典雅。一般人說：「很忙。」比較通俗。以「無事」形容「忙」，「無事」與「忙」是正反對比。所謂對襯，是指在語文中，對兩種不同的人、事、物，從兩種不同的角度來描述的一種修辭技巧。中國文學作品運用對襯者，如諸葛亮〈出師表〉云：

親賢臣，遠小人，此先漢所以興隆也；親小人，遠賢臣，此後漢所以傾頹也。

此言西漢興盛、東漢衰亡的主因原因，在於用人。全句是對襯，比較典雅。一般人說：「親賢臣」與「遠小人」。「親小人」與「遠賢臣」、「興隆」與「傾頹」，皆是正反對比，因此比較雅麗。一般人說：「先漢任用好人，後漢任用壞人。」這是比較通俗。又如《管子・牧民》云：

政之所興，在順民心；政之所廢，在逆民心。

此言為政之道。政治的興廢，在於民心的向背。全句是對襯，比較典雅。「興」與「廢」、「順」與「逆」，皆是正反對比，比較雅麗。一般人說：「政治的興盛滅亡，在於民心的向背。」這是比較通俗。又如《紅樓夢・七十七回》：「只許州官放火，不許百姓點燈。」全句是對襯，比較典雅。一般人說：「你可以做，我不可以做。」比較通俗。所謂雙襯，是指在語文中，對同一個人、事、物，用兩種不同的角度來描述的一種修辭技巧。中國文學作品運用雙襯者，如徐志摩〈愛眉小札〉云：

我是個極空洞的窮人，我也是一個極充實的富人——我有的只是愛。

此言物質生活雖貧窮，但精神生活卻很富有。「空洞」與「充實」、「窮人」與「富人」，皆是正反對比，全句屬於雙襯，比較典雅。一般人說：「我是十分貧窮。」或說：「我是十分富有。」比較通俗。又如逸耀東〈揮手〉云：

他是一個活著沈默，但卻死得勇敢的人。

此言人雖然沒沒無聞，但卻不怕死。全句是雙襯，比較典雅。「活」和「死」、「沈默」和「勇敢」，皆是正反對比。一般人說：「我十分寂寞，但不怕死。」這是比較通俗。

七、析數

凡是在語文中，利用加、減、乘、除的關係，把一個數變成若干小數的一種修辭技巧，叫做析數。析數是一種比較罕見的修辭技巧。析數分為加法析數、減法析數、乘法析數、除法析數四種⑨。中國文學作品運用加法析數者，如宋朝魏慶之《詩人玉屑》云：

暗問夫婿年幾何？五十年前二十三。

「五十」加「二十三」等於「七十三」。夫婿若說七十三歲，似乎年紀太大了，夫婦說「五十年前二十三」，不但在心理上覺得比較年輕，在文辭上也比較典雅。一般人說：「我今年七十三歲。」比較通俗。又如《六月・荷花開得茂盛》云：

六月，荷花開得茂盛。西湖水，綠了三分；西湖風，香了三分；還有四分被蜜蜂竊去，爭向遊客獻殷勤。

「三分綠」加「三分香」加「四分芬芳」等於「十分」，形容西湖荷花美極了，這是加法析數，比較典雅。一般人說：「西湖荷花十分美麗。」比較通俗。又有運用減法析數者，如山東濟南大明湖鐵公祠對聯云：

四面荷花三面柳，一城山色半城湖。

「四面荷花」、「三面柳」、「一城山色」、「半城湖」，是減法析數，比較典雅。一般人說：「這裡有荷花、柳、山色、湖。」比較通俗。又如蘇軾〈水龍吟．次韻和章質夫楊花〉云：

春色三分，二分塵土，一分流水。

「春色三分」、「二分塵土」、「一分流水」，是減法析數，比較典雅。一般人說：「這兒有春色、塵土、流水。」比較通俗。又有運用乘法析數者，如歸有光〈項脊軒志〉云：

三五之夜，明月半牆，桂影斑駁，風移影動，姍姍可愛。

「三五之夜」，是陰曆每月十五日的晚上，也是月圓的日子。「三」乘「五」等於「十五」，是乘法析法，比較典雅。一般人說：「每月十五日的晚上。」比較通俗。又如蘇軾〈李鈐轄座上分題戴花〉云：

二八佳人細馬，十千美酒渭城歌。

「二八佳人」，是乘法析數，比較典雅。「二」乘「八」等於「十六」。「二八佳人」，是十六歲佳人。一般人說：「十六歲美人」。比較通俗。又有運用除法析數者，如朱自清〈匆匆〉云：

我不知道他們給了我多少日子，但我的手確乎是漸漸空虛了。在默默裡算著，八千多日子已經從我手中溜走，像針尖上一滴水滴在大海裡。

「八千多日子」，是除法析數，比較典雅。「八千多日子」除以「三百六十五天」等於「二十多年」，作者是二十多歲。一般人說：「我已經二十多歲了。」比較通俗。又如民歌〈劉三姐〉云：

「二十七」除以「三」等於「九」，是除法析數，比較典雅。「九文」與「九聞」諧音，比較典雅。一般人說：「九加九加九等於二十七。」比較通俗。

八、結　語

從修辭論中國文學作品的雅與俗，本文雖然僅分析六個修辭技巧，但譬喻、夸飾、映襯是比較常用的三種修辭技巧，而拈連、互文、析數是比較罕見的三種修辭技巧。其實，還可以運用更多修辭技巧，來析論中國文學作品，使讀者領悟更多中國文學的修辭之美；但限於篇幅，僅運用六種修辭技巧來闡述中國文學的雅與俗。

【附　註】

① 見黃師慶萱《修辭學》，頁二三七，臺北三民書局，民國六十四年一月初版。

② 黃師慶萱稱「喻體」，大陸學者稱「本體」；黃師萱慶稱「喻依」，大陸學者稱「喻體」。黃師慶萱採用朱自清說法稱「意旨」，筆者稱「喻旨」，大陸學者稱「喻解」。詳見拙作〈修辭格的辨析原則與命題技巧〉（《中等教育》四十五卷六期）。

③ 詳喻是喻體、喻詞、喻依、喻旨四者具備的譬喻。明喻是喻體、喻詞、喻依三者具備的譬喻。隱喻，又叫暗喻，是具體喻體、喻依，而喻詞由準繫語如「是」（含有「好像」之意）代替的譬喻。略喻是省略喻詞，僅有喻體、

喻依的譬喻。借喻是省略喻體、喻詞，僅剩下喻依的譬喻。

④ 黃師慶萱於國立臺灣師範大學國文系主辦「第一屆經學學術研討會」，講評拙作〈詩經的「比」與譬喻的關係〉，提出「詳喻」一詞。

⑤ 參閱陸稼祥、池太寧主編《修辭方式例解詞典》，頁一六二，浙江教育出版社，民國七十九年（一九九〇）九月初版。

⑥ 同註五，頁一〇二至一〇三，劉振舉、商振哲將互文分爲連續型互文、對稱型互文、多層型互文三種，此就內涵來分。參閱黃師麗貞《實用修辭學》，頁二〇〇至二〇七，臺北國家出版社，民國八十八年三月初版，黃師將互文分爲當句互文、偶句互文、多句互文三種，此就句型來分。

⑦ 參閱沈謙《修辭學》，上册，頁一六四，國立空中大學，民國八十年二月出版。筆者增加「速度夸飾」一類。

⑧ 同註一，頁二九〇至二九五。

⑨ 同註一，頁二五〇至二五一。

哈薩克族民族的修辭技巧

一、前言

新疆被譽爲歌舞之鄉，是具有歌唱傳統的多民族地區，各族人民能歌善舞，民間蘊藏著大量的民歌。新疆民歌，具有鮮明的民族特色與地方色彩。由於各族人民的生活環境、社會條件、民族心理等不同的因素，各民族的民歌，各有自己的藝術特色，如哈薩克族的民歌，比較豪爽開朗，氣勢比較宏偉。

馬雄福翻譯整理的《哈薩克族民歌選》，由新疆人民出版社印行，民國七十五年二月初版。筆者從此書中，選錄哈薩克民歌每類數首，來賞析民歌的修辭技巧。馬氏將哈薩克族民歌分爲新民歌、情歌、哲理歌、習俗歌、謊言歌五類，茲以此五類爲經，以修辭技巧爲緯，加以闡析。

二、新民歌的修辭技巧

馬氏精選哈薩克族的新民歌三十一首，茲列舉數首，加以闡論。例如〈說不完的心中話〉：

冰清玉潔的是博格達雪峰，

咚咚作響的是冬不拉琴，
山坡歡蹦的是牛犢和羊羔。
沈浸在幸福中的是哈薩克牧民。

歡快的樂曲飛出氈房圓頂，
悠揚的歌聲回蕩群山中，
哈薩克牧民心中的話呀，
說啊說不完唱呀唱不盡。

首段以整體形式來看，是「排比」。以部分形式來看重複使用「的是」四次，是「類疊」中的「類字」①，也叫「複疊」中的「複辭」②。「冰清玉潔」，是「對偶」中的「當句對」（又叫句中對）。「冰」對「玉」，都是名詞，又平仄協調。「清」對「潔」，都是形容詞，又平仄協調。「咚咚」，既是「類疊」中的「疊字」，也叫「複疊」中的「疊字」③；又是聽覺的「摹寫」，也叫聽覺的「摹狀」④。「歡快的樂曲飛出氈房圓頂，悠揚的歌聲回蕩在群山中」，既是「排比」，又是摹寫（也叫「摹狀」）。「說啊說不完」對「唱呀唱不盡」，是「對偶」。這首民歌運用了「排比」、「類疊」（又叫「複疊」）、「對偶」、「摹寫」（也叫「摹狀」）四種修辭技巧。又如〈歌唱新時代〉：

霞光染紅了東方，
百鳥爭鳴百花競放；

牧民們歌唱新時代，
高亢的讚歌在天際回蕩。

過去牧民當牛馬，
如今翻身得解放；
哈薩克牧民愛草原，
幸福生活像不息的泉水一樣。

昔日烏雲籠罩著草原，
我們的命運握在巴依手上；
如今牧民是草原的主人，
生活多彩，個個喜氣洋洋。

「霞光染紅了東方」的「染紅了」，是「轉化」，又叫「比擬」⑤。「百鳥爭鳴」對「百花競放」，是「對偶」；但重複使用兩次「百」字，又是「類疊」中的「類字」，也叫「複疊」中的「複辭」。「過去牧民當牛馬，如今翻身得解放」，「過去」與「如今」是強烈對比，因此是「映襯」。「牧民當牛馬」，是「轉化」中的「物性化」，也叫「比擬」中的「擬物」⑥。「幸福生活像不息的泉水一樣」，是「譬喻」中的「明喻」。「幸福生活」是「喻體」，「像」是「喻詞」，「不息的泉水」是巴依手上」，是形容很多，用來譬喻幸福生活很多。「昔日……我們的命運握在巴依手上；如今牧民是草原的主人」，「昔日」、「如今」，是強烈對比，因此是「映襯」。巴依，是地主、財主之意。「我們的命運握巴依手上」，是「轉化」中的「形象化」，由抽象變具體。「命運」是抽象的，這裡「轉化」爲具體的，因此「命運握在巴依手上」。「個個」、「洋洋」，都是「類疊」中的「疊字」，也是「複疊」中的「疊字」。「喜氣洋洋」，是「摹寫」，也叫「摹狀」。這首民歌運用了「轉化」（也叫「比擬」）、對偶、類疊（又叫「複疊」）、「譬喻」。「摹寫」、（也稱「摹狀」）五種修辭技巧。又如〈青青的草原〉：

青松為什麼那樣遒勁？
是它植根豐厚的土中。
騎馬的青年為什麼那樣驍勇？
新時代賦予他光榮的使命。
玫瑰花為什麼那樣嫣紅？
是春天給了它甘露溫暖。
牧羊的的娃娘為什麼那樣歡暢？
青青的草原任她們策馬馳騁。

全首民歌運用了四句「自問自答」的「設問」，也叫「提問」。此外，作者還運用了「譬喻」，將「青

」，也是「複疊」中的「疊字」。這首民歌應用了「譬喻」、「類疊」（也叫「複疊」）。又如〈銀

堆堆聳起的不是銀山，
是雪白的羊毛光閃閃；
潺潺流淌的不是金河，
是黃澄澄的酥油亮燦燦。

山坡上游動不是白雲，
是潔白的羔羊在撒歡；
映紅河岸的不是晚霞，
是棗紅馬飲水在河邊。

那歌聲嘹亮的不是百靈，
是縱馬牧羊的英雄少年；
那百花爭豔的不是仙境，
是哈薩克牧民的家園。

全首民歌表面上運用「映襯」，「不是」、「是」具有強烈對比；其實也使用了「譬喻」，「雪白的羊毛」比作「銀山」，「黃澄澄的酥油」比作「金河」，「潔白的羔羊」比作「白雲」，「棗紅馬飲水在河邊」比作「晚霞」，「牧羊的英雄少年」比作「百靈」，「哈薩克牧民的家園」比作「仙境」。「堆堆」，「閃閃」、「潺潺」、「澄澄」、「燦燦」、都是「類疊」中的「疊字」，也叫「複疊」中的「疊字」。「堆堆聳起」、「光閃閃」、「潺潺流淌」、「黃澄澄」、「亮燦燦」，都是「摹寫」，又叫「摹狀」。這首民歌應用了「映襯」、「譬喻」、「類疊」、（又叫「複疊」）、「摹寫」（也叫「摹狀」）四種修辭技巧。又如〈中華，母親〉：

偉大的中華，您是慈祥的母親，
您像太陽溫暖著我們的心，
您屹立在世界的東方，
彷彿普照全球的明燈。
各民族團結戰鬥，
像鋼鐵鑄造的長城；
您劈驚濤斬惡浪，
是中華兒女勇敢的母親。

您肩負著歷史的重任，
您是團結勝利的象徵；
幸福歡樂的哈薩克牧民，
時刻銘記你——中華，母親。

「中華，母親」，是「譬喻」中的「略喻」，順言當作「中華像母親」，省喻「喻詞」（「像」字），「母親」是「喻依」。「您是慈祥的母親」，是「譬喻」中的「隱喻」。「您」，是指「偉大的中華」。「您像太陽溫暖著我們的心」，是「譬喻」中的「明喻」。「您屹立在世界的東方，彷彿普照全球的明燈」，也是「譬喻」中的「明喻」。「您」，「您屹立在世界的東方」，都是「喻體」。「像」、「彷彿」，都是「喻詞」。「太陽溫暖著我們的心」、「普照全球的明燈」，都是「喻依」。「各民族團結戰鬥，像鋼鐵鑄造的長城」，是「譬喻」中的「明喻」。「各民族團結戰鬥」是「喻體」，「像」是「喻詞」，「鋼鐵鑄造的長城」是「喻依」。「劈驚濤」對「斬惡浪」，是「對偶」。「劈」對「斬」，都是動詞，又是平仄協調。「驚」對「惡」，都是形容詞，又平仄協調。「濤」對「浪」，都是名詞，又是平仄協調。這首民歌使用了「譬喻」、「對偶」兩種修辭技巧。

三、情歌的修辭技巧

馬氏精哈薩克族的情歌八十七首，茲列舉首，加以闡析。例如〈我的花朵〉：

你的名字是那樣親切，

你像春天盛開的花朵；
親愛的姑娘我的花朵，
你的眼睛迸發著情火。

你的名字是綠色的湖泊，
我是游弋湖面的天鵝；
親愛的姑娘我的花朵，
你的眼睛迸發著情火。

你的名字是那樣甜潤，
你的性格像酥油柔和，
親愛的姑娘我的花朵，
你的眼睛迸發著情火。

我們雖然相識不算久，
你照人的光采投進我的心窩；
親愛的姑娘我的花朵，

你的眼睛迸發著情火。

全首的情歌重複運用「親愛的姑娘我的花朵，你的眼睛迸發著情火」，這是「類疊」中的「類句」，也叫「反復」。⑧「你像春天盛開的花朵」、「你的性格像酥油柔和」，都是「譬喻」中的「明喻」。「你」、「你的性格」，都是「喻體」。「像」是「喻詞」。「春天盛開的花朵」、「酥油柔和」，都是「喻依」。「親愛的姑娘我的花朵」，順言當作「親愛的姑娘是我的花朵」。將「姑娘」比作「花朵」，這是「轉化」中的「物性」，也是「比擬」中的「擬物」。「你的眼睛迸發著情火」，「你照人的光采投進我的心窩」，都是人情的「夸飾」。「你的名字是綠色的湖泊」，「我是游弋湖面的天鵝」，都是「譬喻」中的「隱喻」。「你的名字」，「我」，都是「喻體」。「是」是「喻詞」。「綠色的湖泊」、「游弋湖面的天鵝」，都是「喻依」。「是」，含有「好像」之意。這首情歌應用了「類疊」（又叫「反復」）、「譬喻」、「夸飾」三種修辭技巧。又如〈只要心地善良〉：

山不在高，
只要有青草就行了；
水不在深，
只要清澈就行了；
情人不在窮，
只要心地善良就行了。

全首情歌運用了「譬喻」中的「略喻」，順言當作「情人不在窮，只要心地善良就行了；好像山不在高，只要有青草就行了，又像水不在深，只要清澈就行了。」重複使用「不在」、「只要……就行了」各三次，這又是「類疊」中的「類字」，也是「複疊」中的「複辭」。就整體形式而言，也是「排比」。這首情歌應用「譬喻」、「類疊」（又叫「複疊」）、「排比」三種修辭技巧。又如〈姑娘心等急了〉：

百靈鳥啊！請不要叫，
姑娘的心啊！多麼煩躁；
晚霞啊！請不要映照，
姑娘的臉啊！紅得發燒。
牧羊人啊！請不要唱，
埋藏心底的事啊！姑娘早知道；
月亮啊！請不要在雲裡躲藏，
姑娘的心啊！早就等急了。

全首情歌運用「倒裝」，不僅為詩文格律，也為文章波瀾。「叫」、「躁」、「照」、「燒」，都是押ㄠ韻；「唱」、「藏」押ㄤ韻。每句反復使用「啊」字，這是「類疊」中的「類字」，也是「複疊」中的「複辭」。「百靈鳥啊！請不要叫」、「晚霞啊！請不要映照」、「牧羊人啊！請不要唱」、「月亮啊！請不要在霞裡躲藏」，都是「呼告」。「百靈鳴」、「晚霞」、「月亮」，都是「人化呼告」。這首情歌應用「倒裝」、「類疊」（又叫「複疊」）、「呼告」三種修辭技巧。又如〈姑娘多欣歡〉：

純真的愛情是互不欺騙，
心胸開闊的青年不悲觀，
哎嗨，可愛的姑娘多欣歡。

瞌睡時黑礁石也覺得柔軟，
真正的愛情不在臉上分辨，
哎嗨，可愛的姑娘多欣歡

我不知等待你多少天，
為了你我的馬出了一身汗，
哎嗨，可愛的姑娘多欣歡

你就像群馬中的騏驥，
我翻山越嶺來到你家門前，
哎嗨，可愛的姑娘多欣歡

「欣歡」是「歡欣」的「倒裝」，為了詩文格律而「倒裝」。「騙」、「觀」、「歡」、「軟」、「辨」、「歡」、「天」、「汗」、「歡」、都是押ㄢ韻。每段間隔使用「哎嗨、可

「瞌睡時黑礁石也覺得柔軟」，這是「隔離的反復」。「瞌睡時黑礁石也覺得柔軟」，這是「類疊」中的「類句」，也是「隔離的反復」。「瞌睡時黑礁石也覺得柔軟」，這是「物象的夸飾」兼「人情的夸飾」。「礁石」本是「堅硬」的，由於人情之故而變「柔軟」，因此兼有兩種夸飾。「你就像群馬中的騏驥」，是「譬喻」中的「明喻」。「你」是「喻體」，「像」是「喻詞」，「群馬中的騏驥」是「喻依」。「翻山越嶺」，是「對偶」中的「當句對」。「翻」、「越」，都是動詞，又是平仄協調。「山」、「嶺」，都是名詞，又是平仄協調。這首情歌運用了「倒裝」、「類疊」、「夸飾」、「譬喻」、「對偶」等五種修辭技巧。又如〈心中的玫瑰〉：

你多情的雙眸流淌著清波，
像甘甜的泉水流進我心扉，
啊美麗的姑娘，我心中的玫瑰。
你是草原上最聰明的姑娘，
你像一朵待放的花蕾，
啊美麗的姑娘，我心中的玫瑰。
你像小馬駒天真無邪，

你像雛天鵝純潔雪白，
啊美麗的姑娘，我心中的玫瑰。

全首情歌反復使用「啊美麗的姑娘，我心中的玫瑰」，這是「類疊」中的「類句」。此句順言當作「啊美麗的姑娘是我心中的玫瑰」。將「美麗的姑娘」比作「玫瑰」，這裡是「轉化」中的「物性化」，也是「比擬」中的「擬物」。「你多情的雙眸流淌著清波，像甘甜的泉水流進我心扉」、「你像一朵待放的花蕾」、「你像小馬駒天眞無邪」、「你像雛天鵝純潔雪白」，都是「譬喻」中的「明喻」。「你多情的雙眸流淌著清波」、「你」，都是「喩體」。「像」是「喩詞」。「甘甜的泉水流進我心扉」、「一朵待放的花蕾」、「雛天純潔雪白」，都是「喩依」。「你的情意比黃金珍貴」，是「人情的套飾」。「世間有誰能和你媲美」，這是問而不答的「激問」，也是屬於「設問」。這首情歌應用了「類疊」、「轉化」、「譬喩」、「夸飾」、「設問」五種修辭技巧。

情歌雖然僅選了五首，加以論述，但卻運用了「類疊」、「譬喩」、「夸飾」、「排比」、「倒裝」、「呼告」、「對偶」、「轉化」、「設問」等九種修辭技巧。

四、哲理歌的修辭技巧

馬氏精選哈薩克族的哲理歌二十首，茲列舉數首，加以闡論。例如〈英雄離不開人民〉：

松樹長得再高，
也得靠水土的養分；

英雄再剽悍勇敢，
也得靠人民撫育養成。
但它離不開其它飛禽；
英雄是眾人的首領，
天鵝是百鳥之王，
但他一刻也離不開人民。

全首哲理歌運用「譬喻」中的「略喻」，順言當作「英雄再剽悍勇敢，得靠人民撫育養成；就像松樹長得再高，也得靠水土的養分。英雄是眾人的首領，但他一刻也離不開人民；就像天鵝是百鳥之王，但它離不開其它飛禽。」將「英雄」比作「松樹」、「天鵝」。「喻詞」（像）省略。「英雄」必須靠「人民」，就像「松樹」必須靠「養分」；「英雄」離不開「人民」，也像「天鵝」離不開「百鳥」。俗語說：「孤掌難鳴。」這是顛撲不破的至理名言。又如〈做這樣的人〉：

要做就做個正派的人，
不要像野刺傷害別人。
只有學會生活的本領，
才能像駿馬一樣馳騁。

人生的歲月短暫無情，
一分一秒也不把你等。
只有珍惜青春的時光，
幸福才會笑臉來相迎。

首段運用兩個「譬喻」中的「明喻」，如「傷害別人像野刺」、「生活本領像駿馬馳騁」，作者加以變化，使文句更靈活，更有韻味。「不把你等」是「不等你」的「倒裝」，爲了詩文格律而「倒裝」，「情」、「等」、「迎」都押ㄥ韻。「幸福才會笑臉來相迎」、是「轉化」中的「人性化」，也是「比擬」中的「擬人」。這首哲理歌使用「譬喻」、「倒裝」、「轉化」三種修辭技巧。又如〈沒有不消退的黎明〉：

沒有停留不逝的時光，
沒有折不斷的生鐵，
沒有不折翅的雄鷹，
沒有不失蹄的千里馬。
沒有膝毛完整的駱駝，
沒有額鬃整齊的騍馬，
沒有不燃燒的煤炭、

沒有不憂愁的心情。

沒有不落的太陽、
沒有不消退的黎明。
你若仔細想一想、
世上沒有活千歲的人。

全首哲理歌反復使用「沒有」十一次，是「類疊」中的「類字」，也是「複疊」中的「複辭」。三段都運用「譬喻」中的「略喻」，首段順言當作「沒有停留不逝的時光，好像沒有折不斷的生鐵，沒有不折翅的雄鷹，沒有不失蹄的千里馬。」省略「喻詞」(好像)。將「時光」比作「生鐵」、「雄鷹」、「千里馬」、加以闡述。次段順言當作「沒有不憂愁的心情，好像沒有膝毛完整的駱駝，沒有額鬃整齊的騍馬，沒有不燃燒的煤炭。」將「心情」比作「駱駝」、「騍馬」、「煤炭」。省略「喻詞」(好像)，這是倒裝式的「略喻」。末段順言當作「世上沒有活千歲的人，好像沒有不落的太陽，沒有不稍退的黎明。」將「人」比作「太陽」、「黎明」。省略「喻詞」(好像)，這也是倒裝式的「略喻」。這首哲理歌運用了「類疊」、「譬喻」兩種修辭技巧。又如〈春天〉：

山巔存不住雨水、
人生的旅途坎坷不平；
有時生活輕鬆愉快、

有時厄運會在你頭上降臨。

世上沒有完美無缺的人、
厄運和洪福是孿生弟兄；
只有廣開眼界博識萬物，
才能沿著正道循序漸進。

啊，春天，春天，
你像心愛的嬌女娉婷；
你秀麗嫻雅溫順、
把春光灑向山丘草坪。

「有時生活輕鬆愉快，有時厄運會在你頭上降臨」，這是正反強烈對比的「映襯」。「厄運和洪福是孿生弟兄」，是「譬喻」中的「隱喻」。「厄運和洪福」，是「喻體」。「是」是「喻詞」。「孿生弟兄」是「喻依」。「厄運」與「洪福」，是「映襯」。「你像心愛的嬌女娉婷」，是「譬喻」中的「明喻」「你」是「喻體」，「像」是「喻詞」，「心愛的嬌女娉婷」是「喻依」。「你」，是指「春天」。「把春光灑向山丘草坪」，是「轉化」中的「形象化」。這首哲理歌運用了「映襯」、「譬喻」、「轉化」三種修辭技巧。又如〈愉快地生活〉：

人生有歡樂又有悲傷、
年輕人要性情爽朗；
啊，青年朋友們，
我們要愉快地生活歌唱。

年輕時不要虛度年華，
青春的紅暈終將離開你臉龐；
啊，青年朋友們，
我們要愉快地生活歌唱。

反復使用「啊，青年朋友們，我們要愉快地生活歌唱」三次，這是「類疊」中的「類句」，也是「隔離的反復」。「啊，青年朋友們，我們要愉快地生活歌唱」，這是「呼告」。「人生有歡樂又有悲傷」，是「映襯」。「你爲什麼在人生路上徬徨」，是「問而不答」的「激問」，也是「設問」。這首哲理歌運用了「類疊」、「映襯」、「設問」三種修辭技巧。

哲理歌雖然僅選了五首，加以闡析，但卻運用了「譬喻」、「倒裝」、「轉化」、「類疊」、「映襯」、「設問」等於六種修辭技巧。

五、習俗歌的修辭技巧

馬氏精選哈薩克族的習俗歌十八首，茲列舉數首，加以詮解。例如〈可愛的寶寶〉：

寶寶躺在舒適的搖籃裡，
就像湖中嬉戲的小天鵝；
可愛的寶寶舞動著雙手，
逗人的舉止使我笑聲不絕。

我操著童音教他唱起歌，
他甜甜的聲音激蕩我心窩；
每當我唱起這首兒歌，
心裡就充滿了幸福與歡樂。

寶寶，我可愛的寶寶，
你是我心中的琴瑟；
你那胖嘟嘟的小臉，
使我看愈覺得親熱。

「寶寶躺在舒適的搖籃裡，就像湖中嬉戲的小天」，是「譬喻」中的「明喻」。將「寶寶」比作「小天鵝」「寶寶躺在舒適的搖籃裡」，是喻體。「像」是「喻詞」。「湖中嬉戲的小天鵝」，是「喻依」。「他甜甜的聲音激蕩我心窩」，是「轉化」中的「形象化」。「甜甜」、「嘟嘟」，是「類疊」中的「疊字」。「寶寶，我可愛的寶寶」，既是「呼告」，又是「回文」。「你是我心中的琴瑟」，是「轉化」中的「物性化」，也是「比擬」中的「擬物」。將「你」（人）比作「琴瑟」（物），因此是「物性化」，也是「擬物」。「使我愈看愈覺得親熱」，反復使用「愈」字，因此是「類疊」中的「類字」。這首習俗歌運用了「譬喻」、「轉化」、「類疊」、「呼告」、「回文」等五種修辭技巧。又如〈我的寶貝兒〉：

寶貝兒喲，讓我把你端詳，
讓我輕輕地親吻你的臉龐；
巴扎上的雪花膏喲，
也比不上你的臉蛋香。

你的眼睛像清水般明亮，
你的笑顏像初升的太陽；
我喜愛你那甜甜的話語，
讓我把你輕輕地扛在肩上。

寶貝兒喲，你是我生命的春光，

你含笑的眼睛像水波蕩漾；
我一夜為你起來三次，
都覺得格外幸福歡暢。

噢，噢，噢，我的好寶貝，
你給媽媽快快地長；
噢，噢，噢，我的胖小子，
幸福的日子等你開創。

「你的眼睛像清水般明亮」，「你的笑顏像初升的太陽」、「你含笑的眼睛像水波蕩漾」、都是「譬喻」中的「明喻」。「你的眼睛」、「你的笑顏」、「你含笑的眼睛」，都是「喻體」。「像」是「喻詞」。「清水」、「初升的太陽」、「水波蕩樣」、都是「喻依」。「寶貝兒喲，讓我把你端詳」，是「呼告」。「讓我把你端詳」，是「讓我端詳你」的「倒裝」。「輕輕」、「甜甜」、「快快」、都是「類疊」中的「疊字」。「巴扎上的雪花膏喲，也比不上你的臉蛋香」、是「人情的夸飾」。「巴扎」，是「集市」之意。「寶貝兒喲，你是我生命的春光」，是「呼告」。「你是我生命的春光」，是「轉化」。「噢，噢，噢，我的好寶貝」、「噢，噢，噢，我的胖小子」，都是「呼告」。這首習俗歌運用了「譬喻」、「倒裝」、「類疊」、「轉化」、「呼告」等五種修辭技巧。又如〈祝你像勇士〉：

祝你像伺守者，
　懂得怎樣盯哨偵探，
祝你像游牧者
　懂得何時遷徙轉場；
祝你像更夫
　懂得怎樣恪守職責，
祝你像勇士
　懂得怎樣衝殺疆場。
祝你像使者
　懂得怎樣完成使命，
祝你像國王
　懂得時刻富民興邦。
即使死期來臨
也知道選擇安身的地方。
祝你像首領
　懂得怎樣率兵用將，

祝你像獵手　懂得怎樣打圍下套網。
祝你像神槍手　懂得怎樣消滅對方。

全首習俗歌反復使用「祝你像……懂得怎樣」十次，這是「類疊」。「你像伺守者」、「你像游牧者」、「你像更夫」、「你像勇士」、「你像使者」、「你像國王」、「你像首領」、「你像獵手」、「你像謀士」、「你像神槍手」，都是「譬喻」中的「明喻」。「你」是「喻體」。「像」是「喻詞」。「伺守者」、「游牧者」、「更夫」、「勇士」、「使者」、「國王」、「首領」、「獵手」、「謀士」、「神槍手」，都是「喻依」。「富民興邦」、「率兵用將」，都是「對偶」中的「當句對」。「富」、「興」、「率」、「用」、都是動詞。「民」、「邦」、「兵」、「將」、都是名詞。這首習俗歌運用了「類疊」、「譬喻」、「對偶」等三種修辭技巧。又如〈婚禮歌〉：

苗條的新娘多麼美麗加爾加爾，
黑油油的髮辮拖著地加爾加爾，
今天你要嫁到遠方去加爾加爾，
公婆比父母還要親暱加爾加爾。
新娘新娘你真有福氣加爾加爾，

叔哥送來了金銀財禮加爾加爾，
如果娘家不吝嗇小氣加爾加爾，
就請快快捧出見面禮加爾加爾。

全首習俗歌反使用「加爾加爾」八次，這是「類疊」。「油油」、「快快」，是「類疊」中的「疊字」。「新娘新娘」，也是「類疊」。這首習俗歌都運用「類疊」。又如〈弔唁歌〉：

悲哀慟哭又有何用？
死去的勇士不會復返。
無畏的英雄大義凜然，
為民眾而死視為等閒。

英雄之死是眾人的災難，
他的功績將流芳千年。
他將永遠活在人民心中。
像開不敗的鮮花永遠吐豔。

「悲哀慟哭又有何用」，是「問而不答」的「激問」，也是「設問」。「他將永遠活在人民心中，像開不敗的鮮花永遠吐豔」，是「譬喻」中的「明喻」。「他將永活在人民心中」，是「喻體」。「像」是「喻詞」。「開不敗的鮮花永遠吐豔」是「喻依」。「他將永遠活在人民心中」，又是「示現」。

這首習俗歌運用了「設問」、「譬喻」、「示現」三種修辭技巧。

習俗歌雖然僅選了五首，加以闡述，且卻運用了「譬喻」、「轉化」、「類疊」、「呼告」、「回文」、「倒裝」、「對偶」、「設問」、「示現」等九種修辭技巧。

六、謊言歌的修辭技巧

馬氏精選哈薩克族的謊言歌八十四首，茲列舉數首，加以詮釋。例如〈我一腳踢倒一座山〉：

綠色的湖泊一飲而盡，
小魚兒在沙漠中生存。
我一腳踢倒一座大山，
空曠的原野裡發生了地震。

這首謊言歌運用「夸飾」的修辭技巧。「綠色的湖泊我一飲而盡」，是「夸飾」。「我一腳踢倒一座大山」，也是「夸飾」。又如〈我生下就有鬍鬚〉：

我一出生就滿臉鬍碴，
父親的銀鬚不如我的唇髭長。
母親用我的鬍子組成土布，
給我縫了一件合體的衣裳。

「銀鬚」，是「譬喻」中的「略喻」，順言當作「鬚如銀」。鬍鬚的顏色是銀白色，因此用「銀」來譬喻「鬚」。「母親用我的鬍子組成土布，給我縫了一件合體的衣裳」，這是「夸飾」。這首謊言歌運用了「夸飾」、「譬喻」兩種修辭技巧。又如〈歌聲唱暗了白晝〉：

我騎了根柳條得了賽馬冠軍，
把那些飛馳的賽馬甩在後頭。
我坐著木筏在太空中遨遊，
歌聲唱明了黑夜，唱暗了白晝。

「我騎了根柳條得了賽馬冠軍」、「我坐著木筏在太空中遨遊」，都是「夸飾」。「歌聲唱明了黑夜，唱明了白晝」，這是「映襯」，又是「夸飾」。這首謊言歌運用了「夸飾」、「映襯」兩種修辭技巧。又如〈牽著河水歡奔〉：

我和影子揮劍對陣，
一腳踢倒了一座山峰。
我能牽著河水歡奔，
我能使風在山巔停頓。

「揮劍對陣」，是「對偶」中的「當句對」。「揮」、「對」，都是動詞。「劍」、「陣」、都是名詞。「一腳踢倒了一座山峰」、「我能牽著河水歡奔」、「我能使風在山巔停頓」，都是「夸飾」。這首謊言歌運用了「對偶」。「夸飾」兩種修辭技巧。又如〈騎著小魚渡河〉：

說真話利人又能利己，

三百歲我才明白這個道理。
說假話最終會害自己。
我每天渡河都騎著小魚。

「說眞話利人又能利己……說假話最終會害自己」，是反正強烈對比的「映襯」。「三百歲我才明白這個道理」、「我每天渡河都騎著小魚」，都是「夸飾」。「三百歲」，是「時間的夸飾」。「小魚」，是「空間的夸飾」。這首謊言歌運用「映襯」、「夸飾」兩種修辭技巧。又如〈把月亮裝進口袋〉：

我的腰刀又利又快，
它能把大地一刀割開。
月亮就像一個嫩香蕉，
我把它摘下裝進口袋。

「月亮就像一個嫩香蕉」，是「譬喻」中的「明喻」。「月亮」是「喻體」。「像」是「喻詞」。「類疊」中的「類字」。反復使用「又」字兩次，因此是「類字」。「它（指腰刀）能把大地一刀割開」、「我把它（指月亮）摘下裝進口袋」，都是「夸飾」。這首謊言歌運用了「譬喻」、「類疊」、「夸飾」三種修辭技巧。

謊言雖然僅選了六首，加以闡論，但卻運用了「夸飾」、「譬喻」、「映襯」、「對偶」、「類疊」等五替修辭技巧。

七、結論

哈薩克族民歌是多采多姿，馬雄福精選了新民歌三十一首、情歌八十七首、哲理歌二十首、習俗歌十八首、謊言歌八十四首，共計二百四十首。除謊言歌短小精悍選錄六首加以闡析外，其他僅選錄五首加以論述。新民歌運用了「排比」、「類疊」、「對偶」、「摹寫」、「轉化」、「譬喻」、「設問」、「映襯」等八種修辭技巧。情歌運用了「類疊」、「譬喻」、「夸飾」、「排比」、「倒裝」、「呼告」、「對偶」、「轉化」、「設問」等九種修辭技巧。哲理歌運用了「譬喻」、「倒裝」、「轉化」、「類疊」、「映襯」、「設問」等六種修辭技巧。習俗歌運用「譬喻」、「轉化」、「類疊」、「呼告」、「回文」、「倒裝」、「對偶」、「設問」、「示現」等九種修辭技巧。謊言歌運用了「夸飾」、「譬喻」、「映襯」、「對偶」、「類疊」等五種修辭技巧。哈薩克族民歌一共運用了「排比」、「類疊」、「對偶」、「摹寫」、「轉化」、「譬喻」、「設問」、「映襯」、「夸飾」、「倒裝」、「呼告」、「回文」、「示現」等十三種修辭技巧。

哈薩克族民歌不僅內容豪爽開朗，修辭技巧也頗爲講究。我們研讀哈薩克族民歌既可以使我們個性更開朗、更豪爽，又可以欣賞修辭之美。

【附註】

①「類疊」中的「類字」，是採用黃師慶萱《修辭學》的說法。

②「複疊」中的「複辭」，是採用陳望道《修辭學發凡》的說法。

③前者採用黃師慶萱的說法，後者採用陳望道的說法。

④同③

⑤同③

⑥同③

⑦「譬喻」、「喻體」、「諭詞」、「喻依」，是採用黃師慶萱的說法。大陸學者是採用「比喻」、「本體」、「喻詞」、「喻體」。本文採用黃師說法。

⑧黃師慶萱《修辭學》所謂「類疊」中的「類句」，約相當於陳望道《修辭學發凡》所說的「隔離的反復」。本文採用黃師說法。

維吾爾族民歌的修辭手法

一、前言

新疆是歌舞之鄉，具有多民族地區的歌唱傳統，由於各族人民能歌善舞，因此流傳很多民歌。新疆的民歌，含有鮮明的民族特色與地方色彩。由於各族人民的生活環境、社會背景、民族心理等不同的因素，各族的民歌，都有自己的風格。例如：哈薩克族的民歌①，比較豪爽開朗，氣勢比較宏偉；維吾爾族的民歌，比較純樸清新，比較風趣幽默。

阿·克木、里提甫江蒐集，上昭雨、井亞、劉發俊、張世榮、曹世隆、楊金祥翻譯的《維吾爾族民歌選》，由新疆人民出版社印行，民國七十五年（一九八六）五月初版。筆者從此書中，選錄維吾爾民歌每類數首，以析論民歌的修辭手法。維吾爾族民歌分爲頌歌、抗爭歌、情歌、哲理歌、禮儀歌五類，但頌歌與毛澤東、共產黨的思想攸關，惟恐有爭議性，因此僅以抗爭歌、情歌、哲理歌、禮儀歌類爲經，以修辭手法爲緯，加以闡述。

二、抗爭歌的修辭手法

卜昭兩等精選維吾爾民歌中的抗爭歌有二十八首，都是描述人民心中的憤憤不平。茲選錄數首，加以分析闡明。例如〈官府的徭役山一樣重〉

寥廓的天地像一座墳塋，
官府的徭役像山一樣沈重，
天空布滿沈沈的烏雲，
大地好像陰暗的牢籠；
皮鞭抽去人間的歡笑，
只留下一片痛苦呻吟。

這首民歌描繪人民無法負擔繁重的徭役，抒發心中的不滿：官府奪走人民的歡笑，換來無限的痛苦呻吟。「寥廓的天地像一座墳塋，官府的徭役像山一樣沈。」是譬喻中的「明喻」②「寥廓的天地」、「官府的徭役」，都是喻體。「像」，是喻詞。「一座墳塋」、「山一樣沈重」，都是喻依。③「重大好像陰暗的牢籠」，也是「譬喻」中的「明喻」。「大地」，是喻體。「好像」，是喻詞。「陰暗的牢籠」，是喻依。「天空布滿沈沈的烏雲」，是視覺的摹寫。「沈沈」，形容烏雲瀰漫的樣子，是「類疊」中的「類字」④。又如〈世道太無情〉：

這個世道太無情，
人情似水冷如冰。
一切都是為了錢，

為錢不惜把人坑。

父親雖是大財主，
卻把女兒當畜牲。
為了賣個好價錢，
甘願將女兒推火坑。

這個世道太冷酷，
傷了百姓萬家心。
自古多少善良人，
含冤九泉葬墳塋。

這首民歌描述世道衰微，人心不古。世道太無情、太冷酷，一切都是爲錢財，連父親也不顧女兒的終身幸福，而將女兒推到火坑，眞是人情似紙張張薄。「人情似水冷如冰」，是「譬喻」中的「明喻」。「人情」、「冷」，都是喻體。「似」、「如」，都是喻詞。「水」、「冰」，都是諭依。「把女兒當畜牲」，是「轉化」中的「物性化」，也是「比擬」中的「擬物化」。又如〈兩眼熱淚向誰灑〉：

上工下到煤井裡，

石頭縫裡把煤挖，
妻兒老小揪著心，
兩眼熱淚向誰灑？

這首民歌闡述煤礦工人工作十分辛勞，十分危殆，妻兒老小都十分擔心他生命危險，因此妻兒老小眼淚不停地流，極爲傷心難過。「兩眼熱淚向誰灑」，是「設問」的修辭手法。又如〈孤兒苦〉：

死去了父親，
死去了母親；
父母留下的，
是無盡的窮困。

這首民歌是敘述失怙失恃的孤兒，由於父母沒有遺留財產，因此一貧如洗，極爲窮困。「死去了父親，死去了母親」，從整體形式而言，是排比；從部分形式而言，是「類疊」中的「類字」；因爲反覆使用相同的「死去了」三字。又如〈孤兒的依靠在哪裡〉：

松樹長在高山上，
雪水流在河谷裡；
巴依害死了我爹娘，
孤兒的依靠在哪裡？

「巴依」，是舊社會裡有錢有勢的人。這首民歌是描述孤兒的父親被有財有勢的人害死了，無依無靠。「松樹長在高山上，雪水流在河谷裡」，是對偶。「松樹」對「雪水」，是名詞對名詞。「長」對流，是動詞對動詞。「高山」對「河谷」，「上」對「裡」。「孤兒的依靠在哪裡」，是「設問」中的「懸問」。又如〈徭役苦〉：

水利工地在戈壁灘，
當差的來了劃劃線，
馬縣長來了動動嘴，
工頭來了把令傳：
「督辦的告示說得明，
一年的工程半年完，
白天黑夜連著趕，
偷懶的捉了去見官！」
木然的沙灘寬無邊，
三伏天熱得像火炭，
工程修了才三個月，
民扶累死了一大半。

這首民歌是描寫民扶十分辛勞的情形。馬縣長、工頭只會發號施令，民扶日夜趕工，以致於累死很多人。馬縣長，是指一九四一至一九四二年充任尉犁縣長的馬木提·艾拉吉。督辦，是指盛世才。木然，是地名。「當差的來了劃劃線，縣長來了動動嘴」，從整體形式而言，是排比。從部分形式而言，反覆使用「來了」兩次，是「類疊」中的「類字」。「劃劃」、「動動」，是「類疊」中的「疊字」。「白天黑夜」，是「對偶」中的「句中對」⑤。「白」對「黑」，是形容詞對形容詞。「天」對「夜」，是名詞對名詞。「三伏天熱得像火炭」，是「譬喻」中的「明諭」。「三伏天熱」，是「喻體」。「像」，是喻詞。「火炭」是喻依。三伏，是夏季最熱的時期。夏至後第三庚日起，三十日內，叫做伏天。前十天叫初伏，中十天叫中伏，末十天叫末伏，總名叫三伏。

三、情歌的修辭手法

卜昭雨等精選維吾爾民歌中的情歌有八十七首，都是抒發眞摯情感的民歌。茲選錄數首，加以闡釋。例如〈倘花園沒有鮮花〉：

倘若花園裡沒有鮮花
那還不如一片草灘。
倘若生活中沒愛情，
那還不如一個白癡。

倘若河邊沒有成蔭的樹林，
誰還去那裡散步？
倘若生活中沒有心愛的情人，
那還有什麼幸福的家庭？

這首民歌闡述沒有愛心不如白癡，沒有心愛的情人，那有幸福的家庭？全篇反覆使用「倘若」四次，是「類疊」中的「類字」。前段反覆使用「沒有」、「那還不如」各兩次，也是「類字」。前段全文原來詞序當作「倘若生活中沒有愛情，那還不如一個白癡，（如）尚若花園裡沒有鮮花，那還不如一片草灘」，這是「譬喻」中的「略喻」。將「生活」比喻作「花園」，把「愛情」比喻作「鮮花」，將「白癡」比喻作「草灘」。後段反覆使用「沒有」、「還」各兩次，是「類疊」中的「類字」。後段全文詞序原來當作「倘若生活中沒有心愛的情人，那還有什麼幸福的家庭，（如）倘若河邊沒有成蔭的樹林，誰還去那裡散步。」，這是「譬喻」中的「略喻」，兼「設問」。將「心愛的情人」比喻作「成蔭的樹林」。又如〈深夜〉：

深夜戀人說天色黝黑，
我願變成月亮給她照明。
山路曲曲彎彎，戀人說無法行走，
我願變成駿馬讓她乘騎。
來到河邊，戀人說無法渡河，

我願變成小船把她渡過。

茂盛的花園，戀人說有點寂寞，

我願彈起都他爾琴，在他身邊伴隨。

這首民歌描述戀人遇到很多困難、阻礙，作者都願意幫她解決。例如：天黑時，變成月亮照明她；山路難走時，變成駿馬給她騎；渡河時，變成小船給她坐；寂寞時，彈琴給她聽。這是體現男女之間的眞誠情感，也是眞情的自然流露。「戀人說」三字、「我願」二字都反覆使用四次，「變成」二字反覆使用三次，「戀人說」、「我願」、「變成」都是「類疊」中的「類字」。「曲曲彎彎」，都是「類疊」中的「疊字」。「我願變成月亮」、「我願變成駿馬」、「我願變成小船」，都是「轉化」中的「物性化」，又叫「比擬」中的「擬物化」。「茂盛的花園，戀人說有點寂寞」，是「映襯」中的「反襯」。又如〈情人贈我一枚戒指〉：

情人贈我一枚戒指，

寶石日夜亮閃閃，

他悄悄許下的諾言，

我牢牢珍藏在心間。

這首民歌是敘述情人贈送的寶石戒指亮晶晶，作者除了珍惜戒指以外，也珍藏情人的諾言。「悄悄」、「牢牢」，是「類疊」中的「疊字」。「亮閃閃」，形容很明亮的樣子，是「鑲疊」。又如〈姑娘變了心〉：

門前有一朵石榴花，
石榴花的香味你可喜歡？
姑娘既然對你變了心，
何必拿寶石去把石頭交換？
門前有一座柳樹林，
林中的樹木誰能數得清？
姑娘既然對你變了心，
這樣的人怎能做你的情侶？

這首民歌闡述姑娘變了心，作者規勸男孩子，不必送寶石給她；因爲她不可能作男孩子的情侶。全文象徵流水有意，落花無情，既呈現男孩子的痴情，也表現女孩子的絕情。「門前有一朵石榴花，石榴花的香味你可喜歡！」「門前有一座柳樹林，林中的樹木誰能數得清？」這兩句都是「設問」。「門前有」三字，反覆使用兩次，是「類疊」中的「類字」。「石榴花」、「林」、都是「頂針」。「姑娘既然對你變了心」，間隔使用兩次，是「類疊」中的「類句」⑥。又如〈心上人啊我來了〉：

心上人啊我來了
為何不見你的容顏？
你好比河中的流水，

我就是水中的小船。

但願那滾滾波濤，
莫把那小船打翻；
我願痛飲愛的美酒，
用你那忠誠的杯盞。

這首民歌描述鳳求凰的情形，也呈現追求心上人的眞摯情感，將「心上人」比喻作「流水」，把「自己」比喻作「小船」。「心上人啊我來了，爲何不見你的容顏？」這是「呼告」兼「設問」的修辭手法。「你好比河中的流水」，是「譬喻」中的「明喩」。「我就是水中的小船」，是「譬喻」中的「隱喩」。「你」、「我」、都是喩體。「好比」、「就是」，都是喩詞。「河中的流水」、「水中的小船」，都是喩依。「我願痛飲愛的美酒，用你那忠誠的杯盞。」是「倒裝」的修辭方式，原來詞序當作「用你那忠誠的杯盞，我願痛飲愛的美酒」。「顏」、「船」、「翻」、「盞」是押韻。又是〈姑娘家裡雖窮〉：

姑娘家裡雖窮，
她有一雙能勞動的手；
姑娘家裡雖窮，
她能騎上馬兒牧放羊群；

姑娘家裡雖窮，

她有一顆純潔的心；

姑娘家裡雖窮，

我願與她一起勞動。

這首民歌是敘述姑娘家裡雖然赤貧如洗，但她心地善良，工作能力強，作者願意和她成爲夫妻，共同努力奮鬥，所謂「娶妻取德不取財」是也。「姑娘家裡雖窮」反覆使用四次，是「類疊」中的「類句」。

四、哲理歌的修辭手法

卜昭雨等精選維吾爾民歌中的哲理歌有五十八首，都是闡論人生哲理的民歌。茲選錄數首，加以說明。例如〈山峰美，美在有森林〉：

山峰美，美在有森林；

草原美，美在有羊群；

花園美，美在有歌聲；

人間美，美在有勞動；

這首民歌闡析山水土美在林森，草原美在羊群，花園美在歌聲，人間美在勞動。就整體內容而言，是倒裝式的「略喻」，原來詞序當作「人間美，美在有勞動；（如）山峰美，美在有森林；草原美，美在有羊群；花園美，美在有歌聲」。其中「美」字，上下兩小句皆同，是「頂針」的修辭方式。間隔使用「在有」四次，是「類疊」中的「類字」。就整體形式而言，是排比。又如〈土地是農民的金碗〉：

土地是農民的金碗，
羊群是牧民的銀碗；
碗中落下汗球，
來年糧豐畜旺。

這首民歌闡述土地是農民的寶貝，羊群是牧民的寶貝，但必須流汗的耕耘，才能有豐碩的收穫。「土地是農民的金碗，羊群是牧民的銀碗」，就整體形式而言，是「排比」的修辭手法。就部分內容而言，「金碗」、「銀碗」，是「轉化」。「羊群是牧民的銀碗；碗中落下汗球」，是「頂針」的修辭技巧。「來年糧豐畜旺」的「糧豐畜旺」，是「對偶」中的「句中對」。「糧」對「畜」，是名詞對名詞。「豐」對「旺」，是形容詞對形容詞。又如〈空想的人〉：

空想的人，
總是用手捕風，
總是用筐撈水，
總是用網裝沙。

這首民歌闡論空想的人的不腳踏實地，結果一無所獲，宛如用手捕風、用筐撈水、用網裝沙。「總是用手捕風，總是用筐撈水，總是用網裝沙」，就整體形式而言，是「排比」的修辭方式。就部分形式而言，間隔使用相同的「總是用」三次是「類疊」中的「類字」。又如〈理想〉：

理想——

要像無涯的海洋；

意志——

要像屹立的山峰。

這首民歌闡述人的理想要有宏遠如無垠無涯的海洋，意志要有堅定如屹立不搖的山峰。「理想要像無涯的海洋；意志要像屹立的山峰」，就整體形式而言，是「排比」的修辭手法。就部分形式而言，是「譬喻」中的「明喻」。「理想」、「意志」，都是喻體。「像」，是喻詞。「無涯的海洋」、「屹立的山峰」，都是喻依。「要像」、「的」，反覆使用兩次，是「類疊」中的「類字」。又如〈我們不能像貓〉：

我們不能像貓

只為自己解饞覓吃；

我們要學蜂群，

為著後代去採花釀蜜。

這首民歌闡述我們不要像貓，自私自利，只顧自己；而要像蜜蜂，爲後代辛勞地工作。全文就內容而言，是「映襯」的修辭手法。自私自利的貓與爲後代工作的蜜蜂，是正反強烈對比，因此全文運用「映襯」的修辭技巧。「我們不能像貓」，是「譬喻」中的「明喻」。「採花釀蜜」，是「對偶」中的「句中對」。「採」對「釀」，是動詞對動詞。「花」對「蜜」，是名詞對名詞。又如〈語言像是支支飛箭〉：

語言像是支支飛箭
離弦就要射準黑點；
如果自己的語言讓別人失去信任，
等於自己砍去雙手一般。

這首民歌闡述語言的重要，言而無信，如同砍掉雙手一般的嚴重。「語言像是支支飛箭」，是「譬喻」中的「明喻」。「支支飛箭」，是喻依，「支支」，是「類疊」中的「疊字」，也是數量的類疊。又如〈紅色的花朵〉：

紅色的花朵，
不能沒有綠色的枝葉；
綠色的枝葉，
不能沒有紅色的花朵。

這首民歌闡明好花也要有綠葉陪襯，並論述萬綠叢中一點紅的道理。紅花綠葉，相輔相成，相得益彰，缺一不可。就全文內容而言，是運用「寬式回文」的修辭手法。開頭用「紅色的花朵」，結尾也用「紅色的花朵」。就部分形式而言，是運用「頂針」的修辭技巧。上句末了與下句開頭，都用「綠色的枝葉」，是「頂針」。間隔使用「不能沒有」兩次，是運用「類疊」的修辭方式。又如〈要有大象的性格〉：

要有大象的性格，
要有山鷹的眼睛，
要有花鹿的警覺，
要有蜜蜂的辛勤。

這首民歌告訴我們不但要有寬宏大量的性格像大象，也要有銳利的眼光像山鷹，又要有高度的警覺性像花鹿，更要有辛勤的精神像蜜蜂。就整體形式而言，是運用「排比」的修辭方式。就部分形式而言，反覆使用「要有」四次，是運用「類疊」的修辭手法。將人「轉化」爲大象、山鷹、花鹿、蜜蜂，這是「物性化」，一般叫做「擬物化」。

六、禮儀歌的修辭手法

卜昭雨等精選維吾爾民歌中的禮儀歌有七首(7)，多半是介紹結婚典禮的民歌，僅〈挽歌〉不是婚禮歌。第一首是〈嗨喲……烏蘭〉，是婚禮歌的曲拍，結婚時以「嗨喲……烏蘭」爲開場白。「嗨喲……烏蘭」，是維吾爾族的曲拍。「烏蘭」，是「歌」的意思。第二首是〈勸導歌〉，在新郎新娘入洞房，邊走邊吟誦，內容是這樣的：

不要哭了，姑娘不要哭了，

你出嫁的時刻來臨了；
你像閃閃發光的金花朵，
誰見了都愛在心窩。

不要哭了，姑娘不要哭了，
你出嫁的時刻來臨了；
那長著鷹眼睛的小伙子，
你要和他作終身伴侶了。

不要哭了，姑娘不要哭了，
你出嫁的時刻來臨了；
那像麥粒一樣飽滿的小伙子，
你要和他作終身伴侶了。

不要哭了，姑娘不要哭了，
你出嫁的時刻來臨了；
日夜盼望的小伙子要娶你了，

他要作你的終身伴侶了。

這首民歌描述新娘出嫁時，難免依依不捨而哭泣，作者規勸新娘不要哭泣；因爲新郎將要和新娘結婚。全文間隔使用「不要哭了，姑娘不要哭了，你出嫁的時刻來臨了」四次，是「類疊」中的「類句」。「不要哭了，姑娘不要哭了」，又是間隔使用「不要哭了」兩次，又是「類疊」。「你像閃閃發光的金花朵」，是「譬喻」中的「明喻」。「那像麥粒一樣飽滿的小伙子」，也是「譬喻」。「你」、「小伙子」，都是喻體。「像」，是喻詞。「閃閃發光的金花」、「麥粒」，都是喻依。「你要和他作終身伴侶了」，間隔使用兩次，是「類疊」的修辭方式，「勸導歌」吟誦完畢後，母親捨不得自己的女兒離家出嫁，母親爲送別自己女兒，就哭泣地吟唱〈母別歌〉，〈母別歌〉的內容是這樣：

心愛的黑眼睛，我的姑娘，
你像聰明的百靈，
你是我身邊的小馬駒啊！
我不願讓你離開自己的家。
如今我的姑娘你要離開家了，
像是誰砍去我的翅膀。
家裡只剩下我孤獨的一人，
我怎能不想你啊！我的姑娘。

你是我眼中的光芒，
你從我心上飛走了，
你走了，愁雲覆在我心上。
你要常回來把阿媽看望。
我無力向前阻擋，
心愛的黑眼睛，我的姑娘，
我只有祈禱真主啊！
保佑你們事事如意，生活甜得像蜜一樣。

這首民歌描述母親捨不得女兒出嫁離開家庭，母親把自己的女兒當作是小馬駒，百靈鳥、光芒；但終究非離家不可，於是祈禱眞主保佑女兒事事順利，生活甜蜜，有一個美滿的家庭。「心愛的黑眼睛，我的姑娘」，反覆使用兩次，是運用「類疊」的修辭手法。「你像聰明的百靈」，是運用「譬喻」的修辭技巧。「你」，是喻體。「像」，是喻詞。「聰明的百靈」，是喻依。「如今我的姑娘你要離開家了，像是誰砍去了我的翅膀」，和「生活甜蜜得像蜜一樣」，也是運用「譬喻」的修辭方式。「你是我身邊的小馬駒啊！」「你是我眼中的光芒」，都是運用「轉化」的修辭技巧。將「你」比擬作「小馬駒」，是「物性化」，也是「擬物化」。把「你」比擬作「光芒」，也是「物性也」，又叫「擬物化」。「事事如意」的「事事」，是運用「類疊」的修辭手法。

新郎新娘結婚的第二天是宴請賓客和鬧洞房。鬧完洞房以後，爲助興婚夜的歡樂，便推選一位青年吟唱〈群群沙瓦迪〉。其內容太長，是以不選錄析論。「群群沙瓦迪」是「美味盛餐」的意思。

婚禮的第三天，一位男青年陪新郎攜帶禮物，到新娘的娘家去，向長輩請安致禮，吟誦〈回禮歌〉。〈回禮歌〉篇幅太長，因此也不選錄析論。青年陪新郎向新娘的長輩、親友致禮後，新娘也要和妯娌一起去拜見公婆，並拜見新戚長輩。長輩給新娘祝福，然後吟唱〈祝願歌〉，其內容是：

祝願你每天早點起，
心兒要時常歡歡喜喜；
祝你生九男一女，
做一個心情開朗的良母賢妻；
祝願你為人要和藹可親，
孝敬父母莫要頂嘴；
祝願牛羊滿圈，
騾馬成群；
莊稼穗兒愈長愈長，
田禾根須愈扎愈深；
祝願真主時時護佑你！

這首民歌是新郎的長輩一面祝福，一面提出願望。一面希望新娘每天早起，做一個賢妻良母，孝敬父母；一面祝福新娘早生貴子，祈求眞主保佑新娘。「歡歡喜喜」、「時時」，是「類疊」中的「疊字」。「愈長愈長」是「疊字」，「愈扎愈深」是「類字」。

六、結論

維吾爾族民歌內容包羅萬象，卜昭雨等精選抗爭歌二十八首、情歌八十七首、哲理歌五十八首、禮儀歌七首，總計一百八十首。本文選錄闡析有抗爭歌和情歌各六首、哲理歌七首、禮儀歌三首，共計二十七首。抗爭歌運用「譬喻」、「類疊」、「摹寫」、「轉化」、「設問」、「排比」、「對偶」等七種修辭技巧。情歌運用「類疊」、「譬喻」、「轉化」、「鑲疊」、「頂針」、「設問」、「倒裝」等七種修辭方式。哲理歌運用「譬喻」、「頂針」、「類疊」、「排比」、「轉化」、「對偶」、「映襯」、「回文」等八種修辭格。禮儀歌運用「類疊」、「譬喻」、「轉化」、「對偶」等四種修辭方法。維吾爾族民歌運用「譬喻」、「排比」、「轉化」、「類疊」、「摹寫」、「設問」、「對偶」、「鑲疊」、「頂針」、「倒裝」、「映襯」、「回文」等十二種修辭手法。

維吾爾族民歌的內容，不止純樸清新，也饒有情趣，修辭手法也極爲講究。我們研讀維吾爾族民歌，既可以欣賞內容之美，又可以賞析修辭之美。

【附　註】

① 哈薩克族民歌，請參閱馬雄福翻譯整理的《哈薩克族民歌選》，由新疆人民出版社印行，民國七十五年（一九

八六）二月初版；或拙作〈哈薩克族民歌的修辭技巧〉，見於國立臺灣師範大學文學院《教學與研究》民國八十三年（一九九三），第十五其，頁四五至六二。

② 一般修辭學的書籍，將譬喻分為明喻、隱喻、略喻、借喻四種。

③ 譬喻由喻體、喻詞、喻依組成，是採用黃師慶萱《修辭學》的說法。大陸不用「譬喻」，而採用「比喻」；不用「喻體」，而採用「本體」；不用「喻依」，而採用「喻體」。

④ 「類疊」一詞，是採用黃師慶萱《修辭學》的說法。〔參閱該書，頁四一三，臺北，三民書局印行，民國六十四年（一九七五）一月初版。〕

⑤ 「對偶」的分類，一般依句型結構而言，分為句中對（又叫當句對）、單句對（又叫單對）、隔句對（又叫扇面對、扇對）、長偶對（又叫長對）四種。

⑥ 參閱同④

⑦ 禮儀歌七首是〈嗨喲……鳥蘭〉、〈勸導歌〉、〈母別歌〉、〈群群沙瓦油〉、〈回禮歌〉、〈祝願歌〉、〈挽歌〉。由於禮儀歌內容比較長，僅析論三首篇幅比較短的民歌。

仲華師論中國修辭學探析

一、前言

中國語文學會成立於民國四十二年五月三十一日，高師仲華是學會的發起人之一。爾後，他擔王常務理事，推動語文教育，一直到逝世爲止，才下身下重責大任，眞是「鞠躬盡瘁，死而後已」。

仲華師不止推展語文教育，也熱心推廣語文研究，曾經在中國語文學會所屬的《中國語文》月刊發表〈中國修辭學研究〉①。仲華師之所以撰〈中國修辭學研究〉蓋有鑑於以往修辭書的通病，不是「削足適履」，就是「以管窺天」，或是「指鹿爲馬」②。他除參閱唐鉞《修辭格》等十七本書外③，並有自己卓越的創見。茲就他所論修辭的定義、修辭的功用、修辭的技巧、修辭的界域、修辭的理想，分別闡析其卓見，並敘述其貢獻。

二、修辭的定義

㈠「修辭」一詞的來源：

修辭的定義，與「修辭」一詞的來源，是息息相關，密不可分的。因此，欲析論修辭的定義，必先探究「修辭」一詞的來源。「修辭」一詞，金兆梓、陳介白二氏皆以爲來自外國。金兆梓說：

修辭學之帶歐西曰Rhetoric，文旨首見於希臘。④

金氏認爲「修辭」一詞，源於希臘。陳介白說：

中國之有修辭學一名稱，是由西洋傳入日本後，再由日本傳入中國的。⑤

陳氏認爲「修辭」一詞，源於西洋，經由日本，傳入中國。仲華師則以爲並非出自外國，在中國早已有之。他說：

「修辭」這名詞，現代人多以為是英文Rhetoric的譯名，因而認為「修辭」這門學問也發源於外國。不知這名詞中國老早就有，這門學問也無須到外國去販買。《周易・乾文言》：「子曰：君子進德脩業。忠信，所以進德也。脩辭立其誠，所以居業也。」孔子說：「脩辭立其誠。」「脩辭」就是「修辭」，可見孔子時已有「修辭」這名詞。⑥

仲華師引用《周易・乾文言》證明「修辭」一詞，初見於《周易》，並非源於外國。因此，仲華師又更一進步地闡述：

孔穎達《周易正義》解釋《乾文言》這段話，說：「脩辭立其誠，所以居業者：辭謂文教，誠謂誠實也。外則脩理文教，內則立其誠實，內外相成，則有功業可居，故云業也。」他以「脩理文教」來解釋「脩辭」，與現在「修辭」的涵義，自是不同。但一個名詞原始涵義，和它後來的涵義，往往不同，這並不能否定這個名詞的起源之早；因為後來的轉涵義，總是由原始涵義孳生出來的。即如英文 Rhetoric，語原是出自希臘的 Pntwp(Rhetor)，意思是「說話人」。Rhetoric 的原始涵義，則是「說話術」，和後來的涵義也是不同；然而歐西人談到 Rhetoric 這名詞，總說是起源於希臘。中國的「修辭」，不管它的原始涵義是什麼，我們總得承認這名詞在孔子時是已經有了。⑦

仲華師認爲一個名句的原始涵義，和它後來的涵義，往往不同，後來的涵義是由原始涵義演變而來，因此不能否定「修辭」一詞起源於《周易》。更何況，英文的 Rhetoric 的原始涵義是「說話術」，希臘的 Pntwp 的原始涵義是「說話的人」，並不是後來的涵義，所以「修辭」一詞，不源於希臘。

仲華師闡析「修辭」一詞起源於《周易》，駁斥淵源於希臘，如剝繭抽絲，絲絲入扣，尤其是提出原始的涵義、後來的涵義，是他的眞知灼見。「修辭」一詞，將《周易》「修辭」的原始涵義，闡揚爲後來的涵義，最爲詳盡的是黃師慶萱，他不僅同意仲華的卓見，認爲「修辭」一詞，初見於《周易・乾文言》，並且分析地說：

修是方法，辭是內容，誠是原則，居業是效果。〈乾文言〉短短一句話，居然把修辭的方法、內容、原則、效果都顧到了。⑧

黃師弘揚《周易》「修辭」的後來涵義。仲華師說得好：「後來涵義，總是由原始涵義孳生出來的。」英文、希臘文有關「修辭」的涵義是如此，《周易》「修辭」方涵義，又何嘗不是如此？正如宋文翰說：「今人所用的『修辭』一詞，實在是後起的。」⑨

(二)修辭的定義：

修辭定義，衆說紛紜，見仁見智，例如王易《修辭通詮》說：

> 修辭學者，乃研究辭之所以成美之學也。①

王氏認爲修辭學屬於美學範疇，並未闡明「辭」字的涵義。又如鄭業建說：

> 修辭學者，為研究語言文字之組織，使說者或作者了解運用語言文字之技巧，以期獲得聽者或讀者之同情及美感之科學。質言之，即研究增美語言文字之方法論，故又名美辭學。⑪

鄭氏主張修辭學是美辭學，並未詮釋「修」字的涵義。又如陳望道說：

> 大體各可分為廣狹兩義：（甲）狹義，以為修當作修飾解，辭當作文辭解，修辭就是修飾文辭；（乙）廣義，以為修當作調整或適用解，辭當作語辭解，修辭就是調整或適用語辭。⑫

陳氏將「修辭」的涵義，分爲廣義、狹義，加以闡析。仲華師集各家之大成，擷長補短，並融入自己獨特見解，使「修辭」的定義，更加明確，更加翔實。他說：

> 我們以為要替「修辭」下一個比較妥當的定義，必須從「辭」字的械來確定修辭的對象，再從「修」字的本義來確定修辭的業務。從修辭的對象說：「辭」是表現感情、思想和想像的詞句篇章，包括「言辭」和「文辭」兩者的。從修的業務說：對「言辭」和「文辭」要下一些工夫，這工夫就是「修治」，這工夫的表現就是「修飾」，消極的修飾就是求其潔淨，積極的修飾就是求其美妙。因此，我們打算給「修辭」下這樣一個定義：「修辭，就是修治或修飾言辭和文

辭所下的工夫」；使表現感情、思想和想像的詞句篇章，消極的求其潔淨，積極的求其美妙。⑬

仲華師先從修辭的本義來確定修辭的對象和業務，再從修辭的對象、業務來闡論「修辭」的定義。「修辭，就是修治或修飾言辭和文辭所下的工夫」，殆本乎陳望道詮解「修辭」的廣義、狹義，並將「語辭」改為「言辭」。「使表現感情、思想和想像的詞句篇章」，蓋源於金兆梓《實用修辭學》：「修辭學者，教人以極有效、極經濟之言說文章，求達所欲達之思想、感情、想像之科學也。」⑭「消極的求其潔淨，積極的求其美妙」，是仲華師的獨特創見。消極修辭的目的，在求潔淨；積極修辭的目的，在求美少。仲華師不止詮釋「修辭」的定義，也闡述修辭的目的。

三、修辭的功用

在仲華師之前，論修辭的功用，有鄭業建、陳望道二氏。鄭業建認為修辭的功用有二：一是自感，二是感人。屬稿之際，所以自感也；脫稿之後，所以感人也⑮。陳望道則以為修辭的功用有三：一是確實意義，二是解決疑難，三是消滅歧見。⑯

仲華師主張修辭功用，就「美的感動力量」而言，有兩大功用：一是灌溉自己的精神，二是感發他人的意識行為。就「事的實際表現」而言，則有三大功用：一是「盡言」，二是「明道」，三是「經世」⑰。除感發他人的意識，蓋源於鄭業建外，其他都是他的卓越創見。

仲華師認為「修辭，就是適應人類愛美的天性，要借重美的言辭和文辭，來灌溉自己的精神生活，感發他人的意識行為，以促成人類社會的向上發展」⑱。因此，灌溉自己的精神生活，感發他人的意識行爲，是修辭的兩大功用，這是從「美的感動力量」來說的。美的言辭和文辭不止可以使人自吟自賞，得到無限的喜樂，也可以使自己的精神生活得到滋潤，所以灌溉自己的精神生活，是修辭的第一功用。經過修飾的美辭，不僅可以感動自己，也可以感動別人。像屈原〈離騷〉的美妙文辭，使司馬遷、揚雄感動得流淚。又如陳琳的檄草，經過修辭，可以呈現雄壯的氣概，使人精神振奮，治好頭風；杜甫的詩句，經過修辭，可以呈現恐怖的情緒，使人精神緊張，醫好瘧疾⑲；因此感發他人的意識行爲，是修辭的第二功用。

從「事的實際表現」來說，盡言、明道、經世是修辭的三大功用。所謂盡言，就是將所要說的話都說盡。仲華師以爲只要做到黃季剛先生《文心雕龍札記》中所列舉五項：一是言有不能斥其事，則玄言其理；二是言有不能指其數，則揮話其事；三是言有不能表其精微，而假之物象；四是言有不能斷限，而模略以爲詞；五是言有質而意不顯，文而意願；如此，既可以「傳難言之意」、「省不急之文」、「摹難傳之狀」、「得言外之情」，也可以「盡言」了。像《尙書》僅用「欽明恭讓」四字，形容堯的一生德行，便是「言有不能斥其事，則玄言其理」的明證。又像《尙書》只用「九山刊旅，九川滌原，九澤旣陂」三句，形容禹的足跡、事業，就是「言有不能指其數，則渾括其事」的注腳。又如《周易・坤卦》祇用「龍戰於野，其血玄黃」二句，形容陰氣太盛，必與陽氣爭鬥，結果兩敗俱傷，這是「言有不能表其精微，而假之物象」的最佳證明。又像《詩經・大雅・假樂》僅用「子孫千億」四字，形容子孫衆多，就是「言有不能斷根，而模略以爲詞」的最好說明。又如《尙書・武成》只用「血流漂杵」四字，形容傷亡者所流的血能夠漂去舂杵，這是運用夸飾修辭技巧，才能使人怵目驚心，印象深刻；若用「傷亡衆多」四字，不能予人深刻而明顯的印象，如此，便是「言有質而意不顯，文而意顯」的道理。

所謂「明道」，就是闡明眞理。仲華師引用袁枚〈虞東先生文集序〉的文辭，闡述六經是聖人傳布眞理的文章，聖人傳布眞理時，都注意修辭，才能使天下人很樂意接受眞理、喜愛眞理，如此，眞理就可以發揚光大。仲華師主張修辭可以明道，眞是高瞻遠矚。六經若文辭不經過修飾，只是平庸的文句，低俗的字詞，旣難於讓人接受、喜愛，也不易流傳久遠，因此黃季剛先生說：「言有質而意不顯，文而意顯。」《左傳》也說：「言之無文，行之不遠」。

所謂「經世」，就是經理世事，舉凡修身、齊家、治國、平天下的理想就能實現。仲華師引用《說苑・善說》有關子產善於修辭，以免受辱；蘇秦善於修辭，得六國相印；蒯通善於修辭，免於殺身⑳；這是說明修辭的最大功用，可以保全生命，可以獲得榮耀，可以免於受辱。一言以蔽之，這是「經世」的修辭功用。但若不善於修辭，子產必然受到侮辱，蘇秦必定窮苦潦倒，蒯通一定腦袋搬家。又如淳於髡善於修辭，以「一鳴驚人」的寓言故事進諫沈迷酒色的楚威王，使楚威王遷善改過，勤於朝政，因此楚國轉衰爲盛，這也是經世的修辭功用。

四、修辭的技巧

言辭、文辭必須修飾，才能潔淨而美妙。欲使言辭、文辭潔淨而美妙，必須講究修辭技巧。仲華師主張達情意、辨理類、尙體要、遠鄙倍，是修辭的技巧。

所謂「達情意」，是指言辭、文辭必須表情達意，但情意能否表達，表達是否恰到好處，必須靠修辭的技巧。孔子說：「辭，達而已矣。」仲華師認為「辭」的表達，必須顧及情意的變化，他說：

辭，順應著情意的變化，在程度上有淺深之別，在數量上有詳略之別，在方式上有正詭之別，在品格上有俚雅之別，在色彩上有華質之別，在形容上有洪纖之別，在態勢上有夷險之別，在作風上有約肆之別，在行氣上有緩急之別，在力量上有輕重之別，皆各隨所宜，而各有表現，並且表現得毫無遺憾，恰到好處。這樣，纔能算「達」。達，是修辭技巧的最高成就；我們必須有這一個認識，纔不致誤解孔子的真意。㉑

仲華師主張「達」的眞諦，必須顧及程度的淺深、數量的詳略、方式的正詭、品格的俚雅、色彩的華質、形容的洪纖、態勢的夷險、作風的約肆、行氣的緩急、力量方輕重；否則意有淺言之而不達，詳言之不而不達，正言之而不達，俚言之而不達，必須深言之而乃達，略言之而乃達，旁言之而乃達，雅言之而乃達。仲華師的理論，是參閱陳騤《文則》、魏禧〈甘健齋軸園稿序〉、楊愼《譚苑醍醐》，加上自己的灼見，駁斥「辭取達意而止，不以富麗爲工」的說法。

所謂「辨理類」，就是辨明理類。「達情意」，就主觀而言。「辨理類」，就客觀而言。表達主觀的情意，要靠修辭技巧；辨明客觀的理類，也要靠修辭技巧。「理」是「辭」之主，仲華師認為修辭時，必須辨明「事理」、「文理」。若僅辨明「事理」，而不能辨明「文理」，如此，則忽略「辭」的形式修飾。「事理」是「辭」的內容所蘊藏的「理」，「文理」是「辭」的形式所呈現的「理」。形式、內容，如同一刀兩個，一鳥雙翼，是相輔相成，相得益彰，不可或缺的。因此，修辭不止要修飾「事理」，也要修飾「文理」。欲修飾「事理」，必須辨明理類；欲修飾「文理」，也要辨明理類。所以，「辨理類」是修辭的技巧。

所謂「尙體要」，就是切合精當。仲華師主張修辭技巧的優劣高下，不在於繁簡，而在於繁簡能否切合精當㉒。倘若切合精當，簡也可，繁也可；假如不能切合精當，簡也不可，繁也不可。文章的良窳，不在字句多寡，篇幅長短，而在於內容是否切合精當，而切合精當必須顧及是否適時、適境、適人。所謂「適時」，就是在什麼時候說什麼話，說話要適合當時的需要。所謂「適境」，就是什麼環境說什麼話，說話要適合當地的情境。所謂「適人」，就是對什麼人說什麼話，說話要適合當面方對象。不論言辭或文辭的修飾，若能顧到「適時」、「適境」、「適人」，就能做到「切合精當」。仲華師「尙體要」的修辭技巧，出自《尙書・畢命》；但他駁斥誤以「簡明」爲「體要」的理論，而以「切合精當」爲「體要」的眞義。

所謂「遠鄙倍」，就是離開妍媸不辨，眞僞不明。「尙體要」，是積極的修辭；「遠鄙倍」，是消極的修辭。妍媸不辨的文辭、言辭，必然是醜惡的；眞僞不明的文辭、言辭，一定是舛誤的。若能修飾文辭、言辭，必定是可以避免醜惡、舛誤。「鄙倍」與「淺俚」不同；淺近而俚俗的文辭、言辭，不一定是醜惡的、舛誤的；深奧而雅正的文章、言辭，有時也會雜夾醜惡、舛誤。仲華師認爲淺近而俚俗的文辭、言辭，犯「鄙倍」的較多；深奧而雅正的文辭、言辭，犯「鄙倍」的較少㉓。語體文不一定就俚俗，俚俗的文辭不一定就鄙倍，但語體文比較容易流於俚俗，俚俗的文辭也比較容易流於鄙俗。因此，撰寫語體文，必須特別注意修辭技巧，不要流於鄙倍。修辭技巧要「遠鄙倍」，也是仲華師的獨特卓見。

從「所」呈現的理論，闡述修辭的技巧，主觀而言，是「達情意」；客觀而言，是「辨理類」。從「能」呈現的理論，析論修辭的技巧，積極而言，是「尚體要」；消極而言，是「遠鄙倍」。

五、修辭的界域

所謂「修辭的界域」，就是說明修辭這一門學問和其他各種學問的區別與關聯。仲華師認爲修辭與文法、美學、文字學、論理學、心理學、人生哲學都有密不可分的關係。

㈠修辭與文法：

仲華師以爲「修辭必須合於文法，但合於文法的，未必合於修辭。」㉔「修辭必須合於文法」，是二者的關聯；「合於文法的，未必合於修辭」，是二者的區別。修辭與文法的區別：文法側里於組織，在規矩；修辭側重於運用，在巧妙。文法研究文辭構成要素的關係，屬於組織方面；修辭研究文辭如何適用於情意，屬於運用方面。文法在於措辭是否妥貼，是科學的；修辭在於遣辭的美妙，是藝術的。仲華師闡析修辭與文法的關聯和區別，明辨同中有異，異中有同。

㈡修辭與美學：

仲華師認爲「美學的研究對象有三：一是自然美，二是人類美，三是藝術美，也可稱爲人工美。」

㉕修辭是一種藝術，修辭美即藝術美，藝術美僅美學的一部分，這是修辭與美學的關聯，也是二者的相同點。但修辭與美學有區別：美學是從一切美的研究中，呈現出美的原理原則；而修辭則是將美的原理原則，運用到文辭上。修辭的範圍較小，美學的範圍較小。

㈢修辭與文字學：

文辭由文字集合而成。仲華師認爲「修辭就是選擇那最確當、最美妙的字形、字音、字義，來表達作者的情意。對於文字學沒有素養的人，對於修辭也不能做得很美滿。」㉖文字學是修辭的基礎，因此修辭與文字學是關聯的，這是二者的相同點。但修辭與文字學也有區別：文字學是以「字」爲研究的對象，修辭則以「辭」爲研究的對象。

㈣修辭與論理學：

「辨理類」的修辭技巧，必須運用理論學，才能合乎理則，所以修辭與理論學是關聯的，這是二者的相同點。但修辭與論理學亦有區別：論理學僅以「理」爲研究的對象，「理」只是「辭」的一部分；修辭的內容，不止要「明理」、「達理」，又要「抒情」、「敘事」，還有修辭的形式，也要顧及。因此，就辭而言，論理學的範圍比較窄，修辭的範圍比較廣，這是二者的相異點。

㈤修辭與心理學：

文辭和心理學都以心理作用爲對象。要使自己的言辭、文辭能得到聽者、讀者的良好反應，引起共鳴，必須先了解聽者、讀者的心理，因此心理學也是修辭的基礎，這是修辭與心理學的關聯，也是二者的相同點。但修辭與心理學也有區別：修辭是心理作用的表現，心理學則是研究心理作用的法則；前者在表現，後者在了解；這是二者的相異點。

㈥修辭與人生哲學：

每人都有各自的人生哲學，人生哲學的美惡隨時隨地流露在言辭中，文辭上，正如仲華師說：「人生哲學的美惡，也往往決定辭的美惡。世間絕沒有懷著醜惡的人生哲學而能表現出美好的辭語的；縱使善於作僞的人，也會在不知不覺中露出馬腳的。」㉗可見人生哲學與修辭是關聯的，這是二者的相同點。修辭是文學，人生哲學是哲學，文學、哲學二者可以在心靈上共通；但文學追求美，哲學追求善，這是二者的區別，也是二者的相異點。

仲華師以爲修辭與文法、美學、文字學、理論學、心理學、人生哲學，既有關聯，又有區別。其實，不竹此也，還有聲韻學、訓詁學、語言學、文學批評與修辭皆有關聯，也有區別。

六、修辭的理想

仲華師提出修辭的理想有八：一是風神，二是氣骨，三是情韻，四是意境，五是體性，六是格調，七是聲律，八是色采㉘。此八項修辭的理想，不僅呈現中國修辭學的特色，也是確定修辭是否潔淨，是否美妙的八項標準，這是仲華師的眞知灼見。仲華師的八項修辭理想，淵源於中國古代典籍，他能夠通古變今，提出卓越的見解。

㈠**風神**：

所謂風神，是指情思發動的原動力，而表現在文辭中的跡象。在文辭中，風神是引出情思的原動力。仲華師認爲風神的表現，使人再三顧念，不忍釋手；風神的形態，要清新高遠，啜生動；風神的形成，不要勉強，絕無矯飾；這樣修辭才會美妙。培養風神的步驟有四：一是靜心，二是讀書，三是感興，四是中津。㉙

㈡**氣骨**：

修辭的理想，在氣骨方面，必須做到氣要盛、氣要貫、氣要全、氣要變，才能使文氣美妙㉚。但要使文氣做到「盛」、「貫」、「全」、「變」，就必須養氣。養氣的途徑有三。一是培德性，二是增閱歷，三是交賢俊㉛。文辭沒有「風神」，就沒有「氣骨」可言，因此我們培養氣骨，必須先培養風神。

㈢**情韻**：

「辭」本來是表達情意的，「情」是「辭」的內容。劉勰《文心雕龍・情采》說：「情者，文之經；辭者，理之緯。」善於修辭的人，不止可以做到「情辭相稱」，也可以做到「情辭相生」、「情辭相融」。我們修辭時，在「情韻」方面所要達到的理想，是雋永。情眞，才能韻雋；情深，才能韻永。韻的雋永，由於情的眞深；情的眞深，由於至性、敏感。有了至性、敏感，就有眞情、深情；有了眞情、深情，文辭、言辭的情韻自然雋永。

㈣意境：

文辭不僅要逐意而轉移，與意相切合，造意能翻新，還要有「意境」。情有「情韻」，意有「意境」。文辭需要有「意境」，有「意境」才是好的文辭。「意境」是修辭的最高理想，我們對於「意境」，如能做到「物我相融」、「體會深入」、「顯豁易見」，就可以到達修辭的理想了。

㈤體性：

所謂體性，就是文辭的形狀，表現作者的質性。就作者的質性而言，又叫文性；就文辭的形狀而言，也叫文體。修辭的理想，在「體性」方面，要做到「導其所宜」、「防其所失」。所謂「導其所宜」，就是求體性和體裁的適合。各種體性的文辭，有所宜，也有所失。修辭的人，要順應著自己的「文性」，來鍛鍊自己的「文才」，然後才能「導其所宜」，也要「防其所失」。

㈥格調：

從字面、氣味、旨意所表現的程度，配合成爲一種調和周密的作風，就是文辭的格調。就修辭的理想而言，格調一定要高。辨別格調高低有三：一是文辭的字面，二是文辭的氣味，三是文辭的旨意。雅正的文辭格調高，邪淫的格調就低；溫厚的文辭格調高，輕薄的文辭格調就低。作者人格修養好，學問淵博，文辭的格調自然高。

(七)聲律：

修辭的理想，在「聲律」方面，要做到和聲、協韻。將不同於字音連接在一起，讀起來很調和，叫做和聲。促使文辭的聲音和美，不僅要聲音的各種基本條件的錯綜，也要平仄的錯綜和雙聲、疊韻的錯綜。理想的協韻有三：一是韻要與情緒相合，二是韻要互相協調，三是韻要響亮妥帖，切忌啞滯晦僻。

(八)色采：

仲華師認爲理想的文辭色采可分爲三部分：就色采表現於字句方面，要實而不腴，虛而不枯，才是上好的修辭。奇句能華，偶句能樸，繁句能淡，簡句能濃；才是最理想的修辭。就色采表現於篇章方面，可運用脈注與綺交、縱收與曲折、穿頭烘托。就色采表現於辭藻方面，可運用比興、夸飾、事類、隱秀。

七、結論

仲華師不止指出當今修辭書的通痛，也辨析「修辭」一語方來源，更闡論修辭的定義、修辭的功用、修辭的技巧、修辭的界域、修辭的理想。民國以來的修辭學，仲華師具有莫大的貢獻，他可以在中國修辭學史上寫下光輝璀燦的一頁。

【附　註】

① 高師仲華在《中國語文》月刊所發表的〈中國修辭學研究〉，皆收錄在《高明文輯》下，册頁三三九至四四九，黎明文化事業公司印行，民國六十七年三月初版。此外，爲黃師慶萱《修辭學》作序，亦收錄於此書中，頁四五一至四五三。
② 詳見同①書，頁三四〇至三四六。
③ 見同①書，頁三三九至三四〇。
④ 見金兆梓《實用國文修辭學》，頁二，文史哲學出版社印行，民國六十六年十二月臺一版。
⑤ 見陳介白《修辭學講話》，頁一，信誼書局印行，民國六十七年七月初版。
⑥ 見同①書，頁三四七。
⑦ 見同①書，頁三四七至三四八。
⑧ 見黃師慶萱《修辭學》，頁二，三民書局印行，民國六十四年一月初版。

⑨ 見宋文翰《國文修辭學》，頁一，新陸書局印行，民國六十年十一月初版。
⑩ 見黎運漢、張維耿《現代漢語修辭學》，頁三引，商務印書館香港分館印行，民國七十五年八月初版。
⑪ 見鄭業建《修辭學》，頁一，正中書局印行，民國三十三年五月初版。
⑫ 見陳望道《修辭學發凡》，頁三，文史哲出版社印行，民國七十八年一月再版。
⑬ 見同①書，頁三五一。
⑭ 見同④書，頁三。
⑮ 詳見同⑪書，頁二。
⑯ 詳見同⑫書，頁二十。
⑰ 詳見同①書，頁三五二至三五九。
⑱ 見同①書，頁三五三。
⑲ 參閱同①書，頁三五四。
⑳ 參閱同①書，頁三五八至三五九。
㉑ 見同①書，頁三六三。
㉒ 參閱同①書，頁三六六。
㉓ 參閱同①書，頁三六九。
㉔ 見同①書，頁三七一。
㉕ 見同①書，頁三七三。

㉖ 見同①書，頁三七四。
㉗ 見同①書，頁三七六。
㉘ 見同①書，頁三七九。
㉙ 詳見同①書，頁三八三至三八五。
㉚ 詳見同①書，頁三九〇至三九二。
㉛ 詳見同①書，頁三九三。

新聞標題的修辭技巧

一、前言

修辭學的最大功用，是在使人對於語言文字有靈活正確的了解。因此，修辭技巧不僅運用在文章上，也應用在演講方面。我們稍微留意每天國內各報紙的新聞標題，就會發現記者或報紙主編活用了很多不同的修辭技巧。

報紙的新聞種類，各報分類不同，古以標某某新聞作分類，則以民生和臺灣新生報爲最多。民生報有焦點新聞、體育新聞、影劇新聞、消費新聞、醫藥新聞、綜合新聞、文化新聞、生活新聞、職棒新聞，臺灣新生報則有影視新聞、工商產業新聞、國際、大陸新聞、焦點新聞、熱門新聞、省政新聞、省議會新聞。本文不但參考民生報和臺灣新生報的分類，並且酌採其他報紙的分類，約略可歸納爲兩大類：一就國家分類、二就內容分類，再分爲若干小類，茲詮證之。

二、就國家分類

新聞標題就國家分類，可分爲國內、國外兩種。所謂國外新聞，是指國際新聞；所謂國內新聞，是指本國新聞。不論國內外新聞標題，報紙記者或主編匠心獨運，創作了很多優美的詞句，茲分別闡述之。

㈠國內新聞

民進黨應去除「怕」的心理：怕輸給執政黨、怕失去政治舞臺、怕聽不到群眾掌聲，都是不正常的想法。（中華民國八十年四月十六日中央日報第三版）

樊祥麟記者說：「成立已有四年歷史的民進黨，儘管在中央與地方議會中，擁有一定比例的議會席次，但面對國內重大政治問題時，卻是揮脫不了『黨外』時期的不正常心理，一如還沒有『斷奶』的小孩。這種不正常的心理，說穿了，就是一個『怕』字——怕輸給執政黨、怕失去政治舞臺、怕聽不到群衆掌聲。」其中「怕輸給執政黨、怕失去政治舞臺、怕聽不到群衆掌聲」，以「怕」字接二連三地反復使用，這是類疊格中的「類字」。若以三句排列而言，又是屬於排比格。

卅年內不怕沒水飲用啦！（八十年三月二十一日中華日報第六版）

該報報導說：「未來卅年，大臺北地區將無缺水疑慮，因爲經濟建設委員會議通過臺北地區自來水第五期建設給水工程計畫，……經建會副主任委員張隆盛表示，這項計畫完成時，位於管末地區，五層樓以下住戶，不必擔心水壓過小，而需透過蓄水池才能供水的煩惱，供水品質將大幅提高。」由以上內容看來，這是可喜可樂的消息，因此「卅年內，不怕沒水飲用啦！」是歡愉悅的感歎，屬於「感歎格」。

國大臨時會十五天會期，出席費幾許？每天一千二，可領一萬八。（八十年三月三十日中國時報第二版）

吳南山記者報導：「這次國大臨時會會期十五天，國代們每日出席費的計算，是比照立法委員延會費的支領標準每天一千二百元；國代們昨日報到後先領取九天的出席費，臨時會開幕後閉幕前，再領取六天的出席費。」新聞標準是運用設問格中的「提問」，屬於自問自答的方式。

搖搖晃晃懸吊廿五歷史，整修復興橋，刻不容緩。（八十年三月二十一日臺灣日報第十六版）

黃其賢記者報導：「有廿五年歷史的桃園縣復興吊橋二度斷裂，在省公路局搶修後，尚可恢復正常交通，但為發展觀光事業及一勞永逸計，當另建設較安全之橋樑，才是根本解決之道。」新聞標題中的「搖搖晃晃」，是形容吊橋搖動得很厲害，這是運用類疊格中的「疊字」。

分配經費，教局大小目？南榮國小校長感觸良深，教育局長提出說明。（八十年三月十九日民衆日報第二十三版）。

該報報導：「基隆南榮國小校長劉清番昨天在校長會議中，指教育局在學校經費分配方面，似乎以校長『顏面』而訂，……教育局長鄧育教則表示，學校經費分配無法公平，主導於部分預算遭議會刪除。」新聞標題中的「大小目」，是閩南話，意思是指教育局偏心，分配經費時，厚此薄彼，這是運用修辭學的「飛白格」

主計處刪預算，監院刪少，立院刪多，立委質疑政院大小眼。（八十年四月二十一日聯合報第四版）

林美玲記者報導：「一向大筆刪減行政院部門預算的立法委員，昨天審查自家預算時，對行政院編列預算時，刪掉立法院國會外交經費九百萬元大肆抨擊，立委質疑行政院『大小眼』，對監察院特別寬厚，對立法院卻斤斤計較。」「監院刪少，立院刪多」，是映襯格兼排比格，「大小眼」，是閩南話，「偏小」的意思，這是「飛白格」。

南區大專院校教授發表聲明，支持修憲，反對制憲。（八十年四月十六日青年日報第二版）

彭濟群記者報導：「一群南區大專院校教授昨（十五）日發表對『修憲』的共同看法指出，憲政改革必須以現實爲基礎，以增修條文方案修憲，實爲最具改革效率與可行的策略。」支持修憲，反對制憲，是修辭格中的「映襯」。「支持」、「反對」是正反面的強烈對比。

臺北市政府與本報合力為新環境努力，歌我臺北，畫我臺北，徵歌詞、歌曲、漫畫，歡迎參加。

（八十年三月十九日民生報第十版）

卜人美記者報導：「由臺北市政府與本報聯合主辦的『歌我臺北，畫我臺北』活動，即日起展開歌詞、歌曲與漫畫的徵選。」「歌我臺北，畫我臺北」，上下句排列整齊，又屬於同一性質，同一範圍，所以是「排比格」；但「我臺北」，反復使用，又是「類疊格」。

㈡國外新聞

倉卒而過早的統一是美麗的錯誤？——從德國『統一總理』霍威德被刺談起。（八年四月十五日

中國時報第七版）

唐光華記者報導：「一九八九年引爆東歐、蘇聯民主浪潮的萊比錫市民又上頭了。這次他們抗議

的對象不是何內克共黨政府，而是自由世界治績斐然的柯爾政府。他們高喊：『波昂政府滾回去！』『柯爾的話要兌現！』『沒有工作，沒有自由！』『要政府統一，也要社會統一！』而負責整治原東德地區經濟、社會形勢的信託局負責人霍威德本月初在住宅極左的赤軍派恐怖份子槍殺身亡，有『統一總理』之譽的霍威德被刺，且迄今未捕獲兇手，更添增了德國的不安。」「美麗的錯誤」，是修辭學的映襯格。「美麗」是正面，「錯誤」是反面，「美麗的錯誤」，是強烈的正反對比，用「美麗」來形容「錯誤」，因此「美麗的錯誤」是映襯格中的反襯。「倉卒而過早的統一是美麗的錯誤」是「設問格」。

飛毛腿把以色列踢成一團。夏米爾政府獲空前支持，百姓凝聚力增強，報復主張並無預期強烈，集團主義又抬頭。（八十年一月二十七日聯合報第四版）

翁台生記者報導：「在持續達一週的伊拉克飛毛腿飛彈突擊陰影之後，根據一項廣泛的民意調查顯示，躲在防護室或出城避難的以色列人對夏米爾政府的支持程度都達空前高漲，整個猶太社會的團結凝聚力量也比以前要強，更值得注意的是以色列民衆對報復主張並沒有預期的強烈。」「飛毛腿」，原來是飛彈的名稱，這裡又運用轉化格的「凝人法」，「把以色列踢成一團」，意思是把以色列人逼到防護室去避難。而「團」字是雙關語，不但把以色列人逼成一「團」，而且發揮了「團」隊精神，使團結凝聚力更強。

痴痴等領水。（八十年三月二十日臺灣日報第四版）

路透社報導：「伊拉克邊界附近難民營中的居民，大排長龍領水。」「痴痴」二字，是類疊格中的「疊字」。

歡迎蘇聯元首首次來訪，日本將會給個大紅包。（八十年四月十六日臺灣新生報第七版）

美聯社報導：「爲了不使戈酋訪問過程難看，日本可能答應給予五億或十億美元援助，既可給戈酋顏面，也會有進一步討論領土餘地。」「元首首次」，這是頂眞格中的「句中頂針」，同用一個「首」字。「給個大紅包」，是比喻給予援助，這是「譬喩格」。

買個「戈巴契夫」。（同前）

美聯社報導：「戈巴契夫訪日前夕，民衆在東京市內玩具店選購仿自戈巴契夫外形製造的玩偶。」「買個『戈巴契夫』」，是借人代物（指玩偶），因此「戈巴契夫」是借代格。

面臨技術難題？還是有政治上的考慮？伊拉克毒氣彈，迄未見登場。（八十年一月廿二日中央日報第三版）

美聯社報導：「伊拉克可能擔心以色列對其化學攻擊進行重大報復。目前，以色列係暫時聽從美國的勸告而自我克制，未作還擊。但如果以色列人民遭到芥子氣或神經性毒氣的攻擊的話，則以色列政府若不加以還擊，勢必會受極大的壓力。」「面臨技術難題？還是有政治上的考慮？」連用兩個設問，以引起讀者的注意；因爲新聞標題是問而不答的激問，只有在報導內容才能找到答案。因此，這兩小句是設問格中的「激問」。

英雄凱歸，盡在一「舉」。（八十年四月二十三日聯報第八版）

法新社報導：「美國中央指揮部指揮官史瓦茲柯夫廿一自波斯灣前線返抵佛羅里達州坦帕的麥克

笛爾空軍基地，向迎接他的群衆行舉手禮。」「盡在一舉」的「舉」字，除了行舉手禮之「舉」外，還有波斯灣戰爭的義「舉」，因此「舉」字是修辭格中的「雙關」。

戈葉政爭，民眾不耐，真理報說，兩人都該下臺。(同前)

合衆國際社報導：「蘇聯共黨機關報『眞理報』今天針對蘇聯總統戈巴契夫與俄羅斯加盟共和國主席葉爾欽之間的政爭發表評論，聲稱許多人皆認爲兩人都應該辭職。」「戈葉政爭」中的「戈葉」，是指戈巴契夫、葉爾欽，在修辭學是屬於「節縮格」。

唉，鄉親真不夠意思……(同前)

法新社報導：「德國總理柯爾領導的基民黨廿日在他的家鄉萊茵地——巴拉丁挪邦的選舉中失利後，柯爾廿二日在記者會上，狀極沮喪。」「唉，鄉親眞不夠意思」，是「感歎格」，柯爾感歎鄉民不支持他，使他選舉落敗。

老調重彈，舊招不管用，戈巴契夫吸引力一去不復返。(八十年四月十八日中央日報第六版)

美聯社報導：「戈巴契夫就像一名老態龍鍾的雜耍藝人一般，也發現到舊式的微笑和推銷重建、開放和全球和平的招式，也跟在國內一樣，逐漸失去吸引力。」「老調彈」，屬於「譬喻格」，是比喻舊招再使用。戈巴契夫的舊招，是指舊式的微笑、推銷重建、開放和平的招式。「一去不復返」，是暗用易水歌：「壯士一去兮不復返」的句子，是引用格中的「暗用」。

三、就內容分類

新聞標題就內容分類，各報紙分類不同，見仁見智，本文分爲十類：影視新聞、體育新聞、社會新聞、大陸新聞、文教新聞、財經新聞、地方新聞、醫藥新聞、人物新聞、政治新聞。茲分述闡論之。

(一)影視新聞

演出名的就唱，唱出名的也演。港劇小生，流行兩頭「鑽」。（八十年四月十七日民生報第十六版）

麥若愚記者報導：「腳踏兩條船，演歌雙棲並進，是港劇小生目前正流行的拓展藝域模式，放眼當紅港劇小生如：黎明、溫兆倫、劉錫明、郭晉安、郭富城、羅嘉良、吳岱融、張衡健等，有些出身歌唱比賽，先唱歌後演劇；有些趁當紅小生聲勢推出唱片，吹起一股縱橫螢幕與樂壇的新風向。」「演出名的就唱，唱出名的也演」，以「唱」頂針，以「演」字回文，因此此句既是「頂針」，也是「回文」。「流行兩頭鑽」，是指演歌雙棲並進。

華視積極等錄傳統民俗藝術節目——說說唱唱，五月初上演。（八十年四月十六日青年日報第九版）

劉立漢記者報導：「傳統說唱的表演藝術，近年因流行風的竄起而日漸被人忽視，華視近正積極籌錄一個傳統民俗藝術節目——『說說唱唱』，並將於五月初，在每週六下午三時三十分推出。」「說說唱唱」，是類疊格中的「疊字」，重疊使用「說」、「唱」二字。

街頭暴力播不播？（八十年四月十七日自由時報第九版）

「暴頭暴力播不播」，是修辭學中的「設問格」。洪維勛、胡如虹、杜德義三位記者聯合報導：「民進黨今天發動群衆抗爭，如果引爆街頭暴力衝突，三臺都說會秉持『淨化』原則，不過若友臺有

『偷吃步』的情形？……三臺都很曖昧地賣關子——打開電視就知道了！」「偷吃步」，是閩南話，意思是「耍詐」，屬於修辭格中的「飛白」。

捧你、剝削你、愛你、恨你；歌手與唱片公司的緊張關係。

「捧你、剝削你、愛你、恨你」，是反復使用「你」，屬於類疊格中的「類字」，但「捧」與「剝削」、「愛」與「恨」，是正反對比，因此又屬於映襯格中的「對襯」。至於「歌手與唱片公司的緊張」，據蔡淑娟記者報導：「高勝美十分氣憤的表示，當初自己年輕又初出道，只知道把歌唱好，根本不懂得其他的事，更別提是爭取利益，只是唱片公司也不應該『欺騙』她這麼多年，有良心的公司應該給予歌手『合理』的報酬嘛！因此她已下定決心熬到合約期滿便跳糟，覓適當的合作對象！」由此情形，可知「剝削」、「恨」的狀況。

(二)體育新聞

「阿三哥」下山象群驚慌四散。（八十年四月十七日自由報第十九版）

張世易記者報導：「三商虎主力投手『阿三哥』康明杉，昨天在臺北市立棒球場舉行的職棒二年順延的第四場，表現傑出，個人獨撐九局，三振兄弟象五名打者，僅讓對方擊出五支打，失掉三分，不僅使三商虎以八比三輕取兄弟象，也使其個人投手勝績再添第二勝績。」由此可知，「阿三哥」是康明杉的代稱，是借代格。「象群」的「象」字，是指兄弟象，是友隊的名稱、省稱，是修辭學中的「節縮格」。

張德培說：「成功沒有捷徑……」（同前）

陳志祥記者報導：「『成功沒有捷徑，唯有堅強毅力及不斷地學習，才是成功之道。』這是華裔網球小將張德培，昨天回國在舉行記者會時，對有意朝網球發展的年輕選手，提出衷心的建言。」新聞標題是「明引」張德培的舌，但只是「節引」，全文在報導內容可以得知。

十項全能曾文農工彭世昌稱王，臺中家商林昭秀封后。（八十年四月廿三日中央日報第八版）

「稱王」、「封后」，屬於「譬喻格」，是借喻名列前茅。該報報導：「臺灣區中等學校運動會，田徑賽高男十項運動曾文農工彭世昌以六〇九九分稱王。高女七項全能臺中家商林昭秀以四五六五分封后。……高男十項運動金牌曾文農工彭世昌……高女七項運動金牌臺中家商林昭秀……」由此可知，「稱王」、「封后」，是指得第一名，名列冠軍。

泰森磨平剃刀刀鋒。（八十年三月二十日民生報第三版）

林滄陳編譯報導：「前世界重量級拳王泰森和加拿大『剃刀』魯多克，十八日在賭城拉斯維加斯幻象大飯店，進行一場精采的重量級拳擊龍爭虎鬥。……泰森第七回合的六記左右連拳，把魯多克逼退到擂台邊上，裁判史提爾以顧慮魯克安全爲由，宣佈比賽結束，泰森獲勝。」新聞標題活用轉化格中的「擬人化」，以爲泰森打敗魯多克，就像剃刀刀鋒被磨平。連用兩個「刀」字，屬於「頂針格」，是句中頂針。「剃刀」是「魯多克」的代稱，屬於修辭學中的「借代格」。因此，「泰森磨平剃刀刀鋒」，不僅是轉化、頂針，也有借代。

㈢社會新聞

大白天登徒子「性」急。（八十年四月十七日自由時報第五版）

黃泊川記者報導：「無業遊民湯良輝昨天下午在士林至善公園車站，見耿姓女子獨自候車，竟起淫念，光天化日之下壓住耿女並強褪衣物，經人發現合力制服湯嫌，耿女僅受驚嚇，警方昨將全案依強姦未遂罪移送法辦。」借「登徒子」喻湯良輝爲貪女色之徒，誰修辭格中是屬於譬喩中的「借喩」。「性急」，不止是湯嫌個「性」急，也是「性」慾急，因此「性」字是修辭格中的「雙關」。

遠百一度再冒煙，虛驚一場。（八十年四月十日青年日報第七版）

中央社報導：「經大火延燒十六時的臺北市遠東百貨公司，今天清晨再度冒煙，有死灰復燃的跡象，消防大隊報導，已派員前往警戒，以防意外。」「遠百」，是「遠東百貨公司」的濃縮，是修辭格中的「節縮」。

頑童捋狗鬚，遍體鱗傷。（八十年四月十二日中華日報第九版）

臺中縣大里鄉健民國小校長宋智惠表示，該校學生廖誼信，前天下午三時卅分，不愼自圍牆翻落校外，因見「狗窩」心生好奇，動手「戲狗」時，遭狗咬傷，廖同學負傷後，先自行翻牆返回校園，入校區，同學見狀，報告老師，展開緊急送醫療傷事宜。「捋狗鬚」，是襲改「捋虎鬚」，屬於修辭格中的「襲改」。

遠東最長的一夜？四十餘輛消防車、兩百餘位員警全力救災，火場悶燒，灌救不易，大火延燒

廿四小時。（八十年四月十三中國時報第六版）

李根青記者報導：「臺北市寶慶路遠東百貨公司十三日傍晚發生大火，形成高溫悶燒狀態，濃煙不斷自火場冒出，嗆人的煙味蔓延至萬華、北門一帶，至十四日中午火勢始被撲滅，但因火場溫度過高，直到晚間仍由消防員警持續灌水降溫。」「遠東百貨」，是「遠東百貨公司」的省稱，屬於「節縮格」。「遠東百貨最長的一夜！」是悲傷的感歎，在修辭學中屬於「感歎格」。

㈣大陸新聞

王丹：演講、遊行、絕食，不是陰謀，不是違法。（八十年一月二十七日聯合報第八版）

中央社報導：「王丹在自我辯護時，承認一九八九年十月十五日之後『組織遊行』、『公開演講』、『參加對話』、『參加絕食』等事實，但他辯護說，他所做的一切事『都是公開的』、『不是陰謀』、『也不是違法的』、他『可以對自己的行爲負責』、他『不含有反對政府的不良動機』、」「演講、遊行、絕食」，是短語「排比法」。「不是陰謀，不是違法」，連用兩個「不是」，是屬於類疊格中的「類字」。

人權就是生存權？中共對卡特質疑，提出狡辯。（八年四月十六日中央日報第七版）

「人權就是生存權？」修辭學中的「設問格」。江澤民說：「對於中國來說，最重要的人權就是生存權。」這是江澤民面對美國前總統卡特要求中共重視人權，所提出來的自我辯護。卡特說：對於廣土衆民的中國大陸而言，維持秩序，防止動亂固然是政府「主要課題」，但中共領導人對六四事件時，使用武力鎮壓，乃是「反應過度」。

北京地牛小翻身，暖春降大雪。（八十年三月二十七日中國時報第七版）

徐尙禮、白德華二位記者報導：「北京今天出現異常天候現象。先是傳聞已久的地震，於今天凌晨二點零五分駕臨。接著是早上十點左右，下了一場持續十幾個小時的大雪，把這座古城點綴成一片銀色世界。」「地牛小翻身」，屬於譬喻格，是借喩地震規模不大。「暖春降大雪」，是修辭格中的「示現」。

(五)文教新聞

手中有筆，心中有愛，蘇雪林獲頒成大榮譽教授。（八十年四月十二日中央日報第三版）

田志剛記者報導：「中國國民黨中央文工會副主任鄭貞銘，以他和蘇雪林教授所做接觸及拜讀著作的感受表示，只有『腹中有墨』、『手中有筆』、『目中有人』、『心中有愛』、『肩上有擔』，足以形容教授這位國寶級的人物。」「手中有筆，心中有愛」，上下兩句排列整齊，又屬同一性質，同一範圍，是修辭學中的「排比格」。上下兩句用「中有」二字，也是類疊格中的「類字」。

文山校地如果變更為水庫保護區，「實踐」要求合理補償。（同前）

私立實踐家政專科學校說，該校合法校地應受保障，如果文山校地非變更爲保安保護區不可，則有關機關應提供適當的學校用地與文山校地交換，或對歷年來投入段地開發的費用，予以全額補償，以符法理。「實踐」，係「私立實踐家政經濟專科學校」的簡稱，這是修辭學中的「節縮格」。

國中教學零缺點？局長存疑！（八十年四月二十二日聯合報第一四版）

范植明記者報導：「臺北市政府教育局督學室日前提出臺北市私立國中教學正常化訪視情形報告，認爲臺北市國中教學一切正常，教育局長林昭賢對這份國中教學幾乎是『零缺點』的報告，頗不以爲然，勉勵督學不要放棄自己的權力。」「國中教學零缺點？局長存疑！」整句是一問一答的「提問」，但「局長存疑」，是表示驚訝的「感歎」，因此屬於「提問格」兼「感歎格」。

小動作，有用處。故宮博物院體貼觀眾，服務措施，等大家利用。（八十年三月二十七民生支第十四版）

黃美麗記者報導：「故宮這些年來開發出不少體貼參觀者的設施，秦孝儀院長戲稱是大博物館裡小小的『動作』。動作雖小，用處卻大，知道的人如獲至寶，不知道的人失之交臂，只有遺憾。」「小動物，大用處」，其中「大」、「小」強烈正反對比，因此這句是屬於映襯格中的「對襯」。

(六)財經新聞

央行對行庫「輸血」，解決資金旱象，展開市場操作。（八十年四月十六日中國時報第十一版）

「輸血」，是借喻解決資金旱象，在修辭格中是「譬喻」。任中理記者報導：「銀行體系資金持續緊俏，中央銀行爲了紓解銀行準備不足的窘況，十五日即展開公開市場操作，以附買回方式，釋出資金九十五億元。」

江丙坤說明引進外籍勞工三原則，必要性、迫切性、不可替代性。（八十年四月廿日中央日報第九

版）

謝志岳記者報導：「經濟部發言人江丙坤表示，考慮是否引進外籍勞工的三大原則是：『必要性、迫切性及不可替代性』，在該行業國人不願意就業，無法改善工作條件，以及如果沒有從事將影響產業發展的條件下，才會考慮引進外籍勞工。」「必要性、迫切性、不可替代性」，同用一個「性」字，是屬於類疊格中的「類字」。

核四廠可行否？請教專家。（八十年三月二十七日民生報十三版）

該報報導：「經濟部國營會已正式函聘臺灣大學等八所國內學術研究機構，負責審查臺電所提出的核四計畫『可行性研究報告』。國營會副主委張子源昨天表示，審查委員所提檢討改進意見，仍可作為臺電修正核四計畫的參考，經濟部希望核四案確能順利推動。」「核四可行否？請教專家。」是一問一答的「提問」，屬於修辭格中的「設問」。

擴大稅基，增加稅收，財部再提所得法修正。（八十年四月十六日青年日報第六版）

任台生記者報導：「財政部長王建煊昨（十五）日在立法院答詢時指出，該部將於今年再度提出所稅法修正案，以擴大稅基，增加稅收，並因應重大工程支出。」「擴大稅基，增加稅收」，用同一個「稅」字，是屬於類疊格中的「類字」。「財部」，是「財政部」的省稱，屬於修辭格中的「節縮」。

㈦地方新聞

讓沿岸魚類有「房子」棲息繁殖，培養漁業資源，外木山漁港外海，投放人工魚礁兩百多個。（八十年四月十六日臺灣日報第十五版）

該報報導：「基隆外木山漁港外海，昨天起投放人工魚礁，市長林水木親往主持投放工作，爲沿岸魚類造新『房子』，棲息繁殖，培養漁業資源。」借「房子」，來比喻「人工魚礁」，因爲人工魚礁是沿岸魚類最好棲息繁殖的場所，所以「房子」是修辭格中的「譬喻」。

陽明山公園，大園包小園？市有陽明山公園是否與國家公園合併，有待市長裁示。（八十年四月十六日中國時報第十三版）

整個句子是一問一答的「提問」，屬於修辭格中的「設問」，但連用三個「園」字，又是類疊格中的「類字」。該報報導：「工務局十五日邀集相關單位，研商市有陽明公園與陽明山國家公園合併事宜，是否將市有土地財產經營管理權，移交給陽明山國家公園管處接管，將待市場黃大洲今日返國後裁示辦理」。

中南部地區雨水偏少，氣溫偏高。旱象未除，節約用水。（八十年四月十六日青年日報第五版）

閔宗遠記者報導：「中央氣象局預測：雖然本月下半至五月上半月，會有六次鋒面或低氣壓過境，而有雷雨發生，但中、南部地區雨水偏少，氣溫偏高，民衆仍請節約用水。」就反復使用「偏」字而言，「雨水偏少，氣溫偏高」，是類疊格中的「類字」；就「少」、「高」而言，此句是映襯格中的「對襯」。

(八)醫藥新聞

針灸安胎、治流產，老祖宗有一套！（八十年四月十五日民生報第二十三版）

劉麗芳記者報導：「醫界最近嘗試以針灸治療習慣性流產，並利用這種中國傳統醫學，爲有需要的懷孕末期婦女安胎，以免發生早產。結果發現，孕婦早期出現流產跡象時，即予針灸，可使部分孕婦繼續懷孕，並順利生產。」「老祖宗有一套！」是讚美的「感歎」，屬於「感歎格」。所謂「老祖宗」，是指中國傳統醫學的針灸，中國傳統醫學很多，針灸只是其中一項，因此是借全體代部分的「借代格」。

大中醫師偷偷來臺懸壺？未掛市招，憑街坊介紹。（八十年三月十九日民生報第二十三版）

張耀懋記者報導：「最近中南部甚至出現許多自稱『大陸來臺中醫師』在臺懸壺……他們旅臺目的是爲了探親，『順便』在此行醫，『造福』病患。經其在臺親戚在街坊鄰居廣爲宣傳後，病患以一傳十，風聞而至，前至求醫。……醫政處副處長徐永年強調，由於大陸醫師在臺沒有行醫資格，因此，一旦查獲，將以密醫行爲論處。」「偷偷」，是類疊格中的「疊字」。「大陸中醫師偷偷來臺懸壺？」是修辭學中的「設問格」。

毛茸茸，人見人愛，當心皮膚炎跟著來。（同前）

該報報導：「雪白的兔寶寶人見人愛。但發現家裡飼養的兔耳、四肢有脫毛、皮膚發紅的現象，可要小心了，它可能成爲家裡人畜共同傳染病禍首。」「茸茸」，是類疊格中的「疊字」；「人見人愛」的「人」字，是類疊格中的「類字」。

㈨人物新聞

林仁德被扶正為龍頭。（八十年三月二十三日第二十版）

林仁德是臺中市議長，全省正、副議長聯誼會成立將近十年，但一直沒有會長，每次開會都由各縣市議長輪流主持會議。最近首度設會長之職，林議長被推舉任會長，因此稱林仁德先生爲「龍頭」。以往群龍無首，現在有「龍頭」可以負責召集會議。「龍頭」，是譬喻格中的「借喻」，借「龍頭」喻「會長」。

蔡調彰有理走遍天下。（八十年一月廿五日中央日報第八版）

簡文香記者報導：「消基會秘書長蔡調彰，他本身是執業律師，……在這次公車票價調整案中態度特別強硬，……雖獲得消費者的大力支持，卻落得『吃力不討好』的下場，不僅將與公車業者對簿公堂，九家民營公車司機產業工會更發表聯合聲明，要求消基會退出公車票價調整案。……蔡調彰指出，只要有理，就能走遍天下，整個事件雖已告到法院，但他相信，法院絕對會給予一個合理的判決，消基會沒有錯。」俗語說：「有理走遍天下，無理寸步難行。」「蔡調彰有理走遍天下」是引用格中的「節引」。

明知不可醫，不可不用藥。龔鵬程接掌陸委會文教處，業務千頭萬緒，除了發揮專業知識外，更要求得人和，始能順利推展。（八十年三月三十日中國時報第十五版）

林照眞記者報導：「龔鵬程認爲大陸知識分子墮落、懦弱、軟弱，中共政權使這些讀書人根本無法站在人性尊嚴的立場看待文化價值。而在臺灣的執政當局對文化的眼光，也是極爲短淺，島內尤其充斥著庸俗文化的危機。然對中國未來如此悲觀，爲何又接下處長職務？龔鵬程說，這叫『明知父母病不可醫，但卻不可不用藥』，其實心裡是十分痛苦的。」「明知不可醫，不可不用藥」，反復使用「不」字，是類疊格中的「類字」。

㈩政治新聞

郝揆：「臺灣情」、「中國心」，並無分歧。（八十年三月二十七日中國時報第二版）

張慧英記者報導：「行政院長郝柏村昨天在立法院自剖『心』境表示，他的『臺灣情』與『中國心』並沒有分歧，而他的『中國心』是儒家傳統的『中國心』，和鄧小平的唯物主義完全不同，鄧小平沒有眞正的『中國心』；同時我們在臺灣的兩千萬同胞，若能把『中國心』與『臺灣心』合而爲一，我們什麼困難都能克服。」「臺灣情、中國心」，是修辭學中的「對偶格」。

郝院長：不想做官，很想做事。（八十年三月二十七日臺灣日報第二版）

該報報導：「行政院長郝柏村昨天下午在立法院指出，他不是一個想做官的人，而是一個很想做事的人，雖然事情不一定做得很好，但總是比只想做官，不想做事的人來得好。」「不想做官，很想做事」，是映襯格中的「對襯」。但是，反復使用「想做」二字，又是類疊格中的「類字」。

民進黨立委是否回立院？黃信介：溝通看看。（八十年四月二十三日聯合報第四版）

游其昌記者報導：「民進黨主席黃信介、秘書長張俊宏昨天雙雙出現在集思會慶祝酒會上，為酒會掀起高潮，集思會會長黃主文頻向黃信介表示，要他代勸民進黨立委回來開會，黃信介笑著說：『好啦，好啦，我會和他們溝通看看。』」「民進黨是否回立院？」是修辭學中的「設問格」，「立院」是「立法院」的省稱，是修辭學中的「節縮格」。「溝通看看」，連用兩個「看」字，是類疊格中的「疊字」。

四、結論

新聞標題的修辭技巧甚夥，歸納各類新聞標題運用的修辭格，國內新聞有排比、類疊、感歎、設問、飛白、映襯等六種，國外新聞有映襯、設問、轉化、雙關、類疊、頂眞、節縮、感歎、譬喻等九種，影視新聞有頂眞、回文、類疊、設問、飛白、映襯等六種，體育新聞有借代、節縮、引用、譬喻、頂眞、轉七等六種，社會新聞有譬喻、雙關、節縮、襲改、仿擬、設問、感歎等七種，大陸新聞有排比、類疊、設問、譬喻、示現等五種，文教新聞有排比、節縮、設問、感歎、映襯六種，財經新聞有譬喻、類疊、設問、映襯等四種，醫藥新聞有借代、感歎、類疊、設問等四種，人物新聞有譬喻、引用、類疊等三種，政治新聞有對偶、映襯、類疊、設問、節縮等五種。本文所詮證《新聞標題的修辭技巧》，有排比、類疊、感歎、設問、飛白、映襯、轉化、頂眞、雙關、節縮、譬喻、引用、回文、借代、襲改、仿擬、示現、對偶等十八種修辭格。其實，不第此也，尚有各類修辭格運用在新聞標題上，本文限於篇幅，無法逐一列舉。

鄭子瑜先生論陳騤《文則》探析

一、前言

鄭子瑜先生論陳騤《文則》，見於他的大作《中國修辭學的變遷》①、《中國修辭學史稿》②、《中國修辭學史》③，除指出陳騤《文則》是中國最早的一部專談修辭而又比較有系統的著作④外，還將《文則》全書分爲五項——論文體與修辭、論消極修辭、論語法與修辭、論積極修辭、論風格，加以闡述。鄭先生將《文則》全書的內容，分門別類，這是他的卓越創見。茲依鄭先生的分類，逐類析論。

二、論文體與修辭

論文體與修辭的關係，最早見於曹丕。他的《典論．論文》說：夫文本同而末異，蓋奏議宜雅，書論宜理，銘誄尙實，詩賦欲麗。

奏議的修辭，在於典雅；書論的修辭，在於說理；銘誄的修辭，在於眞實；詩賦的修辭，在於華麗。此外，尚有陸機《文賦》，他說：

> 詩緣情而綺靡，賦體物而瀏亮，碑披文以相質，誄纏綿而淒愴，銘博約而溫潤，箴頓挫而清壯，頌優游以彬蔚，論精微而朗暢，奏平徹以閑雅，說煒燁而譎誑；雖區分之在茲，亦禁邪而制放，要辭達而理舉，故無取乎冗長

曹丕前修未密，陸機後出轉精。陸機將曹丕的奏議、書論、銘誄、詩賦四類，擴充爲詩、賦、碑、誄、銘、箴、頌、論、奏、說等十類，並提出修辭的準則。詩的修辭，在於緣情綺靡；賦的修辭，在於體物瀏亮；碑的修辭，在於披文相質；誄的修辭，在於纏綿淒愴；銘的修辭，在於博約溫潤；箴的修辭，在於頓挫清壯；頌的修辭，在於優游彬蔚；論的修辭，在於精微朗暢；奏的修辭，在於平徹閑雅；說的修辭，在於煒燁譎誑；謀篇的修辭，在於禁邪、制放、辭達、理舉而不冗長。

不止曹丕《典論·論文》、陸機《文獻》論文體與修辭的關係，摯虞《文章流別論》、李充《翰林論》、蕭統《文選·序》、劉勰《文心雕龍》也都有論文體與修辭的關係⑤，又有元稹《白氏長壽集·序》⑥、周必大《〈皇朝文鑒〉序》⑦也論文體與修辭的關係。陳騤論文體與修辭的關係，見於《文則·辛一》。他說：

> 春秋之時，王道雖微，文風未殄，森羅辭翰，備括規摹。考諸《左氏》，摘其英華，別文八體，各系本文：一曰命婉而當，二曰誓謹而嚴，三曰盟約而信，四曰禱切而愨，五曰諫和而直，六曰讓辨而正，七曰書達而法，八曰對美而敏。作者觀之，庶知古人之全也。

命的修辭，在於委婉允當，如《左傳·襄公十四年》敘述周靈王封賜齊侯的册命；誓的修辭，在

於謹愼嚴肅，如《左傳．哀公二年》陳述晉國趙簡子立誓攻打鄭國的誓辭；盟的修辭，在於簡要信實，如《左傳．襄公十一年》所述晉、魯等十二個和鄭國在亳城北邊結盟締約的盟詞；禱的修辭，在於懇切誠摯，如《左傳．哀公二年》敘述衞國太子蒯聵在戰場上向神靈祈禱的文辭；諫的修辭，在於和諧率直，如《左傳．桓公二年》陳述臧哀伯勸阻魯桓公的言辭；讓的修辭，在於雄辯公正，如《左傳．昭公九年》所述周大夫詹桓代表周景王譴責晉國率領陰戎進攻周邑潁，責備的言辭；書的修辭，在於暢達規範，如《左傳．襄公二十四年》陳述晉國叔向就鄭國子產鑄刑書一事派人送信給他，信中的文辭；對的修辭，在於優美機敏，如《左傳．襄公二十五年》敘述鄭國子產回答晉人關於陳國罪行的質問，子產回答的言辭。陳氏論文體與修辭，列舉命、誓、盟、禱、諫、書、對等八種文體，所引例句多出於《尚書》，言簡意賅，不遜於曹丕《典論．論文》、陸機《文賦》。他所舉八種文體及其例證，皆爲《典論．論文》、陸機《文賦》所無，可謂眞知灼見。

三、論消極修辭

鄭子瑜先生以爲《文則》論消極修辭的地方很多，陳騤認爲文章出於自然，自然是消極修辭的原則。《文則．甲三》說：

> 夫樂奏而不和，樂不可聞；文作而不協，文不可誦。文協尚矣！是以古人之文，發於自然，其協也亦自然；後世之文，出於有意，其協也亦有意。

音樂的和諧，文章的和諧，皆是出於自然，自然就是美。正如黑格爾所說：「美是理念……理念的最淺近的客觀存在就是自然，第一種美就是自然美。」⑧文章的來源、創作、批評，皆出於自然。⑨陳騤列舉《尚書・大禹謨》、《周易・雜卦》、《禮記・禮運》的文章，論證古人文章表現自然和諧的現象。⑩

陳騤主張修辭必須適當；他在《文則・戊十》中，用「靨子在頰則好，在顙則醜」作比喻，闡明修辭必須適當的道理。與陳騤同時代的魏慶之，他在《詩人玉屑・煆煉》引《唐子西語錄》中，也主張修辭必須適當，所謂「等閑一字放過則不可」。「之乎也者焉矣哉，安得恰當眞秀才。」用字措辭，必須適當。不僅修辭必須適當，文章詞句的長短，必須視情景的需要而定，這也是適當的表現。該短則短，不可衍長；該長則長，不可截短。此外，陳騤在《文則・乙五》中，認爲「辭以意爲主，故辭有緩有急，有輕有重，皆生乎意也」。他以爲辭的緩急輕重，皆須視情景的需要而定，該緩則緩，該急則急，該輕則輕，該重則重，這也是適當的表現。

陳騤反對故意雕飾，因此主張運用淺近俗語，但須少施斫削。他列舉《禮記》、《尚書》及古代其它詩語文運用「淺語」、「民間之通語」、「常語」的現象，闡析詩文切忌佶屈聱牙，深奧難懂，必須運用通俗語文的道理。所謂淺語，是指最樸實的語言。樸實語言的特點，在於詞語平實、多用口語、常用白描。所謂民間之通語，是指民間的俗語、口語。俗語、口語，既能看得懂、聽得明白，又可以減少訓詁的麻煩。所謂常語，是指表現當地風土人情的語言。常語既可以呈現地方風土色彩，又可以顯現地方語言的習慣用法。因此，陳騤反對使用古語、古文來敘述現在的事情，現代人不易看懂，於是主張用當代的語文來寫作。

陳騤主張選用詞語的意義要明確，切忌病辭、疑辭。所謂病辭，外表上好像有語病，但仔細研究其意，卻是平穩妥當。鄭子瑜先生認為陳騤所謂的病辭，其實是偏義複詞。如「猩猩能言，不離禽獸。」「禽獸」在此，只有「獸」字之意，這是偏義複詞。又如「潤之以風雨。」「風雨」在此，僅有「雨」字之意，也是偏義複詞。語文為了要求說得順口或使人讀得順口起見，不得不借助於偏義複詞，但陳騤卻以為這些都是病辭。所謂疑辭，是指在語文中，易於使人發生歧解的文辭或言辭，而產生疑問；但仔細探究，卻能判斷清楚。如「平王之孫」之「平王」，是能正天下之王，指文王，而不是周平王。平，正也。陳騤所謂疑辭，相當於俞樾《古書疑義舉例》所說的「同字異文」。⑪鄭子瑜先生闡析陳騤《文則》論消極修辭，必須本乎自然、適當、通俗、明確等四項原則。其實，尚有「簡潔」的原則，鄭先生並未闡述。「簡潔」的原則，詳見拙作。⑫

四、論語法與修辭

鄭子瑜先生認為陳通天《文則》已有語法修辭的結合論，如《文則．庚》說：

> 文有數句用一類字，所以壯文勢，廣文義也。然皆有法。韓退之為古文霸，於此法尤加意焉。如《賀冊尊號表》用「之謂」字，蓋取《易．繫辭》；《書記》用「者」字，蓋取《考工記》；《南山詩》用「或」字，蓋取《詩．北山》；悉注於後，孰謂退之自作古哉？

陳騤認為韓愈《南山詩》，數句運用「或」字，是廣《詩．小雅．北山》「或」字法而用之，就修辭而言，是類疊中的類字。類疊分為類字、類句、疊字、疊句四種。⑬就文法而言，楊樹達認為

「或，是虛指指示代名詞」⑭，段德森則以爲「或，是肯定性無指代詞，『或』和『有』相通，有時分指它前面已經出現過的人、事、物中的一部分，有時泛指某人或某事物⑮。」一言以蔽之，「或」字是虛指指示代名詞，也是肯定性無指代詞。因此，「或」字的間隔連用，是語法與修辭的結合。《書記》間隔連用「者」字，就修辭而言，也是類字。就文法而言，「者」字是結構助詞。段德森說：「『者』是一個指代性的結構助詞，有指代的作用，但必須黏附在詞、詞組後邊構成『者』字結構，稱代一定的人或事物，具有名詞性，充當句子成分。」⑯所以，「者」字的間隔連用，也是語法與修辭的結合。「賀册尊號表」間隔連用「之謂」二字，就修辭而言，也是類字。就文法而言，「之」字是結構助詞。陳霞村說：「之，是結構助詞，用在前置賓語和動詞之間，幫助賓語前置，構成『前置賓語十助詞十動詞』格式。」⑰職是之故，「之謂」二字的間隔連用，也是語法與修辭的結合。此外，還有語法與修辭的結合論，《文則・乙二》說：

> 文有助辭，猶禮之有儐，樂之有相也。禮無儐則不行，樂無相則不諧，文無助則不順。……《檀弓》曰：「美哉奐焉！」《論語》曰：「富哉言乎！」凡此四字成句，而助辭半之，不如是文不健也。

此言助辭的作用。文章沒有助辭，語氣就不通順，好像典禮沒有儐相，就不能進行，奏樂時沒有佐助，就不和諧。「美哉奐焉」，就修辭而言，是感嘆格。就語文法而言，「哉」是助詞，用在句中，以舒緩語氣。⑱「焉」也是助詞，用在句末，表示感嘆，含有夸飾的意味，可譯爲「啊」或「呢」。⑲因此，「美哉奐焉」是語法與修辭的結合。「富哉言乎」，就修辭而言，也是感嘆格。就文法而言，

「哉」是助詞，用在句中，以舒緩語氣。「乎」也是助詞，用在句末，表示感嘆語氣，可以幫助表達讚美的感情，常譯爲「啊。」⑳因此，「美哉奐焉」、「富哉言乎」，都是語法與修辭的結合運用。又有兼論語法與修辭者，如《文則・己六》說：

> 詩人之用助辭，辭必多用韻。……《禮記》非詩人之文，助辭之上，亦有韻協。如曰「禮行於郊，而百神受職焉；禮行於社，而百貨可極焉；禮行于祖廟，而孝慈服焉；禮行於五祀，而正法則焉。」此則用「焉」辭，而「職」、「極」、「服」、「則」為協。

此言陳騤論助詞兼及辭的聲調整齊協韻。「焉」是助詞，用在陳述句末，強調對事物的確認，有指明事實，令人置信的鄭重意味。㉑「職」、「極」、「服」、「則」等四字，都是段玉裁（群經分十七部表）中的第一部，韻部則同，因此「職」、「極」、「服」、「則」互相押韻。

鄭子瑜先生認爲陳騤《文則》論語法與修辭結合者，不僅有類字、助詞，也有助詞兼及辭的聲調協韻。

五、論積極修辭

鄭子瑜先生闡析陳騤《文則》論積極修辭者，有仿擬、省略、節縮、引用、倒裝、錯綜、層遞、析字、譬喻、複疊、蹈襲等修辭技巧。

鄭先生認爲陳騤《文則》論修辭格的地方甚多，並且所論多半十分精當。陳氏所論修辭手法不止極爲精當，也是眞知灼見，可謂聞所未聞，見所未見。陳氏認爲《六經》並非各自創意，而是互相仿擬。他在《文則・甲二》中，舉《詩・小雅・小旻》的創作旨意，師法《尚書・洪範》；又舉《詩・小雅・小旻》的創作旨意，師法《儀禮・少牢饋食禮》。由此可知，仿擬的修辭手法，自古已有互相仿擬。但他又在《文則・庚二》中，卻認爲經傳的文章，有互相類似者，並非出於蹈襲，而理之所在，不約而同的緣故。他列舉六個不約而同的例證，逐一闡論。

鄭先生以爲陳騤《文則・甲五》所說「蓄意」，是其意而略其文，實質上是論省略或節縮的修辭法。《文則・丙二》所說「援引」，是一般所謂「引用」。陳騤指出《詩經》引用古人成語，或作「先民有言」，或作「人亦有言」，或稱「古人言」，皆舉例詮證。又在《文則・戊九》中，論引用成語不容改易。此外，在《文則・乙二》中，論倒裝的修辭手法，認爲倒裝是言文之妙。陳騤所謂倒語，即一般所說的倒裝。又在《文則・丁二》中，論錯綜的修辭方式。所謂交錯之體，就是錯綜的修辭法。鄭子瑜先生指出《文則・丁一》所謂「上下相接，若繼踵然」，是形容層遞的修辭技巧。陳騤層遞分爲敘積小到大、敘由精及粗、敘自流極原三種，並各舉例證。鄭先生又指出《文則・乙三》所謂取偏旁以成句，就是化形析字；所謂取音韻以成句，就是諧音析子。由此觀之，這是論析字的修辭技巧。鄭先生又指出《文則・丙一》論十種譬喻，他認爲詰喻是設問，引喻是引用，簡喻是隱喻，直喻是明喻。其實，陳騤的直喻、詳喻、類喻大約相當於現代的明喻，簡喻相當於隱喻，對喻相當於略喻，隱喻相當於借喻，博喻即現代的博喻，詰喻相當於譬喻兼設問，引喻相當於譬喻兼引用。僅有虛喻，貌似譬喻，其實並非譬喻。㉒黃師慶萱說：「嚴格地說，陳騤譬喻十法，其中有些不是譬喻；但分析之祥，卻也令人嘆爲觀止了。」㉓誠哉斯言。鄭先生又指出《文則・丁六》論複疊的修辭技巧，將複疊分爲不避重複和避重複兩種，各舉例證，可惜沒有說明其原因。鄭先生以爲複疊是爲了適情應景的需要，才分爲不避重複和避重複兩種。

鄭子瑜先生雖然論積極修辭甚多，但滄海遺珠，在所難免，尚有對偶㉔、答問㉕兩種修辭格，猶未析論，詳見拙作。

六、論風格

鄭子瑜先生認爲陳騤只有在《文則．己四》中，論文章的風格，並指出《考工記》的文章風格有三類──雄健而雅、宛曲而峻、整齊而醇，各舉例證。其實，不第此也，陳騤在《文則．己一》中，也論文章的風格《文則．己四》所論述的，就《考工記》一文評論各句子的不同風格；《文則．己一》所闡析的，則就《禮記．檀弓》一文的整篇文章來論風格。

陳騤將《考工記》一文的句子，分爲在雄健而雅、宛曲而峻、整齊而醇三種風格，每種風格都有例證。陳氏認爲一篇文章可以包括各種不同的風格，《考工記》就是最佳的範例。其實，這個概念在劉勰《文心雕龍》中，已有同樣獨特的見解。像《文心雕龍．雜文》、《文心雕龍．哀弔》，就認爲枚乘《七發》含有「獨拔」、「偉麗」兩種不同的風格，稱衡《弔張衡文》含有「縟麗」、「輕清」兩種不同的風格。

陳騤以爲《禮記．檀弓》一文具有「言簡不疏」、「旨深不晦」的兩種不同風格，並且各舉例證，闡述《檀弓》「言簡不疏」、「旨深不晦」的特點。周振甫更進一步說明《檀弓》中的「簡」、

「疏」，《考工記》中的「雄健」、「雅」、「宛曲」、「醇」，是諺修辭的風格。㉖風格類型，就構成要素而言，分爲主觀風格（即個性風格）和客觀風格、個性風格和共性風格。共性風格又分爲民族風格、語體風格（即功能風格）、表現風格（即修辭風格）、時代風格、流派風格、地域風格。㉗

陳通天不止論一篇文章的風格，亦進一步闡析一本書的風格。陳氏在《文則・己一》中，指出《左傳》一書的風格，是「富豔」，並列舉例證。他例舉《左傳・僖公四年》記載「世子申生爲驪姬所譖」、《左傳・昭公九年》記載「智悼子未葬，晉平公飲以樂」的故事，闡明「富豔」的特點。又在《文則・戊五》中，指出《孝經》一書的風格，是「簡易醇正」。

陳騤又在《文則・甲一》中指出《周易・中孚》九二爻辭與《詩經》的雅詩，有相似的風格；《詩經・大雅・抑》的文辭與《尙書》的文告，有類似的風格；《尙書・顧命》的文辭與《周禮・春官・司几延》的文章，有相似的風格，並且各舉例證。職是之故，不同的專著，雖有不同的文體，但專著問有些篇章，可以有互相類似的風格，這是陳騤的獨特見解。

陳騤《文則》論風格，將風格分爲一篇文章的風格、一本書的風格兩種。一篇文章的風格，依文章的句子，分爲雄健而雅、婉曲而峻、整齊而醇等三種不同的風格。又依整篇文章，分爲言簡不疏、旨深不晦兩種不同的風格。一書的風格，就全書而言，《左傳》的風格，是「富豔」；《孝經》的風格，是「簡易醇正」。古籍與古籍之間，有類似的風格，如《周易》與《詩經》、《詩經》與《尙書》、《尙書》與《周禮》，就是這類例證。

七、結論

鄭子瑜先生條分縷析陳騤《文則》的內容，分爲論文體與修辭、論消極修辭、論語法與修辭、論積極修辭、論風格等五項，加以詮證，使《文則》一書能夠綱舉目張，一目了然，對於中國修辭學的貢獻，可謂至深至鉅；對於中國修辭學的影響，可說極廣極遠。

【附註】

① 鄭子瑜《中國修辭學的變遷》論陳騤《文則》頁二〇～二一，日本早稻田大學語學教育研究所，一九六五年一月初版。

② 鄭子瑜《中國修辭學史稿》論陳騤《文則》，頁一五七～一七七，上游教育出版社，一九八四年五月初版。

③ 見鄭子瑜《中國修辭學史》，論陳騤《文則》頁二一四～二三七（台灣）文史哲出版社，一九九〇年三月初版。

④ 不止鄭子瑜認爲「陳騤《文則》是中國最早的一部專談修辭而又比較系統的著作」，黎運漢、張維耿、胡性初、譚全基也有同樣的看法。黎運漢、張維耿的《現代漢語修辭學》說：「宋代在修辭理論方面最有價值的著作要算是陳騤的《文則》。《文則》是中國最早的一部談文法修辭的專書，在在漢語修辭學史上有重要地位。」（見於該書二十二頁，商務印書館香港分館，一九八六年八月初版）胡性初的《實用修辭》也說：「在宋代出現的許多有價值的修辭學著作中，最值得稱道的是陳騤的《文則》。它是我國最早的一部較爲系統專談文法修辭的專書，在我國修辭學史上占重要的地位。（見於該書四十五頁，華南理工大學出版社，一九九二年十一月初

是我國第一本修辭學專書。」（見於該書頁一，問學社，一九七八年六月初版）版。）譚全基《文則研究》也說：「宋人陳騤所著《文則》，在我國修辭學史上占有非常重要的地位，因爲它

⑤ 見鄭子瑜《中國修辭學史》，頁九八～一〇五。
⑥ 見鄭子瑜《中國修辭學史》，頁一五八。
⑦ 見鄭子瑜《中國修辭學史》，頁一九三～一九四。
⑧ 見黑格爾著、朱孟實譯《美學》，册一，頁一六二，里仁書局，一九八一年九月初版。
⑨ 詳見拙作《莊子之文學》，頁五五～七二，文史哲學版社，一九八三年九月初版。
⑩ 詳見拙作《陳騤文則新論》，頁一五二，文史哲出版社印行，一九九三年三月初版。
⑪ 詳見拙作《陳騤文則新論》，頁一五二，文史哲出版社印行，一九九三年三月初版。
⑫ 詳見拙作《陳騤文則新論》，頁一五六～一六六。
⑬ 詳見黃師慶萱《修辭學》，頁四一一～四一五，三民書局，一九七五年一月初版。
⑭ 見楊樹達《詞詮．卷三》，頁一二五，（北京）中華書局，一九五四年十一月初版。
⑮ 見段德森《實用古漢語虛詞》，頁六九〇，山西教育出版社，一九九〇年九月二版。
⑯ 見段德森《實用古漢語虛詞》，頁六三七。
⑰ 見陳霞村《古代漢語虛詞類解》，頁六一六，山西教育出版社，一九九二年四月初版。
⑱ 見段德森《實用古漢語虛詞》，頁七六五～七七一。
⑲ 見段德森《實用古漢語虛詞》，頁九三八。

⑳ 見段德森《實用古漢語虛詞》，頁三〇五。

㉑ 見段德森《實用古漢語虛詞》，頁九三七。

㉒ 參閱沈謙《修辭學》，上册，頁十一，國立空中大學，一九九一年二初版。

㉓ 見黃師慶萱《修辭學》，頁二二九。

㉔ 見拙作《陳騤文則新論》，頁二九七～三二二頁。

㉕ 見拙作《陳騤文則新論》，頁三四一～三六六。

㉖ 參閱周振甫《中國修辭學史》，頁二四五，北京商務印書館，一九九一年一月初版。

㉗ 參閱張德明《語言風格學》，頁四～五，東北師範大學出版社，一九八九年十二月初版。

〈與陳伯之書〉的修辭技巧

一、前言

丘遲的〈與陳伯之書〉，國立編譯館列入《高中國文》第六册，當作範文；張仁青先生編入《歷代駢文選》，當作駢文；這是一篇情文並茂、有口皆碑的上乘之作。

丘遲的〈與陳伯之書〉，其內容感人至深，張仁青先生在《歷代駢文選》說：「首敘伯之過聽流言，叛棄宗國之非，繼則喻之以恩，動之以利，威之以禍，感之以情，層層深入，使悍將爲之幡然改圖，以鶩飛草長之美辭，收魯連食其之偉績，千載以後讀之，猶令人感慨泣下，誠文壇之佳話也。」至於形式之美，需就修辭技巧加以賞析。但析論〈與陳伯之書〉的修辭技巧，必須把握辨別修辭格的四個方式：形式、內容、整體、部分。茲就修辭技巧，剖析〈與陳伯之書〉全文，發現運用下列各種修辭格：

二、對偶

在語文中，凡是同一句中的上下兩個短語，以及上下兩個或兩個、四個、六個或六個以上短句中的奇句與偶句，字數相等，句法相似，詞性相同，平仄相對的一種修辭技巧，稱爲對偶。對偶又名對仗，也稱爲駢麗、麗辭或對子①，又稱爲儷辭②。

〈與陳伯之書〉是一篇駢文，因此運用對偶、排比的修辭技巧甚多。但對偶的分類，見仁見智，需簡介分類，再分析全文，以便闡論。對偶的分類，最早的是劉勰《文心雕龍·麗辭》，分爲正對、反對、言對、事對四類；這是就內容來分類，其實不止這四類。一般修辭學的書籍，就句型而言，分爲當句對（即句中對、本句對、連環對）③、單句對（即單對）④、隔句對（即偶句對、雙句對、偶對、扇對）⑤、長偶對（即長對）⑥四種。大陸修辭學的專家學者，就限制而言，分爲嚴對（又叫嚴式對偶）、寬對（又叫寬式對偶）。有關對偶的分類還有很多，有日本遍照金剛《文鏡秘府論》分爲二十九類，張仁青先生《駢文學》分爲三十類，唐偉鈞、唐仲揚、向宏業主編《修辭通鑑》也分爲三十類，但內容不同。筆者現在正在撰寫〈論對偶的分類〉一文，俟發表後，便可詳見此文，茲不贅述。

就句型而言，〈與陳伯之書〉運用當句對者，如「朱輪華轂」、「赦罪責功」、「屈法申恩」、「功臣名將」、「佩紫懷黃」、「乘軺建節」、「明德茂親」。就限制而言，運用嚴對者，如「屈法申恩」，「屈」、「申」都是動詞，「法」、「恩」都是名詞，詞性相對；「屈法」都是仄聲，「申恩」都是平聲，平仄協調；由於詞性相對，平仄協調，所以屬於嚴對。又如「佩紫懷黃」，「佩」、「懷」都是「動詞」，「紫」、「黃」都是名詞，詞性相對；「佩」、「紫」都是仄聲，「懷」、「黃」都是平聲，平仄協調；由於平仄協調，詞性相對，因此也屬於嚴對。又如「乘軺建節」，「乘」、「建」都是動詞，「軺」、「節」都是名詞，詞性相對；「乘」、「軺」都是平聲，「建」、

「節」都是仄聲，平仄協調，由於詞性相對，平仄協調，所以也屬於嚴對。又如「明德茂親」，「明」、「茂」都是形容詞，「德」、「親」都是名詞，詞性相對；「明」是平聲，「茂」是仄聲，「德」是仄聲，「親」是平聲，平仄協調；由於平仄協調，平仄相對，因此屬於嚴對。運用寬對者，如「朱輪」是名詞，但「朱」、「華」都是平聲，平仄不協調，「輪」是平聲，「轂」是仄聲，平仄相對；由於平仄放寬，所以屬於寬對。又如「赦罪責功」，「赦」、「責」都是動詞，「罪」、「功」都是名詞；但「赦」、「責」都是仄聲，平仄不協調，「罪」是仄聲，「功」是平聲，平仄相對；由於平仄放寬，因此屬於寬對。又如「功臣名將」，「功」、「名」都是形容詞，「臣」、「將」都是名詞；但「功」、「名」都是平聲，平仄不協調，「臣」是平聲，「將」是仄聲，平仄協調；由於平仄放寬，所以屬於寬對。就內容而言，「赦罪責功」屬於反對，正反強烈對比，「功」是正面意義，「罪」是反面意義。「屈法申恩」，「屈」、「法」是反面意義，「申」、「恩」是正面意義，所以屬於反對。「朱輪華轂」、「功臣名將」、「佩紫懷黃」、「明德茂親」，都是正面意義，屬於正對。還有詞性相對，而平仄不協律的當句對，如「撫弦登陴」、「解辮請職」，勉強歸入寬對。

就句型而言，〈與陳伯之書〉運用單句對者，如「棄燕雀之小志，慕鴻鵠以高翔」、「繫頸蠻邸，懸首藁街」、「廉公之思趙將，吳子之泣西河」、「弔民洛汭，伐罪秦中」。就限制而言，「棄」、「慕」都是動詞，「燕雀」、「鴻鵠」都是名詞，「之」、「以」都是助詞，「小」、「高」都是形容詞，「志」、「翔」都是名詞，（「翔」本是動詞，在此當名詞用，是專品。）詞性相對。但「棄」、「慕」都是仄聲，平仄不協調；「燕」、「雀」都是仄聲，「鴻」、「鵠」都是平聲；「之」

是平聲，「以」是仄聲；「小」、「志」都是仄聲，「高」、「翔」都是平聲。雖然詞性相對，但由於「棄」、「燕」平仄不協調，因此「棄燕雀之小志，慕鴻鵠以高翔」屬於寬對。「繫」、「懸」都是動詞，「頸」、「首」都是名詞，「彎邸」、「稾街」都是名詞；詞性相對。「繫」是仄聲，「懸」是平聲；「頸」、「首」都是仄聲，平仄不協調；「彎」是平聲，「稾」是仄聲；「邸」是仄聲，「街」是平聲。雖然詞性相對，但由於平仄不協調，所以「繫頸彎邸，懸首稾街」，也屬於寬對。「廉公」、「吳子」都是名詞，「思」、「泣」都是動詞，「趙將」、「西河」都是名詞；詞性相對。但「廉」、「吳」都是平聲，平仄不協調；「公」是平聲，「子」是仄聲，「思」是平聲，「泣」是仄聲；「趙」、「將」都是仄聲，「西」、「河」都是平聲。雖然詞性相對，但平仄不協調，因此「廉公之思趙將，吳子之泣西河」也屬於寬對。「弔」、「伐」都是動詞，「民」、「罪」都是名詞，「洛汭」、「秦中」都是名詞；詞性相對。「弔」是仄聲，「伐」是平聲；「民」是平聲，「罪」是仄聲；「洛」、「汭」都是仄聲，「秦」、「中」都是平聲。由於平仄協調，詞性相對，所以「弔民洛汭，伐罪秦中」，屬於嚴對。就內容而言，「秦燕雀之小志，慕鴻鵠以高翔」，意義正反強烈對比，前句是尿面意義，後者是正面意義，因此屬於反對。「弔民洛汭，伐罪秦中」，「弔」是正面意義，「伐」是反面意義，所以也屬於反對。至於「繫頸彎邸，懸首稾街」、「廉公之思趙將，吳子之泣西河」，是屬於張仁青先生三十類中的同類對。尚有詞性大部分相對，但平仄不一定完全協律的單句對，在作者那個時代也屬於對偶，現在我們可以勉強歸入寬對，如「魚游於沸鼎之中，燕巢於飛幕之上」、「見故國之旗鼓，感生平於疇日」、「白環西獻，楛矢東來」。

之任。〈與陳伯之書〉，就句型而言，運用隔句對者，如「佩紫懷黃，讚帷幄之謀；乘軺建節，奉疆場之任。」其中「佩紫懷黃」、「乘軺建節」都是當句對。「佩紫懷黃」對「乘軺建節」。「讚」、「乘」都是動詞、仄聲，詞性相對，平仄不協調。「帷幄」、「疆場」都是名詞、仄聲，詞性相對，平仄不協調。「謀」、「任」都是名詞，「謀」是平聲，「任」是仄聲，平仄協調，詞性相對。「讚帷幄之謀」對「奉疆場之任」，是寬對。

三、排比

在語文中，同一範圍、同一性質的意象，同結構相似的句法來表達的一種修辭方法，稱為排比。排比依語言結構，可分為單句排比、複句排比。

排比與對偶的辨別，陳望道《修辭學發凡》說：「排比和對偶，頗有類似之處，但也有分別：㈠對偶必須字數相等，排比不拘；㈡對偶必須兩兩相對，排比不拘；㈢對偶力避字同意同，排比卻以字同意同為經常狀況。」⑦黎運漢、張維耿《現代漢語修辭學》說：「排比可看作是對偶的擴展，它同對偶的區別在於：㈠對偶是事物對立對應關係的反映，排比是同一範圍事物的列舉。㈡對偶限於兩個對句，排比的句數則不受限制。㈢對偶的兩個對句意思互相對應，字數大體相等；而排比祇需句子結構相同或相似就可以了，字數不必相對。㈣對偶的兩個對句避免用相同的字，組成排成的各句則常出現相同的字。」⑧陳、黎、張三氏雖然說得很詳盡，但難免滄海遺珠，如對偶須平仄協調，詞性相對，排比不拘；又如對偶不僅對句還有句中對，一句當中，上下兩個短語相對，像青山綠水「青山」對「綠水」。

〈與陳伯之書〉運用單句排比者，如「昔因機變化，遭遇明主，立功立事，開國稱孤，朱輪華轂，擁旄萬里，何其壯也！」除了首句五個字之外，其他都是四個字一句，排比很整齊。因此，從整體形式來看全句，是屬於單句排比；但從部分形式來看「立功立事」，是屬於類疊中的類字。又如「北虜僭盜中原，多歷年所，惡積禍盈，理至焦爛。」除了首句六個字之外，其他都是四個字一句，排列很整齊。就整體形式來看全句，是屬於單句排比；但就部分內容來看「理至焦爛」，而「焦爛」比喻滅亡，是屬譬喻。又如「暮春三月，江南草長，雜花生樹，群鶯亂飛。」就整體形式來看全句，是單句排比；但就整體內容來看全局，是視覺的摹寫（又叫摹狀）。就部分形式來看「暮春三月」，是對偶中的當句對。「暮」、「三」都是形容詞，「春」、「月」都是名詞；詞性相對。「暮」是仄聲，「三月」是平聲；「春」是平聲，「月」是仄聲；平仄協調。由於平仄協調，詞性相對，所以「暮春三月」是當句對。又如「偽孽昏狡，自相夷戮，部落攜離，酋豪猜貳。」也是單句排比。

〈與陳伯之書〉運用複句排比者，如「迷途知反，往哲是與；不遠而復，先典攸高。」這是四字一小句，八字一複句構成的複句排比。又如「霜露所均，不育異類；姬漢舊邦，無取雜種。」也是四字一小句，八字一複句構成的複句排比。又如「皇帝盛明，天下安樂；白環西獻，楛矢東來；夜郎滇池，解辮請職；朝鮮昌海，蹶角受化。」也是四字一小句，八字一複句構成的複句排比，這是就整體形式來看。若就部分形式而言，「白環西獻，楛矢東來」，是對偶。又如「慕容超之強，身送東市；姚泓之盛，面縛西都。」從整體形式來說，是複句排比。若將首句「慕容超」改為「慕容」，全句就可以歸入對偶，屬於寬對。就部分形式而言，「身送東市」對「面縛西都」，是對偶。

四、設問

在語文中，故意採用詢問語氣，以引起聽者或聽者注意的一種修辭方法，叫做設問。設問分爲提問、激問和懸問三種。凡是提醒下文而問，稱爲提問，這是自問自答。凡是激發本意而問，叫做激問，這是問而不答。凡是內心確實存有疑惑，而刻意將此疑惑懸示出來而問，稱爲懸問，又因疑而問，因此又叫做疑問。

〈與陳伯之書〉運用設問中的激問者，如「將軍獨靦顏借命，驅馳氈裘之長，寧不哀哉？」雖然問而不答，但答案卻在問題的反面。「寧不哀哉」，是「哀」的意思。又如「方當繫頸蠻邸，懸首藁街；而將軍魚游於沸鼎之中，燕巢於飛幕之上，不亦惑乎？」「不亦惑乎」，是「惑」的意思。又如「見故國之旗鼓，感生平於疇日，撫弦登陴，豈不愴悢？」「豈不愴悢」，是「愴悢」的意思。「廉公之思趙將，吳子之泣西河，人之情也，將軍獨有情哉？」「將軍獨無情哉？」，是「有情」之意。

〈與陳伯之書〉運用設問中的懸問者，如「如何一旦爲奔亡之虜，聞鳴鏑而股戰，對穹廬以屈膝，又何劣邪？」又如「況將軍無昔人之罪，而勳重於當世？」又如「將軍松柏不翦，親戚安居，高臺未傾，愛妾尙在；悠悠爾心，亦何可言？」這三句都是丘遲因疑而問陳伯之，屬於懸問。

五、類疊

在語文中，同一個字詞語句，接二連三地反覆地運用的一種修辭方法，叫做類疊。類疊分為疊字、類字、疊句、類句。疊字，是指同一字詞連接的類疊。類字，是指字詞隔離的類疊。疊句，是指同一語句連接的類疊。類句，是指語句隔離的類疊。

〈與陳伯之書〉運用類疊中的疊字者，如「悠悠爾心」的「悠悠」，是疊字。「悠悠」，是深思的樣子。還有運用類疊的類字者，如「立功立事」，間隔使用同一個「立」字，因此屬於類字。又有運用類疊中的疊句者，如「幸甚！幸甚！」不止運用疊句，也運用感歎。若〈與陳伯之書〉首句，加一個「丘」，成為「丘遲頓首」，就運用了類疊中的類句，因為末句也是「丘遲頓首」。

六、借代

在語文中，不用原來常用的本名或語句，而另外運用其他名稱或語句來代替的一種修辭方法，叫做借代。

〈與陳伯之書〉運用借代者，如「松柏不翦」，用「松柏」借代「墳墓」。

七、映襯

在語文中，用兩種相反的觀念或事物，使其語氣增強，或意義明顯，以加深印象的一種修辭方法，叫做映襯。

〈與陳伯之書〉使用映襯者，如「昔因機變化，遭遇明主，主功立事，開國稱孤，朱輪華轂，擁旄萬里，何其壯也！如何一旦爲奔亡之虜，聞鳴鏑而股戰，對穹廬以屈膝，又何劣邪？」「何其壯也」與「又何劣邪」，是正反強烈對比，因此這例句是屬於映襯。又如「棄燕雀之小志，慕鴻鵠以高翔」，就形式而言，是對偶；就內容而言，是映襯。又如「尋君去就之際」中的「去就」，也是映襯。

八、錯綜

在語文中，把對偶、排比、層遞、類疊等整齊的表達形式，故意抽換詞面、交蹉語次、伸縮文身、變化句式，使其形式參差、詞面別異的一種修辭方法，叫做錯綜。

〈與陳伯之書〉應用錯綜者，如「朱鮪涉血於友於，張繡剚刃於愛子；漢主不以爲疑，魏君待之若舊。」這例句原來是「朱鮪涉血於友於，漢主不以爲疑；張繡剚刃於愛子，魏君待之若舊。」作者故意將形式參差，而成爲錯綜。

九、夸飾

在語文中，誇張鋪飾超過客觀事實的一種修辭方法，叫做夸飾。夸飾的種類，分爲時間、空間、人情、物象、數量五種。

〈與陳伯之書〉運用夸飾者，如「屈法申恩，吞舟是漏」，其中「吞舟」，是用來誇張魚之大，這是空間的夸飾。全句是說：法網非常寬大，受恩的人很多。這裡是形容梁武帝對陳伯之寬大。

十、藏詞

在語文中，將大衆所熟稔的成語諺語、格言、警句，只說一部分，藏去所要表達的詞語的一種修辭方法，叫做藏詞。藏詞的種類，分爲藏頭、藏腰、藏尾三種。

〈與陳伯之書〉使用藏詞者，如「朱鮪涉血於友於。」《論語．爲政》：「友於兄弟。」以「友於」代「兄弟」。這是屬於「藏尾」的「藏詞。」

十一、譬喻

在語文中，凡是借彼喻此的一種修辭技巧，叫做譬喻。譬喻又分爲明喻、隱喻、略喻、借喻。明喻、隱喻，都是喻體、喻詞、喻依三者具備的譬喻。但明喻的喻詞用「如」、「好像」，隱喻的喻用「是」（含有好像之意）。略喻是省略喻語，借喻是省略喻體、喻詞，只剩下喻依。

〈與陳伯之書〉運用譬喻中的略喻者，如「將軍魚游於沸鼎之中，燕巢於飛幕之上」，原來句型是「將軍如魚游於沸鼎之中，如燕巢於飛幕之上」，作者省略喻詞的「如」字，成爲略喻。又如「棄瑕錄用」的「瑕」，本意是玉的斑點，這裡借來比喻過失。原來句型是「過失如瑕」，省略喻體的「過失」，省略喻詞的「如」，僅剩下喻依的「瑕」，因此是借喻。

十二、引用

《文心雕龍‧事類》：「事類者，蓋文章之外，據事以類義，援古以證今者也。」所謂事類，也就是以前所說的用典，現在所說的引用。在語文中，援用別人的語言文字或典故、俗語等等，叫做引用。《文心雕龍‧事類》談到引用的方式，約有二端：一是「略舉人事以徵義」，二是「全引成辭以明理」。前者是用古事，目的是援古事以證今情；後者是用成辭，目的是引彼語以明此義。

〈與陳伯之書〉運用「略舉人事以徵義」的引用者，如「廉公之思趙將，吳子之泣西河，人之情也。」「廉公之思趙將」，是引用《史記‧廉頗藺相如列傳》：「廉頗爲趙將。伐齊，大破之，拜爲上卿。趙孝成王卒，子悼襄王立使樂乘代廉頗。廉頗怒，攻樂乘。樂乘走，廉頗遂奔魏。久之，魏不能信用。趙亦數困於秦兵，趙王思復得廉頗，而廉頗亦思復用於趙。」「吳子之泣西河」，是引用《呂氏春秋‧觀表》：「吳起治西河，王錯譖之魏武侯。武侯使人召吳起。至岸門，止車而立，望西河泣數行下。其僕曰：『寬覺公之志，視天下若舍屣；今去西河而泣，何也？』起雪涕應之曰：『子弗識也！君誠知我而使我畢能，秦必不可亡西河；今君聽讒人之議不知我，西河之爲秦不久矣。』」

〈與陳伯之書〉的修辭技巧，經過條分縷析，約運用了對偶、排比、設問、類疊、感歎、借代、映襯、錯綜、夸飾、藏詞、譬喻、引用等十三種修辭格，其中「感歎」這個修辭格，由於僅有「幸甚！幸甚！」一例，且易於了解，又注「類疊」部分列出，因此未詳加以論述，其他十一種修辭格皆逐類加以闡析、詮證。由於筆者才疏學淺，掛一漏萬，在所難免，尚乞同好先進，匡我不逮，則幸甚矣！